Cucos en nuestro nido

Cucos en nuestro nido

Verdades y mentiras sobre el ser humano

Iain Provan

TRADUCIDO POR
Héctor Nieblas

CASCADE *Books* • Eugene, Oregon

CUCOS EN NUESTRO NIDO
Verdades y mentiras sobre el ser humano

Copyright © 2025 Iain Provan. All rights reserved. Except for brief quotations in critical publications or reviews, no part of this book may be reproduced in any manner without prior written permission from the publisher. Write: Permissions, Wipf and Stock Publishers, 199 W. 8th Ave., Suite 3, Eugene, OR 97401.

Cascade Books
An Imprint of Wipf and Stock Publishers
199 W. 8th Ave., Suite 3
Eugene, OR 97401

www.wipfandstock.com

PAPERBACK ISBN: 979-8-3852-6072-0
HARDCOVER ISBN: 979-8-3852-6073-7
EBOOK ISBN: 979-8-3852-6074-4

Cataloguing-in-Publication data:

Names: Provan, Iain, author. | Nieblas, Héctor, translator.

Title: Cucos en nuestro nido : verdades y mentiras sobre el ser humano / by Iain Provan ; translated by Héctor Nieblas.

Description: Eugene, OR: Cascade Books, 2025 | Includes bibliographical references.

Identifiers: ISBN 979-8-3852-6072-0 (paperback) | ISBN 979-8-3852-6073-7 (hardcover) | ISBN 979-8-3852-6074-4 (ebook)

Subjects: LCSH: Theological anthropology—Biblical teaching. | Theological anthropology—Christianity. | Theological anthropology. | Christianity and culture.

Classification: BT701.3 P76 2025 (print) | BT701.3 (ebook)

VERSION NUMBER 12/08/25

Este libro lo dedico a mis padres:
Rena Provan 1931–2021
Bill Provan 1930–2022
Que descansen en Paz

Contenido

Agradecimientos | xi
Nota del traductor | xiii
Abreviaciones | xiv

Introducción | 1

Parte I: Entérate

1. Una guerra de mitos | 9
2. Pregunta acerca de la verdad | 12
3. El círculo de confianza | 16
4. Confiando en la ciencia | 19
5. Más allá de la ciencia | 23
6. Asuntos personales | 27

Parte II: Fundamentos

7. En el principio | 33
8. Cuerpos animados | 37
9. Personas completas | 41
10. Portadores de la imagen | 45
11. La belleza | 49
12. Gobernantes | 53
13. Sacerdotes | 57
14. En comunidad con Dios | 61
15. En comunidad con nuestro prójimo | 65
16. Hombre y mujer | 69

17 La caída | 73
18 Salvados | 78
19 La Esperanza | 82
20 Confesando | 86

Parte III: También

21 La adoración | 93
22 Derechos | 97
23 La vida | 102
24 La muerte | 106
25 Género | 110
26 Los niños | 114
27 La educación | 118
28 La Iglesia | 122
29 En Cristo | 127
30 El trabajo | 131
31 La riqueza | 135
32 El cuidado de la creación | 139
33 El amor | 143
34 La política | 147
35 El compromiso | 152

Parte IV: Cuerpos ajenos

36 Seguir a la ciencia | 159
37 Sentimientos viscerales | 164
38 El poder de la elección | 168
39 Un espejismo intelectual | 172
40 La ilusión de Dios | 176
41 La materia no importa | 180
42 El Arte | 184
43 La inocencia | 188
44 La información | 193
45 Sion | 198
46 Jerusalén | 203
47 La justicia | 207

48 La revolución | 211
49 El medio ambiente | 216
50 Conclusión | 221

Notas finales | 227
Bibliografía | 251

Agradecimientos

Varios amigos y familiares me han ayudado mucho en este proyecto leyendo borradores de capítulos o el libro entero: mi mujer, Lynette, y luego Scott y Monica Cousens, Brett Landry, Ed Gerber, David Wood, Eddie Larkman, Jonathan Spainhour, Carlos Enrique Tapia Bermúdez, Laura Yolanda Quiroz Martínez de Tapia, y Daniel Martinez. A todos ellos les estoy agradecido, pero me remito a las advertencias habituales: soy el único responsable del producto final. También deseo agradecer a las siguientes personas generosas que contribuyeron al financiamiento de esta traducción al español: Dennis Danielson; C. M. Genton; Ed y Michelle Gerber; Sven Soderlund; Duc y Janet Tang.

Nota del traductor

El Dr. Iain Provan, en *Cucos en Nuestro Nido*, responde a una pregunta que, en muchas ocasiones, suele ser ignorada en América Latina: ¿qué significa ser humano? ¿Por qué fuimos creados? Provan aborda estas cuestiones de manera coherente y profunda, conforme a los planes de Dios para la humanidad. Este libro nos ayuda a identificar pensamientos que se han infiltrado en la iglesia y que, de no ser detectados, terminarán dañándola. Por ello, nos invita, de forma oportuna y reflexiva, a examinarnos con el propósito de permanecer dentro del plan de Dios. Este libro es de mucha bendición."

—Héctor Nieblas
    Traductor y Presidente de Súnesis: Entendiendo la Biblia

Abreviaciones

ANF	*The Ante-Nicene Fathers* (ed. Alexander Roberts and James Donaldson)
AT	Antiguo Testamento
AYBD	*The Anchor Yale Bible Dictionary* (ed. David N. Freedman)
BurM	*The Burlington Magazine*
CalC	Calvin's Commentaries
CAnth	*Current Anthropology*
DBI	*Dictionary of Biblical Imagery* (ed. Leland Ryken, James C. Wilhoit, and Tremper Longman III)
EGP	*Ethics & Global Politics*
HBOT	*Hebrew Bible /Old Testament: The History of Its Interpretation* (ed. Magne Sæbø)
HN	*Human Nature*
JMem	*Journal of Memetics*
JME	*Journal of Medical Ethics*
JR	*Journal of Religion*
LCC	Library of Christian Classics
NIDNTT	*The New International Dictionary of New Testament Theology* (ed. Colin Brown)
NPNF	Nicene and Post-Nicene Fathers
NT	Nuevo Testamento

Introducción

"La observación de aves me resulta fascinante, porque te exige decidir qué es lo que realmente estás viendo. Es un arte: estoy aprendiendo a discernir cada vez mejor."[1]
(Henry Norcross)

"Ves, pero no observas."[2]
(Sherlock Holmes)

A LO LARGO DE la historia de la Iglesia cristiana, ha habido momentos particulares de crisis teológica significativa. En el siglo IV, por ejemplo, hubo un período en el que la plena divinidad de Jesucristo fue objeto de controversia, antes de que el partido atanasiano derrotara a los arrianos y la ortodoxia trinitaria quedara consagrada en el Credo de Nicea. En el siglo XVI se debatió ampliamente la cuestión de cómo los seres humanos pecadores se reconcilian con Dios. Las diferentes respuestas dadas a esta cuestión contribuyeron a una división en la Iglesia occidental, con los protestantes recién surgidos decididos a defender una versión bíblica de la "justificación por la fe". En todos esos momentos de la historia, un número considerable de fieles, firmemente arraigados en sus contextos culturales y cómodos con sus "normas" de pensamiento y práctica, han mostrado, al menos al principio, una inquietante propensión a "seguir la cultura imperante". Lo han hecho porque no han comprendido hasta qué punto su cultura está reñida con la fe verdaderamente cristiana, o porque no les importa. Los defensores de la verdadera fe, "que ha sido una vez dada a los santos" (Judas 3) se han encontrado a menudo en minoría, resistidos, rechazados y atacados por la mayoría, incluso por sus correligionarios, que los han considerado "perturbadores de Israel" sin razón (1 Reyes 18:17)[3].

A mi juicio, la Iglesia se encuentra hoy en medio de otra crisis teológica. Sin embargo, la pregunta apremiante ahora no es "¿Quién es Jesús?" ni "¿Cómo podemos salvarnos?". Es más bien: "¿Qué es un ser humano?". En muchas comunidades que proclaman ser "cristianas", incluso entre personas que serían capaces de dar las respuestas correctas a las dos primeras preguntas, no encontramos tanta claridad al dar una respuesta cuando se trata de la tercera pregunta. De hecho, parece que muchos miembros de las iglesias están profundamente *comprometidos* en la actualidad en su comprensión de lo que es una visión propiamente cristiana de la persona humana, y de lo que esto *significa*. Esto es cierto a nivel individual; también lo es en grupos como los equipos de liderazgo denominacional, pastoral, comisiones, facultades de universidades y escuelas de teología. Se den cuenta o no estos individuos y grupos, sus puntos de vista sobre la "antropología"—que es el término técnico para esta área de la teología—derivan (en parte o incluso sustancialmente), no de las Escrituras cristianas, sino de otras fuentes. Y al igual que en "crisis" pasadas, también en el momento presente, quienes intentan redireccionar a la Iglesia a la doctrina y la práctica correctas son resistidos, desestimados y atacados por causar problemas. Se les caricaturiza como meros "conservadores" que carecen de humildad al reclamar el monopolio de la verdad. Supuestamente se encuentran "en el lado equivocado de la historia" en la cuestión antropológica, y deben dejar paso a los "progresistas" más cultos.

Este libro pretende hablar de esta crisis teológica. Tengo en mente un público muy concreto: Espero ayudar a los lectores que toman en serio el seguimiento de Jesucristo a comprender cómo *deben* responder, como cristianos fieles, a la pregunta "¿Qué es un ser humano?" y como *deben* vivir en consecuencia. Esto es lo que aspiro a conseguir en los tres primeros cuartos del libro. Al mismo tiempo, quiero ayudar a equipar a estos cristianos serios para que reconozcan las raíces no cristianas de las ideas poderosas que compiten en el entendimiento de "lo humano" y que se encuentran cada día, tanto en la sociedad como (lamentablemente) en las iglesias contemporáneas, y para que tengan el valor de rechazar estas ideas no bíblicas. Porque, especialmente cuando ya están arraigadas en una comunidad cristiana, estas ideas dañan la fe y la vida cristianas. Este es el tema central del último cuarto del libro.

El cuco europeo es la metáfora que he elegido para describir estas ideas antibíblicas sobre la humanidad. Este cuco, que emigra a Europa desde África cada primavera, es un "parásito del nido". No cría a sus propias crías, sino que se cuela en el nido de otro pájaro y sustituye un huevo por uno propio. Este huevo se parece mucho a los huevos del pájaro dueño del nido, por lo que es difícil de detectar. En consecuencia, el cría al cuco creyendo que es uno de los suyos. Desgraciadamente, el cuco es, desde que nace, un asesino.

Sistemáticamente expulsa del nido a cualquier otro huevo o polluelo, asegurándose de que su propio canto sea el único que puedan oír sus padres adoptivos. Una vez que se ha apoderado del nido, recibe toda la atención de los padres adoptivos y crece hasta ser dos o tres veces más grande que ellos[4]. En todo esto el cuco es un "maestro del engaño y la desorientación"[5].

Las ideas antropológicas no bíblicas son como polluelos de cuco en el nido cristiano las cuales han sido introducidas de manera encubierta por pájaros cuyo hábitat natural está muy lejos de la fe cristiana. A menudo éstas son difíciles de detectar, y por lo tanto pueden ser fácilmente consideradas como si fueran una legítima "parte de la familia". Sin embargo, en realidad son cuerpos extraños en nuestro nido cristiano y una amenaza para la supervivencia de la familia. Si no se eliminan, estas ideas pueden crecer hasta apoderarse por completo del entorno. Eso es precisamente lo que las falsedades no cuestionadas sobre lo que significa 'ser humano', incrustadas en nuestros nidos cristianos, pueden provocar en la iglesia: pueden desviarnos de tal manera que lleguemos a perder el rumbo hacia nuestra perdición al punto de que la iglesia deje de ser verdaderamente iglesia.

Por tanto, tengo en mente un público concreto, pero obviamente también me complace que lean este libro personas que no comparten (al menos conscientemente) mis convicciones cristianas. Me gustaría pensar que lectores imparciales y externos podrán obtener algún beneficio de mi argumentación. De hecho, me gustaría pensar que esos lectores podrían darse cuenta, a medida que avanzan, de hasta qué punto ya tienen una visión cristiana de la persona humana, tal vez porque son producto de una cristiandad que históricamente ha formado su propia visión del mundo. La cuestión entonces, por supuesto, es cómo pueden mantener razonablemente esa visión cristiana del "ser humano" *sin* ser cristianos. Sin embargo, este libro no está dirigido principalmente a mis vecinos que se encuentran actualmente fuera de la Iglesia, sino más bien a amigos cristianos que toman su fe seriamente, pero quizá confundidos, atribulados e incluso asediados.

¿Qué encontrará exactamente en esta lectura? El libro está dividido en cuatro partes. La Parte I prepara el camino para lo que sigue, explorando cómo una persona que espera llegar a una respuesta confiable podría abordar con sensatez nuestra pregunta central: "¿Qué es el ser humano?". Asimismo, expone lo que el estudio específicamente *cristiano* aporta a esta búsqueda de la verdad. En la Parte II se exponen los fundamentos de una antropología cristiana, y en la Parte III se desarrollan diversas implicaciones de la adhesión a estos fundamentos. Las partes I a III del libro se centran, por tanto, en la *verdad* sobre el ser humano, aunque al hacerlo también ponen de relieve algunas mentiras. Sin embargo, es la Parte IV la que se centra en las mentiras. Es en esta sección donde abordamos de manera explícita a los numerosos y significativos "cucos" que intentan anidar en nuestro nido cristiano—y que, en algunos casos, quizá ya lo habitan. Dicho de otro modo, la Parte IV examina en profundidad la naturaleza y el origen de ciertas ideas antropológicas contemporáneas que, aunque influyentes, no tienen raíces cristianas. Así que no espere encontrar un lenguaje abiertamente "cucoso" hasta llegar a las últimas páginas de la Parte III.

Todos los capítulos del libro son breves, y he escrito cada uno de ellos en un estilo que espero sea accesible para un público amplio. Cada uno de ellos está diseñado para argumentar de forma concisa sobre un aspecto de una antropología propiamente cristiana. La idea es que se pueda leer un solo capítulo de una sola vez, y que luego el lector pueda detenerse a meditar en su contenido antes de seguir avanzando. Si desea contar con algunas preguntas específicas para reflexionar ya sea de forma personal o para plantearlas en un grupo de discusión mientras medita en cada capítulo puede encontrarlas en mi sitio web (iainprovan.ca), en la sección de "publicaciones". Todo esto permite que el libro pueda ser leído individualmente, día a día, por el laico interesado, o semana a semana como preparación para un grupo de estudio bíblico de la iglesia, o en esos mismos grupos. Cada capítulo, especialmente en las Partes II y III, puede utilizarse también como base para un sermón, y los capítulos relacionados dentro de esas secciones pueden combinarse con ese mismo propósito. Los lectores también podrían utilizar el libro eficazmente en los programas educativos de las iglesias. Éste ha sido diseñado, esencialmente, como "catequesis", en búsqueda de la recuperación de una visión robusta y verdaderamente cristiana del ser humano en todos los ámbitos de nuestra vida eclesial.

El lector no encontrará en este libro extensas notas finales ni una bibliografía abultada. Esto se ha hecho así para que el volumen sea conciso y sencillo. Las notas finales están pensadas principalmente para proporcionar referencias bíblicas y de otro tipo, muy breves (pero necesarias). Aun así, he dado prioridad, siempre que ha sido posible, a material interesante e ilustrativo que puede encontrarse fácilmente en Internet y no requiere acceso a una biblioteca. Reconozco que esta decisión tiene su lado negativo. Dado que mis capítulos son deliberadamente breves, no pueden sino ofrecer un mapa relativamente conciso pero, espero, confiable para recorrer el vasto paisaje de una antropología cristiana. Es inevitable, por tanto, que varios aspectos de mi argumentación susciten preguntas en su mente, y que desee contar con más ayuda para procesarlas. Afortunadamente, he escrito otros muchos libros de tipo académico más tradicional que le ayudarán a profundizar en muchos de los temas tratados en este volumen. La bibliografía selecta ofrece una descripción detallada de otros libros que incluyen notas extensas y bibliografías amplias, pensadas para ayudarle a profundizar en temas específicos. Por su parte, las notas finales señalan cuáles de esas obras son especialmente relevantes para el contenido tratado en cada capítulo. Además, para quienes estén interesados en una serie de videos que funcionarían bien como complemento de este volumen, recomiendo la serie de diez sesiones "ReFrame", disponible para su descarga gratuita en https://www.reframecourse.com/.

Con todo esto dicho, ¡comenzamos!

PARTE I
Entérate

1

Guerra de mitos

"Por lo tanto, pónganse toda la armadura de Dios, para que cuando llegue el día malo puedan resistir hasta el fin con firmeza. Manténganse firmes, ceñidos con el cinturón de la verdad, protegidos por la coraza de justicia." (Efesios 6:13–14)

A MEDIADOS DE 2020, justo en el ojo del huracán de la COVID-19, Anuja Sonalker, directora ejecutiva de una empresa de Maryland que vende tecnología de auto aparcamiento, expresó, esta opinión sobre la naturaleza humana: "Los humanos son un peligro biológico».⁶ Lo dijo mientras elogiaba con entusiasmo las máquinas sin contacto y sin intervención humana: "Los humanos son un peligro biológico, las máquinas no".⁷ En otras palabras, su visión del ser humano está íntimamente ligada a una visión más amplia de la sociedad. En esta visión, las máquinas que carecen de diversos tipos de limitaciones humanas desempeñarán felizmente un papel cada vez más central en el funcionamiento del mundo. La Sra. Sonalker es solo una de muchas voces influyentes que hoy aspiran a diseñar sociedades profundamente distintas de aquellas a las que estamos acostumbrados. En dichas sociedades, los "problemas" creados por nuestra corporeidad serán progresivamente superados por la tecnología avanzada, en particular la inteligencia artificial. Los mecanismos que producirán estos resultados serán (y ya son) alianzas sin precedentes entre gigantes tecnológicos mundiales y diversos niveles de gobierno. Juntos, estos "salvadores" mejorarán la vida en busca de mantenernos a todos "a salvo" (la nueva palabra favorita de nuestros políticos occidentales).

Pero ¿qué significa "mejor"? ¿Cómo se mide lo que es "mejor"? Un momento de reflexión revelará que todos estos salvadores están midiendo lo "mejor" en términos de convicciones profundamente arraigadas (aunque a menudo no expresadas) sobre lo que significa esencialmente ser humano. Pero, ¿es realmente mejor que los seres humanos reduzcan drásticamente todo el contacto físico en todos los ámbitos de la vida–desde las compras y la banca, pasando por la salud y la educación, hasta el gobierno y todo lo demás? ¿Cómo y por qué es esto realmente mejor para nosotros, como individuos y comunidades?

Este mismo interés por trascender nuestras limitaciones corporales se encuentra también entre las personas influyentes y adineradas de todo el mundo que actualmente promueven el "transgenerismo". Su objetivo es alejarnos del tradicional concepto "dimórfico" del sexolos (seres humanos son hombres o mujeres) y acercarnos a una idea muy distinta. Esta nueva idea sostiene que "quiénes somos realmente" tiene poco o nada que ver, necesariamente, con nuestra biología. De hecho, es perfectamente posible (ellos afirman) nacer en el cuerpo "equivocado". Esto da pie a la creación de identidades sexuales sintéticas mediante fármacos y cirugías. Los individuos deciden por sí mismos qué tipo de cuerpo prefieren, de acuerdo con sus intuiciones y sentimientos sobre su "verdadero" yo, o tal vez simplemente como una cuestión de elección arbitraria.

Consideremos el papel de la familia Pritzker, por ejemplo, en la promoción de esta agenda: una de las familias más ricas de Estados Unidos, que ejerce un importante poder social y político en ese país y fuera de él. Jennifer (que nació como James) Pritzker ha utilizado la Fundación Tawani, creada por la familia, para ayudar a financiar varias instituciones que apoyan esta nueva idea, incluida la Asociación Profesional Mundial de Salud Transgénero (WPATH, por sus siglas en inglés).[8] En 2021, otro miembro de la familia, el gobernador de Illinois J. B. Pritzker, promulgó un proyecto de ley de educación sexual para todas las escuelas públicas de ese estado, introduciendo esta nueva idea en el plan de estudios incluso para los niños pequeños. Según este plan de estudios, al final de segundo grado, por ejemplo, los alumnos deben ser capaces de "definir el género, la identidad de género y los estereotipos de género" y "debatir la variedad de formas en que las personas expresan su género y cómo los estereotipos de género pueden limitar el comportamiento". Al final de quinto grado, deberían ser capaces de "distinguir entre el sexo asignado al nacer y la identidad de género y explicar en qué pueden diferir o no".[9]

También en este caso, una determinada visión de la humanidad está íntimamente ligada a una visión más amplia de la sociedad. Aquí se incluye una idea clara sobre el contenido apropiado de los programas escolares. Desde esta perspectiva, el ser humano es un espíritu inmaterial que, por casualidad, posee un cuerpo—un cuerpo que puede o no ser considerado satisfactorio por su "dueño espiritual". Como una prenda de vestir, este cuerpo físico puede (y debe) ser desechado en pos de la autenticidad personal. Con la ayuda de la tecnología, puede (y debe) elegirse un nuevo estilo. Entonces, todo será "mejor".

Pero ¿es realmente cierto que los seres humanos son esencialmente espíritus simplemente revestidos de un cuerpo físico que puede desecharse fácilmente? ¿Quiénes lo afirman y cómo lo saben? Seguramente *deberíamos* estar interesados en saber. Si quienes sostienen esta idea están equivocados, entonces, al limitarnos a complacer sus sentimientos al respecto, no estamos buscando sinceramente su bien. En tal caso, ciertamente no estamos contribuyendo a hacer nada "mejor". En realidad, estamos empeorando mucho la situación: sumamos a la angustia mental preexistente de alguien, la mutilación de su cuerpo, la infertilidad y una dependencia de por vida de los fármacos.

Mucho está en juego cuando nos enfrentamos a la pregunta que está en el corazón de este libro: ¿Qué es el ser humano? La respuesta que demos a esta pregunta *importa*. Importa a nivel *individual*, pues afecta a cómo me veo a mí mismo, a lo que acepto hacerme o que me hagan, a los objetivos que me fijo, etc. También es importante a nivel *comunitario*, ya que afecta a cómo veo y trato a los demás, qué tipo de sociedad intento ayudar a construir, etcétera. De hecho, la respuesta a esta pregunta sobre la humanidad afecta a todo lo demás que es importante en la vida.

Resulta sorprendente, por tanto, que la mayoría de la gente no dedique mucho tiempo a pensar en lo que significa ser humano. Parecen creer que "es obvio". Pero en realidad no es obvio en absoluto. La realidad es que esta cuestión es, y siempre ha sido *discutida*. Nos demos cuenta o no, todos estamos atrapados, todo el tiempo, en lo que un autor ha denominado "una guerra de mitos".[10] Éste no entiende por "mito" algo que no sea cierto. Al contrario, en este contexto "mito" se refiere a grandes ideas—afirmaciones verdaderas—sobre la realidad. Todos estamos atrapados, todo el tiempo, en una batalla entre ideas que definen la realidad y que compiten entre sí. Por ejemplo, cómo pensar acerca de la enfermedad ("los humanos son un peligro biológico"), o sobre el sexo y el género ("podemos elegir el nuestro"). Por eso, es fundamental decidir en qué creemos acerca de la realidad, incluida la realidad de nuestra propia humanidad, y tener claridad sobre por qué hemos hecho esa elección. De lo contrario, avanzaremos por la vida sin saberlo, al ritmo del tambor de otro. Viviremos una vida no examinada que, como dijo un antiguo filósofo, no merece la pena ser vivida. Y, de forma inevitable, eso traerá consecuencias profundas.

Este es un libro que presenta un argumento particular, en el medio de la guerra de "mitos", sobre la naturaleza de nuestra humanidad. Me gustaría persuadirte de que una determinada forma de pensar en nuestra humanidad es verdadera, y exhortarte a que te "apoyes" en esta verdad mientras te vistes con "toda la armadura de Dios" para la batalla (Efesios 6:13-14). Pero como un antiguo burócrata romano preguntó una vez: "¿Qué es la verdad?"

2

Pregunta acerca de la verdad

"¿Qué es la verdad?" (Juan 18:38)

El hombre en cuestión era Poncio Pilato, y sus palabras se registran en el Evangelio de Juan del Nuevo Testamento (NT) cristiano. "Todo el que es de la verdad escucha mi voz", le dice Jesús de Nazaret[11]. "¿Qué es la verdad?", responde Pilato[12]. Quizá la pregunta sea cínica, delatando que Pilato no cree en la existencia de la "verdad". Tal vez sea una pregunta genuina: entre las diversas afirmaciones que se hacen sobre la verdad, ¿cuáles son realmente ciertas? En cualquiera de los dos casos, la pregunta de Pilato no solo es antigua, sino también muy actual.

En primer lugar, para mucha gente hoy en día supuestamente no existe la verdad en singular, a la que me referiré ahora como Verdad (con V mayúscula). Al menos, eso es lo que la gente *dice*, "Solo creemos en las verdades en plural: tu verdad, mi verdad, etcétera". Esto se ha convertido en una forma común de hablar en nuestra cultura global que se encuentra en todas partes. Un ejemplo bastante famoso es la entrevista de 2021 de Oprah Winfrey a Harry y Meghan, el duque y la duquesa de Sussex. En esta entrevista, Oprah invita a Meghan a "decir su verdad" sobre la vida en la familia real británica. Al parecer, Meghan es una gran admiradora de la psicóloga social estadounidense Brené Brown, quien anima a sus seguidores a "entrar en su propia historia y ser dueño de su verdad". La propia filosofía de vida de Meghan refleja estos compromisos. Como le dice a Oprah en la entrevista: "La vida consiste en contar historias, ¿verdad? De las historias que nos contamos a nosotros mismos y de lo que nos creemos".

Por eso, hoy en día la gente suele *hablar* de un modo que sugiere que no cree en la Verdad. Por supuesto, si esto es realmente Verdad es otra cuestión. Acusados falsamente de un delito, incluso las personas completamente posmodernas no suelen gritar: "Pero esa no es mi verdad". Sin embargo, siguen gritando: "Eso no es de hecho (objetivamente) cierto". Y más en general, las personas cuerdas tienden a prestar mucha atención a la dimensión factual de la realidad—su Verdadera naturaleza—a la hora de conducir sus vidas. Saben que, si no lo hacen, la realidad les perjudicará. Al fin y al cabo, un acantilado es un acantilado, y caerse por él no va a acabar bien para uno, independientemente de lo que cuente la propia "historia". Un fuego es un fuego, y, sea cual sea "tu verdad", meter la mano en la llama suele doler. De hecho, todo el mundo sabe que lo que Meghan está haciendo realmente en esa entrevista con Oprah, cuando supuestamente dice "su verdad", es hacer afirmaciones sobre la Verdad y, al mismo tiempo, insinuar con determinación que otras personas mienten.

De este modo, hay un considerable autoengaño en esta mentalidad contemporánea sobre la verdad. Y necesariamente se trata de un autoengaño *selectivo*, porque solo puedes salirte con la tuya hasta cierto punto con este enfoque de la vida antes de chocar, dolorosamente, contra la sólida realidad. En Verdad, necesitas mucho poder, dinero y protección incluso para prolongar el esfuerzo. Estos son, de hecho, los medios habituales por los que la gente retrasa el momento en que la realidad vuelve a chocar, dolorosamente contra sus vidas.

Lo que quiero decir es que la gente *sí* cree en la Verdad objetiva, no importa lo que digan. A veces, simplemente optan por ignorar parte de ella, siempre a su costa, en última instancia. Y entonces recurren al lenguaje de "mi verdad, tu verdad" para que nadie más pueda perturbar su "historia" mediante molestias como argumentos y pruebas. En otras palabras, al final, este enfoque "postmoderno" de la verdad no es más que una estrategia inteligente diseñada para eliminar cualquier posibilidad de que te encuentres en un error y necesites cambiar de opinión. Su propósito es evitar el descubrimiento de que la "historia que te estás contando a ti mismo" es falsa o, al menos, solo parcialmente cierta.

Así que tal vez la pregunta de Pilato, y su equivalente moderno, sea más una afirmación velada que una pregunta: una afirmación que, al final nadie cree de Verdad (¡!). Pero quizá, en segundo lugar, sea una pregunta más *genuina*. Entre las diversas afirmaciones que se hacen sobre la Verdad, ¿cuáles son realmente Verdaderas, y cómo podría yo *saber* que es así? Creo que existe la Verdad (podría afirmar), y me comprometo a aferrarme a ella. Pero, ¿cómo puedo estar razonablemente seguro de haberlo hecho?

Quizá Pilato lo tuvo más fácil que nosotros al enfrentarse a esta gran cuestión, porque vivía en un mundo más sencillo. Vivimos, nos dicen, en un mundo de posverdad, posrealidad o incluso posfactualidad política. Es un mundo impulsado por ciclos de noticias de veinticuatro horas que dominan tanto los medios de comunicación tradicionales como las redes sociales. Y estos ciclos de noticias se transmiten de formas que abarcan un espectro que va desde la veracidad, pasando por un sesgo considerable, hasta las noticias completamente falsas. El principal atractivo de la política de la posverdad no son los hechos, sino las emociones. Si la emoción se despierta lo suficiente, resistirá toda refutación factual. Los hechos dejarán de importar, e incluso los expertos que hablen de los hechos dejarán de importar.

Esto no solo ocurre con la política. El mismo tipo de atractivo es fundamental en la publicidad moderna en general. Por eso las imágenes de su televisor o de la pantalla de su computadora muestran cachorros jugueteando por ahí, incluso mientras la voz en off describe las cien maneras en que un medicamento anunciado puede perjudicarle. Los anunciantes quieren que recuerde a los cachorros, no las palabras; que recuerde los sentimientos, no los hechos. Y les resulta. De lo contrario, las empresas no dedicarían enormes sumas de dinero a sus presupuestos publicitarios.

¿Qué debe *hacer* la persona que busca la Verdad en este tipo de mundo? ¿Cómo debemos proceder? Debemos reflexionar detenidamente sobre esta cuestión. Porque las consecuencias de dar un paso en falso podrían ser graves, mucho más graves que el inconveniente de acabar comprando un producto decepcionante en respuesta a un anuncio de televisión.

La importancia de la reflexión queda bien ilustrada por el caso del *Pizzagate* de 2016. Esta historia comenzó con una afirmación muy publicitada, pero falsa, en las redes sociales sobre los correos electrónicos de John Podesta, director de la campaña electoral de Hillary Clinton en Estados Unidos en 2016. La acusación consistía en que estos correos contenían mensajes codificados que conectaban a varios altos funcionarios del Partido Demócrata y a algunos restaurantes con una red de trata de personas y explotación sexual infantil. Entre los restaurantes implicados estaba la pizzería *Comet Ping Pong* de Washington D.C. Estoy seguro de que todos estamos de acuerdo en que las personas con sentido común deberían oponerse enérgicamente a la trata de seres humanos y a las redes de explotación sexual infantil. Ciertamente, esto es lo que creía Maddison Welch, un hombre de veintiocho años de Carolina del Norte. Así que en diciembre de 2016, condujo hasta Washington, entró en el *Comet Ping Pong* y efectuó tres disparos con un rifle que impactaron en las paredes, un mostrador y una puerta del restaurante. Welch había leído en internet que el restaurante albergaba a niños esclavos sexuales en su sótano, y quería rescatarlos. Al descubrir que en realidad el *Comet Ping Pong* no tenía sótano, Welch reconoció que "la información sobre esto no era del 100 %", ¡lo cual es decir poco! "Solo quería hacer algo bueno y lo hice mal", dijo[13]. En esta ocasión, las consecuencias del "mal camino" para este joven de voz suave y educado padre de dos hijas, cuyo corazón se rompía "al pensar en el sufrimiento de personas inocentes", fueron terribles. Cumplió cuatro años de prisión.

En este mundo sobrecargado de información y desinformación, en el que lo que está en juego en la vida es tan importante, ¿cómo deben proceder los buscadores de la Verdad? Los cuatro capítulos siguientes reflexionan sobre esta cuestión de lo que los filósofos llaman "epistemología". En estos capítulos propondré que la pregunta crítica que debemos hacernos aquí es la siguiente: "¿A quién debo admitir en mi círculo de confianza, y por qué?". Y hablaré de diversas fuentes de conocimiento, incluida la ciencia, conduciendo al final a la importancia crucial de confiar en Jesucristo y en la Sagrada Escritura que nos ha dado. Creo que estos próximos capítulos serán importantes para muchos lectores. Pero en un público tan amplio como el que pretende abarcar este libro, algunos de ustedes quizá piensen que ya tienen una buena idea de *cómo* debemos enfocar el conocimiento en general. Si es así—y si estás ansioso por pasar ahora a lo *que* dice la Sagrada Escritura sobre "ser humano"—, no dude en pasar directamente al capítulo 7. Siempre puede volver a los capítulos 3 a 6 más adelante, antes de comenzar la Parte IV.

3

El círculo de confianza

"Estos confían en sus carros de guerra, aquellos confían en sus corceles." (Salmo 20:7)

ENTRE LAS DIVERSAS AFIRMACIONES que se hacen sobre la Verdad (que ahora llamaremos simplemente "verdad" de forma normal), ¿cómo podemos saber cuáles son realmente ciertas?[14]. Parece tan fácil equivocarse incluso para las personas sinceras y atentas que se *comprometen* a conocer la verdad y a vivir de acuerdo con ella. Entonces, ¿cómo debemos proceder? La mejor respuesta a esta pregunta se basa en la idea del "círculo de confianza", una forma de hablar que tomo prestada de la comedia del año 2000, "*Meet the Parents*" en español conocida como "*La familia de mi novia*". Es una fraseología útil porque hace hincapié en el papel de la *comunidad* en nuestro conocimiento, en lugar de simplemente en lo *individual*.

Obviamente, somos capaces individualmente de discernir *algunas* verdades directamente a través de nuestros sentidos (por ejemplo, la vista y el oído) y sin la ayuda de nadie más. Vemos y oímos cosas, las tocamos, olemos y saboreamos, y de este modo adquirimos un conocimiento bastante directo de la realidad. Y, en su mayor parte, *confiamos* en nuestras propias percepciones del mundo acumuladas de esta manera. Difícilmente podríamos hacer otra cosa y seguir funcionando en el mundo. Aunque sabemos que a veces podemos equivocarnos—que, por todo tipo de razones, podemos percibir mal—en general tendemos a confiar en nuestros sentidos.

Sin embargo, *si somos sabios*, también miramos a otras personas para confirmar que estamos percibiendo la realidad correctamente. ¿Lo has visto? ¿Lo has oído? ¿Estoy entendiendo las cosas de la manera correcta? Y este es, por supuesto, un aspecto importante en el que gran parte de la cultura imperante *no* es muy sabia debido a que pone mucho *énfasis* en "aferrarse firmemente a las convicciones personales propias". De hecho, muestra una enorme confianza en la introspección y la intuición individual como guías prácticamente infalibles de lo que es verdad. Esto es un gran error. La búsqueda de la verdad requiere humildad, un equilibrio razonable entre la confianza en uno mismo y la duda. Si somos sabios, no confiamos totalmente en nosotros mismos. También miramos a los demás y confiamos en *ellos*.

De hecho, la mayor parte de lo que creemos saber cómo cierto procede de otras personas. No procede de nuestras propias percepciones y experiencias. El libro *Testimony*, del filósofo australiano Tony Coady, lo explica maravillosamente bien[15]. Coady demuestra que "nuestra confianza en la palabra de los demás es fundamental para la idea misma de una actividad cognitiva seria"[16]. Asimismo, sostiene que "un amplio compromiso para confiar en los informes de los demás [es de hecho] una condición previa para comprender su discurso en absoluto"[17]. Dependemos en gran medida de los testimonios para nuestro conocimiento, no solamente cuando somos niños, sino también de adultos, y no solo de forma obvia (por ejemplo, en procesos judiciales), sino en *general*, en la vida cotidiana. Por ejemplo, cuando confiamos en un mapa para guiarnos por una ciudad extranjera como turistas, estamos dependiendo del testimonio de quienes han caminado antes que nosotros. Cuando los psicólogos aceptan lo que dicen sus clientes sobre sus percepciones de la realidad, o cuando los científicos en general confían en lo que afirman sus colegas sobre los resultados de sus investigaciones. Todos ellos también dependen del testimonio. En resumen, cuando se trata de lo que llamamos conocimiento, dependemos intelectualmente, en gran medida, de lo que nos dicen otras personas. Y esto es así, lo reconozcamos o no, consciente o inconscientemente.

Conocemos la verdad, en la medida en que la conocemos, principalmente a través del *testimonio* de otras personas. Y esto hace que la confianza sea la cuestión *central* para los buscadores de la verdad. ¿En quién debemos confiar y por qué? ¿A qué personas vamos a admitir en nuestro círculo de confianza, y por qué razones? ¿Y a quiénes vamos *a excluir* de ese círculo?

Algunos de los candidatos más obvios a ser incluidos, en primer lugar, son nuestros padres y otros familiares cercanos. Cada uno de nosotros ya cree que muchas cosas son verdad, principalmente por lo que nos han dicho las personas de nuestra familia cercana. De hecho, cuando éramos niños, nuestra supervivencia dependía de la confianza absoluta en lo que nos decían nuestros padres (como los efectos negativos de meter un dedo en un enchufe). A medida que crecemos, es perfectamente sensato seguir tomando en serio lo que nos dicen nuestros familiares más cercanos, siempre que sigamos convencidos de que, en general, son personas sinceras que velan por nuestros intereses

Esto no significa, por supuesto, que siempre tengan razón, ni siquiera que sean honestos. Por eso, a medida que crecemos, también necesitamos emprender una reflexión crítica mesurada. Para muchos de nosotros, este proceso reflexivo comienza cuando nos encontramos con profesores en los que confiamos en el ámbito académico ya sea en el colegio o la universidad. A partir de lo que nos dicen, empezamos a desarrollar el contexto más amplio en el que se pueden evaluar y reevaluar las enseñanzas de nuestros padres. Es en este entorno educativo más amplio donde empezamos a sospechar que, mientras que nuestros padres saben bastante sobre algunos temas (por ejemplo, qué tipo de personas son peligrosas), puede que no sean los guías más fiables cuando se trata de otros asuntos (por ejemplo, la física nuclear). En la medida en que nuestros profesores son personas bien formadas y competentes en su materia, no cabe duda de que aprendemos verdades de ellos, verdades con las que quizá nunca nos habíamos topado antes.

Sin embargo, esto introduce la cuestión relevante de la *experiencia*. A la hora de plantear preguntas sobre la verdad, siempre es buena idea considerar este punto: ¿hay buenas razones para pensar que la persona que ahora se comunica conmigo sabe de lo que habla? Por ejemplo, ¿han estudiado nuestros profesores sus materias en una buena escuela o universidad que haya dado fe de su pericia? O ¿hay razones para pensar que, al menos en algunos aspectos, su propia educación ha sido bastante pobre: estrecha, doctrinaria, limitada? Por supuesto, el *carácter* también entra en juego, porque un profesor puede tener una buena formación, pero estar más interesado en adoctrinar que en educar a sus alumnos. Podríamos confiar plenamente en la *educación* de un profesor, pero no en su capacidad de *educar*.

La experiencia y el carácter son muy importantes en la cuestión de la confianza. Importan en relación con los miembros de la familia y los profesores, y también cuando se trata de lo que nuestros diversos medios de comunicación tienen que decirnos. Por ejemplo, ¿tienen los periodistas un alto nivel de integridad personal y tratan de informar de forma justa y equilibrada sobre sus temas? ¿Trabajan bajo la supervisión de editores que les cuestionan sobre sus puntos ciegos, prejuicios y agendas? Si es así, merecen ser admitidos en nuestro círculo de confianza. Una prensa libre y responsable es un medio inestimable para descubrir la verdad sobre el mundo. Por supuesto, en una sociedad de la posverdad puede no ser fácil en la práctica encontrar una prensa libre y responsable.

Resumiendo hasta aquí la cuestión de cómo obtenemos un conocimiento seguro de la realidad—la cuestión epistemológica—: conocemos la verdad fundamentalmente a través del *testimonio* de otras personas. Algunas de estas personas son padres, profesores y periodistas, y otras, como veremos en el próximo capítulo, son científicos.

4

Confianza en la ciencia

*"Los cielos cuentan la gloria de Dios, el firmamento proclama
la obra de sus manos." (Salmo 19:1)*

EN LA SOCIEDAD MODERNA, la gente suele depositar una gran confianza en los científicos como colectivo y en la totalidad de lo que tienen que decir (la "ciencia" de la abstracción)[18]. Esta confianza es evidente, por ejemplo, en la forma en que los gobiernos en medio del brote de COVID-19 a menudo exhortaban a sus poblaciones a "seguir la ciencia". Para muchas personas hoy en día, es la ciencia la que realmente proporciona el contexto más amplio dentro del cual debemos evaluar las afirmaciones de otras autoridades—padres, profesores, etcétera. Es la ciencia la que debe medir lo que ellos tienen que decir. Esto se debe a que se considera que la ciencia nos proporciona precisamente el tipo de verdad objetiva que nos permite superar la ignorancia, los prejuicios, las limitaciones y las ideologías humanas. Por lo tanto, se dice, debemos depositar una enorme confianza en los que tienen este tipo de experiencia—, ya sea en ciencias físicas, médicas o sociales, o en otras áreas.

No es un mal consejo. Supongamos que los descubrimientos de un científico han sido confirmados por otros científicos, pasando con éxito el proceso de "revisión por pares". Supongamos que estos descubrimientos se han convertido en verdades ampliamente reconocidas entre las personas expertas en el área en cuestión. En tal caso, haríamos bien en escuchar atentamente lo que dicen los científicos. *Normalmente*, les escuchamos con atención, *incluso* en la sociedad de la posverdad. Por ejemplo, si la ciencia sugiere que, al caer por un acantilado, es casi seguro que moriré rápidamente en el agua, pero la vieja tía Agnes, que dejó la escuela a los quince años, insiste en que flotaré y sobreviviré si bebo su poción mágica, la mayoría de la gente no escuchará a la tía Agnes.

Por supuesto, algunos científicos pueden cometer errores e incluso mentir. Sin embargo, la propia ciencia suele descubrirlo con bastante rapidez. Un grupo entero de científicos puede mentir, o no ver toda la verdad, debido a presiones económicas o políticas, pero normalmente la propia ciencia también acaba descubriendo a *estas* personas. Esto se debe en parte a que los científicos disfrutan demostrando cómo otros científicos han fracasado y cómo sus propias teorías científicas son mucho mejores. Esto forma parte de la dinámica interna de la profesión, por la que todos vamos más allá del error (e incluso de la maldad) y nos adentramos más en la verdad de las cosas.

Esta es la razón por la que, en general, deberíamos ser escépticos sobre las teorías conspirativas globales a gran escala relativas a la "ciencia". La ciencia puede no ser perfecta, y algunos científicos pueden no ser muy competentes u honestos. A veces hay cuestiones, como el cambio climático o la transmisión de un virus, que son simplemente increíblemente complicadas, y grupos respetables de científicos pueden discrepar legítimamente sobre ellas, al menos de momento. Pero si empezamos a desconfiar de la ciencia como *tal*, entonces le damos la espalda a un conjunto de conocimientos que muy probablemente son en gran medida ciertos, y que nos ayudan (entre otras cosas) a saber cómo responder a la vieja tía Agnes y a salvarnos de una muerte casi segura. Si empezamos a perder la confianza en la ciencia como tal, dejamos de contar con una medida de referencia amplia y generalmente confiable para evaluar toda una serie de afirmaciones particulares sobre la verdad.

La ciencia merece nuestra confianza en los ámbitos de nuestra existencia sobre los que puede informarnos legítimamente. Sin duda merece que se le dé más peso en estas zonas que a otras fuentes de información. ¿Es el profesor Richard Dawkins más confiable en biología que Wikipedia, por ejemplo? Por supuesto que sí, a no ser que la página de Wikipedia sea de un calibre muy alto, que incluya el trabajo de Dawkins (por ejemplo) en un debate más amplio entre biólogos sobre un tema determinado. ¿Debería confiarse más en un licenciado universitario en nutrición que en un bloguero sin una formación completa en la materia? ¡Por supuesto que sí! En principio, ¿deberíamos fiarnos mucho más de los libros y ensayos científicos revisados por expertos (incluidas materias como la historia, por ejemplo) que de cualquier cosa que leamos en Internet o encontremos en las redes sociales? *Deberíamos*, a menos que la persona que escribe o publica en Internet también *trabaje* bajo las restricciones de un proceso de revisión por pares que no esté corrompido. En resumen, los científicos merecen un lugar en el círculo de la confianza.

Todavía no hemos terminado de debatir esta cuestión crucial del testimonio y la confianza, pero quiero detenerme aquí un momento para considerar lo que creo que son los méritos del enfoque de la búsqueda de la verdad que he estado defendiendo. Me parece que este enfoque nos da la mejor oportunidad de encontrarnos en posesión de todo tipo de verdad y al mismo tiempo desprovistos de falsedad. Porque dentro de un círculo de confianza inteligentemente construido, deberíamos ser capaces de llegar a juicios sólidos sobre cuestiones tan importantes como el carácter, la competencia y la experiencia. O bien nosotros mismos conocemos a las personas que afirman la verdad, o nos han sido "recomendadas" por otras en las que tenemos buenas razones para confiar (a través de procesos como la revisión por pares), o estamos convencidos de que existen otras restricciones significativas sobre ellas que probablemente limiten su incompetencia, mendacidad, etcétera.

Todo esto nos proporciona una base firme para tratar con cualquier otra persona con la que nos encontremos haciendo afirmaciones sobre la verdad, especialmente en las redes sociales y en Internet en general. No me refiero aquí a las áreas vastas de este mundo virtual que son meras cámaras de eco impersonales, construidas algorítmicamente y diseñadas por megacorporaciones que buscan mantener los ojos en las pantallas y monopolizar nuestra atención para su beneficio[19]. Me refiero a personas reales interesadas en comunicar la verdad. Sin embargo, sean cuales sean sus intenciones, el problema es que, cuando se presta toda la atención a sus afirmaciones, a menudo queda claro que estas personas carecen de cualquier tipo de experiencia para pronunciarse sobre el tema en cuestión. A menudo no hay ninguna buena razón para pensar que saben de lo que hablan. Frecuentemente no hay pruebas de que las *afirmaciones* que hacen se basen en fuentes primarias que hayan sido examinadas cuidadosamente antes de tomar decisiones juiciosas sobre ellas. A menudo ni siquiera hay pruebas de que estos informen de primera mano y con conocimiento de causa, en lugar de limitarse a transmitir rumores e insinuaciones. Por tanto, es prudente acercarse con un sano grado de escepticismo a este caótico mundo virtual lleno de desconocidos que poseen conocimientos y experiencia limitados. Es prudente contrastar estas afirmaciones con la verdad que, por buenas razones, creemos conocer con seguridad. *No* debemos admitir con demasiada facilidad en nuestro círculo de confianza a las personas de este caótico mundo virtual.

Y así, sabiendo y creyendo en la ciencia que me dice que el mundo es esférico por naturaleza, voy a dudar antes de abrazar cualquier afirmación en Internet de que el mundo es de hecho plano, no importa cuántas personalidades del deporte me digan que eso es cierto. Y cuando me encuentre en las redes sociales con la idea de que los correos electrónicos de cierto político relacionan varios restaurantes con el tráfico de personas y las redes de explotación sexual infantil, voy a intentar tener acceso de primera mano a esos correos electrónicos, voy a consultar periódicos y revistas serios como fuentes secundarias para ver qué dicen sobre este tema, y voy a contrastar mi pensamiento con familiares y amigos de confianza. Voy a hacer todo esto, y a pensarlo muy bien, antes de subirme a mi camioneta con mi pistola y conducir hasta Washington D.C.

5

Más allá de la ciencia

"Todo esto lo examiné muy bien y con sabiduría, pues me dispuse a ser sabio, pero la sabiduría estaba fuera de mi alcance. Lejos y demasiado profundo está todo cuanto existe. ¿Quién puede dar con ello?" (Eclesiastés 7:23-24)

MIENTRAS SEGUIMOS REFLEXIONANDO SOBRE la obtención de un conocimiento seguro y antes incluso de llegar a la cuestión de la antropología cristiana como tal, hay algo más que decir sobre la ciencia[20]. Se trata de lo siguiente: que la ciencia solo puede decirnos *cierto tipo* de verdades. Esto es importante, y debería afectar al tipo de confianza que depositamos en ella[21]. Una cosa es confiar en Richard Dawkins como biólogo, por ejemplo, y otra muy distinta es confiar en él como filósofo, un área en la que no es experto. Este punto crucial no se comprende bien, por lo que merece la pena dedicarle algo de tiempo.

Una vez oí a Denis Alexander, por aquel entonces director del Instituto Faraday para la Ciencia y la Religión de Cambridge, definir con gran claridad la ciencia moderna de la siguiente manera: "La ciencia es un esfuerzo organizado para explicar las propiedades del mundo físico mediante teorías comprobables empíricamente construidas por una comunidad de investigadores entrenados en técnicas especializadas". Observamos aquí que la ciencia tiene su propio dominio: "el mundo físico". También tiene su propio centro de interés particular: "las propiedades del mundo físico". Y tiene su propio método: "teorías comprobables empíricamente". La ciencia pretende formular generalizaciones sobre las propiedades del mundo físico mediante hipótesis comprobables en el mundo del discurso público. Su interés radica en lo que es públicamente observable y repetible, y publicable en revistas revisadas por pares. Como tal, la ciencia es una empresa de búsqueda de la verdad, que trata de disipar los malentendidos y corregir los errores en el camino hacia una comprensión exacta de los diversos tipos de realidad física. Sin embargo, está concebida para descubrir *solo ciertos tipos de verdad*: los que se refieren a "las propiedades del mundo físico". Estrictamente como ciencia, no está diseñada para hablar (ni es capaz de hacerlo) de otras cuestiones importantes. Desde luego, no puede abordar adecuadamente cuestiones de finalidad, valor y significado últimos. Estas realidades no forman parte de su dominio.

Una ilustración puede ayudar a aclarar este punto. Pensemos, por ejemplo, en las en las distintas maneras de representar un país como Francia en un mapa. Podemos crear un mapa político que identifique sus distintas regiones. También podemos dibujar un mapa que destaque las características topográficas, como montañas, colinas, valles y lagos, e indique su altura en relación con el nivel del mar. O podríamos dar prioridad a las redes de transporte como carreteras y ferrocarriles. Cada uno de estos mapas, con su propio lenguaje, símbolos, metáforas y colores, nos diría algo de la verdad sobre Francia. Pero el mapa que utilicemos en cada ocasión dependerá del tipo de conocimiento que queramos obtener del ejercicio. Cada mapa proporciona información útil, pero no el mismo *tipo* de información que los demás.

Volviendo a la ciencia y a lo que está más allá de la ciencia: consideremos a grandes rasgos lo que la ciencia moderna nos dice sobre los orígenes físicos del mundo en que vivimos y sobre los orígenes físicos de los propios seres humanos. Propone que el universo en el que vivimos es muy antiguo, originado en un Big Bang hace unos 13.750 millones de años, tras el cual comenzaron a formarse las galaxias. Hace unos 4.570 millones de años nació nuestro Sol y poco después la Tierra. Al enfriarse nuestro planeta, se formaron las nubes y la lluvia creó los océanos, y se preparó el terreno para que surgiera y evolucionara la vida. Hace unos 2 millones de años aparecieron las primeras criaturas clasificadas en el género *Homo*. Se cree que el *Homo sapiens* arcaico se originó hace unos 500.000 años en África y que evolucionó hasta convertirse en los humanos anatómicamente modernos (*Homo sapiens sapiens*) hace unos 200.000 años. Hace 11.000 años, el *Homo sapiens* había viajado hacia el extremo sur de Sudamérica, el último de los continentes deshabitados (con excepción de la Antártida). Y entonces, entre el 8500 y el 7000 a. C., los humanos del creciente fértil, en Oriente Próximo, iniciaron la cría sistemática de plantas y animales: la agricultura y la ganadería. El excedente de alimentos permitió la aparición de una clase sacerdotal o gobernante, seguida de una creciente división del trabajo en la sociedad. Esto condujo a la primera civilización del planeta, en Sumeria, en el Oriente Próximo, entre el año 4000 y el 3000 a. C. Rápidamente surgieron otras civilizaciones en el antiguo Egipto, en el valle del río Indo y en China.

Con respecto a cómo llegamos a vivir en este planeta, ésta es la narrativa estándar que constituye la base de la ciencia dominante en la actualidad. Y lo hace precisamente porque da buena cuenta de todas las pruebas que poseemos actualmente sobre nuestra historia planetaria *dentro del dominio de la ciencia*. Pero fíjese en las importantes cuestiones humanas a las que no da respuesta esta narrativa. Los científicos pueden decirnos que hubo un Big Bang, y también pueden decirnos muchas cosas sobre los momentos inmediatamente posteriores. Pero, como científicos, no pueden decirnos nada sobre la procedencia del universo ni sobre lo que ocurrió antes del Big Bang, por la sencilla razón de que el espacio y el tiempo no existían antes del Big Bang, y sin espacio no hay "dónde", y sin tiempo no hay "antes". ¿Y si el comienzo no fue un accidente, sino un acto deliberado? Los científicos tampoco pueden decirnos, como científicos, por qué hubo un principio (que no era la opinión científica predominante hasta hace muy poco). ¿Hubo una *decisión implicada*? La ciencia es informativa en lo que respecta a la mecánica de cómo surgió la vida en este planeta (incluida la vida humana), lentamente y durante un largo periodo de tiempo, a través de un proceso de variación genética y selección natural. Sin embargo, ésta no puede decirnos lo que *significa* todo esto. No puede, como ciencia, decirnos todo sobre quiénes somos, y ciertamente poco sobre cómo debemos vivir, y cómo debemos tratar a otras criaturas del planeta, y qué debemos esperar, etcétera. En otras palabras, la ciencia no puede ayudarnos con toda una serie de cuestiones humanas para las que necesitamos desesperadamente respuestas si queremos vivir bien nuestras vidas.

Esta realidad ha sido bien comprendida por personas inteligentes desde hace tiempo. El padre de la sociología moderna, Max Weber, ya hablaba de ello en una conferencia universitaria en 1918:

> ¿Quién cree todavía hoy que los conocimientos de astronomía, biología, física o química pueden enseñarnos algo sobre el *sentido* del mundo? Tolstoi nos dio la respuesta más sencilla a la única pregunta importante: "¿Qué debemos hacer? ¿Cómo debemos vivir?". El hecho de que la ciencia no nos dé esta respuesta es completamente innegable[22].

No se trata en absoluto de "culpar a la ciencia" por ser insuficiente. Sería tan insensato como culpar a un mapa topográfico de Francia por no ayudarnos a completar nuestro viaje de París a Burdeos en el sistema ferroviario francés. Lo que ocurre es que, para abordar plenamente la cuestión del conocimiento a través de la confianza, debemos mirar necesariamente más allá de la ciencia y adentrarnos en el ámbito de la "metafísica". Este lenguaje deriva del título de algunas de las obras editadas del filósofo griego Aristóteles. Se refiere a asuntos "más allá de lo físico" (metafísica), en contraste a otros libros de Aristóteles sobre el mundo natural (su *Física*).

Pero ¿cómo obtener un conocimiento fiable de este dominio metafísico que está más allá de la "naturaleza"? Los filósofos y maestros religiosos que han afirmado decir la verdad sobre este campo son, por supuesto, muchos y variados, y no se ponen de acuerdo en absoluto sobre cuál es la verdad. He escrito otro libro, "*A Seriously Dangerous Religion*", que describe las principales opciones en este mercado de ideas filosóficas/religiosas, y no voy a repetir ese ejercicio en el presente volumen. Lo que quiero subrayar *aquí* es simplemente que, una vez más, el conocimiento está ligado necesaria y fundamentalmente a la confianza. De todas las personas que han afirmado decir la verdad sobre el campo metafísico, ¿en quién debo confiar y por qué? Esa es la pregunta que se nos plantea a cada uno de nosotros. Es una pregunta muy importante, lo que hace aún más sorprendente que muchas personas modernas parezcan pensar que pueden valerse bastante bien sin hacérsela.

6

Asuntos Personales

"Yo soy el camino, la verdad y la vida, contestó Jesús."
(Juan 14:6)

COMENCÉ EL CAPÍTULO 1 sugiriendo que hay mucho en juego cuando se trata de la pregunta "¿Qué es un ser humano?"[23]. Como propuse, la respuesta que demos a esta controvertida pregunta *importa*, y debemos asegurarnos lo mejor posible de que tenemos una *buena* respuesta. Esto nos llevó en los capítulos 2 a 5 a algunas reflexiones generales sobre lo que implica la búsqueda seria de la verdad, y cómo podemos asegurarnos, en la medida de lo posible, de evitar el error. El tema crucial, como ya he sugerido, es: "¿en quién debo confiar y por qué?". ¿A quién debo admitir en mi círculo de confianza y por qué motivos? Hasta ahora he planteado esta cuestión principalmente en el ámbito *físico*, considerando la forma en que padres, profesores, periodistas y científicos "nos dicen la verdad" (o, talvez no lo hacen). Pero la pregunta es igual de importante cuando se trata del reino metafísico (el reino "más allá de lo físico"). De todas las personas que han afirmado decir la verdad sobre ese reino *metafísico*, ¿en quién debo confiar y por qué?

Todo esto nos lleva ahora a la naturaleza del argumento que quiero desarrollar en este libro, que se basa en un conjunto de convicciones metafísicas específicamente *cristianas*. Para mí, son estas convicciones y no la verdad que la ciencia ciertamente nos proporciona (capítulo 4) las que inevitablemente establecen el marco más amplio para todo lo demás. Son estas convicciones las que proporcionan el contexto más amplio en el que me comprometo en todos los pequeños actos de confianza que están ligados a mi comprensión de quién soy. Y ahora debo decirles por qué tengo esas convicciones.

Quiero empezar retomando las palabras del interlocutor de Pilato en Juan 18, Jesús de Nazaret. "Todo el que es de la verdad escucha mi voz".

Esto es bastante sorprendente, pero no tanto como lo que dice unos pocos capítulos antes: "Yo soy el camino, la verdad y la vida"[24]. Yo soy la verdad. De hecho, ésta es solo una de las varias afirmaciones del Evangelio de Juan que dejan en claro que Jesús se consideraba a sí mismo como Dios. Considera esta otra, por ejemplo: "Ciertamente les aseguro que, antes de que Abraham naciera, ¡yo soy!"[25]. Este es el punto culminante de una sección del Evangelio que comienza con la afirmación de Jesús de que Él es la luz del mundo, y que da paso a una extensa reflexión sobre quién es el Padre de Jesús, y quién podría ser el padre de sus interlocutores[26]. Jesús debate las afirmaciones de su interlocutores de que su padre es Abraham (ya que no se comportan como Abraham) y de que Dios es su padre (ya que si esto fuera cierto, amarían a Jesús)[27]. Luego se presenta a sí mismo como la persona que puede dar a los demás la vida eterna.[28] La afirmación que le sigue a la frase "antes de que Abraham" alude a la revelación de Dios a Moisés: "YO SOY EL QUE SOY"[29]. No es de extrañar que su público judío "tomara piedras para arrojárselas"[30]. Son palabras blasfemas y locas, a menos que Jesús este diciendo la verdad.

Y aquí radica la paradoja con la que muchos lectores de la Biblia a lo largo de los siglos han tenido que luchar. Jesús, cuando nos encontramos con él por primera vez, parece extraordinario, admirable y digno de imitación en muchos sentidos, y al mismo tiempo, bastante fuera de sí. Y, sin embargo, algunas de las personas que menos probabilidades tenían en el mundo antiguo de aceptar que él era realmente Dios encarnado, llegaron a creerlo. Me refiero a algunos judíos del siglo I de nuestra era. Eran personas profundamente arraigadas en el culto al Dios único y, por tanto, ferozmente hostiles al politeísmo circundante del mundo romano. Pero a pesar de ello, llegaron a utilizar de forma rutinaria el lenguaje de "Padre", "Hijo" y "Espíritu Santo" al hablar de Dios. Hablaban y escribían así para expresar su creencia de que Dios, aunque uno, es también tres Personas. Y es debido a esta creencia que los cristianos llegaron a ser bautizados en el nombre de "Padre", "Hijo" y "Espíritu Santo"[31]. Cómo *decir* exactamente que Dios es uno y a la vez tres sin caer de nuevo en el politeísmo, por un lado, o en la "simple" unicidad, por otro, se convirtió entonces en un tema de considerable discusión en la Iglesia primitiva, antes de que la cuestión quedara finalmente solucionada en los "credos" cristianos de los siglos IV y V d.C.

Al igual que aquellos judíos del siglo I y más tarde muchos no judíos (gentiles) llegaron a creer en la divinidad de Cristo, también lo han hecho millones de personas a lo largo de la historia, porque resulta imposible explicar a Jesús de un modo verdaderamente plausible de otra manera. Si Jesús no era Dios, pero afirmaba serlo, entonces (como dijo una vez C. S. Lewis) debía de haber estado loco (engañado), o haber sido un malvado (engañador).

Desde luego, no podía ser bueno y estar cuerdo al mismo tiempo. Sin embargo, al leer los Evangelios, me encuentro con alguien que es sumamente bueno y cuerdo. Por tanto, me veo obligado a tomarme muy en serio las asombrosas afirmaciones de Jesús sobre sí mismo: a aceptarle, junto con Tomás el incrédulo, como "¡Señor mío y Dios mío!"[32].

Cuando se trata de mis convicciones metafísicas, las respuestas que doy a toda una serie de preguntas importantes que no puedo responder mediante lo que podríamos llamar "medios ordinarios" como la ciencia, confío fundamentalmente en el Señor Jesucristo. No confío fundamentalmente (por ejemplo) en Buda, el profeta Mahoma o cualquier otro que afirme decir la verdad sobre el mundo "más allá de la ciencia". Es inevitable, de hecho, que la enseñanza de Jesús sea la piedra de toque con la que evalúo respetuosamente lo cerca o lejos que están de la verdad esos otros pensadores.

Esto incluye la enseñanza de Jesús sobre la literatura que debo consultar fundamentalmente en busca de la verdad, es decir, las Escrituras del Nuevo Testamento (NT) *y* del Antiguo Testamento (AT). A lo largo de la historia de la Iglesia, en algunos círculos se ha extendido la idea de que, de algún modo, podemos tener a Jesús como Señor sin tomarnos en serio sus sugerencias de lectura. Como he argumentado en numerosos libros, esto es totalmente erróneo[33]. Los cristianos están obligados por las condiciones de su discipulado a recibir toda la Sagrada Escritura como "el aliento (inspirada) por Dios y útil para enseñar, para reprender, para corregir y para instruir en la justicia, a fin de que el siervo de Dios esté enteramente capacitado para toda buena obra"[34]. Desde un punto de vista genuinamente cristiano, es toda la historia así narrada desde el Génesis hasta el Apocalipsis, y centrada en Jesucristo, la que nos proporciona nuestra orientación fundamental sobre lo que es verdad. Esto es así cuando se trata de saber quién es Dios y qué es su mundo, y también, por supuesto, cuando pensamos en lo que significa ser un ser humano.

De ahí se deduce que el argumento concreto sobre la naturaleza de nuestra humanidad que quiero desarrollar en este libro será un argumento cristiano, basado en la Biblia, y no de otro tipo. Ese será el punto de partida desde el cual también entablaré un diálogo riguroso con aquellas verdades sobre lo humano que pueden derivarse de manera legítima y auténtica de otras fuentes (como, por ejemplo, la ciencia).

Comenzamos en la Parte II con algunos Fundamentos, y puede ayudarle a tener, de antemano, un resumen de lo que voy a proponer en esta sección del libro. Sostendré que los seres humanos somos "materia personal". Tenemos en común con otras criaturas que hemos sido creados con intencionalidad en un cosmos ordenado por un Dios personal como criaturas irreductiblemente *materiales* en las que Dios sopla el aliento de la vida. Somos "como ellos" en este sentido. Al mismo tiempo, nos diferenciamos radicalmente de esas otras criaturas por ser materia *personal* divinamente animada, "como Dios" en aspectos trascendentales. Como tales, somos criaturas altamente exaltadas y hermosas, capaces (entre otras cosas) de apreciar la belleza de un modo que otras criaturas no pueden. Como portadores de la imagen del Dios viviente, de naturaleza innatamente dimórfica (macho y hembra), estamos llamados a una vocación particular: gobernar y cuidar la sagrada y hermosa creación de Dios, en correcta relación con Dios, entre nosotros y con las demás criaturas. Como criaturas caídas y afectadas por el mal, a menudo fracasamos en estas tareas, y toda la creación sufre como resultado; pero Dios está comprometido a salvar su creación y ha actuado decisivamente en Cristo para hacerlo. Por tanto, los seres humanos deben ser criaturas esperanzadas, entre otras cosas porque en Cristo se les promete la resurrección corporal y la inmortalidad. La materia personal tiene un futuro glorioso.

La Parte II trata, pues, del "asunto personal". Y propongo que todos los que sigan verdaderamente a Jesús hagan también de su contenido "un asunto personal", aceptando la enseñanza de la Sagrada Escritura sobre quiénes son.

Esta breve descripción de la idea bíblica de la humanidad puede resultarle bastante familiar. Si es así, considere la Parte II como una "revisión" de algunos temas bíblicos importantes antes de considerar sus "implicaciones" en la Parte III. Sin embargo, he escrito para un público amplio, y dicho público incluirá inevitablemente a quienes tengan un contacto previo limitado o nulo con estos temas. Mis "pruebas" previas de publicación de mi material sugieren que tales lectores pueden encontrar estos un poco difícil, debido al nivel de detalle bíblico que les pido que absorban, capítulo tras capítulo, en la Parte II. Si descubres, a medida que avanzas, que esto *te* describe, te insto en las palabras de *"The Hitchhiker's Guide to the Galaxy:* "¡Que no cunda el pánico!"[35]. Hay que ir despacio y con calma. E "ir" con un grupo de amigos puede ser más inteligente que "ir solo", para que puedan ayudarse mutuamente con los problemas y preguntas que puedan surgir. Sobre todo, *sigue* adelante. No te detengas porque no consigas resolver algo, sino que ubica el problema en un estante mental de un armario mental con una etiqueta que diga: "Para retomarlo más tarde" y vuelve a él más adelante. No todo lo que se dice en los capítulos siguientes va a ser fácil de entender, pero se *trata* de verdades bíblicas importantes que debemos grabar profundamente en nuestros corazones, por nuestro propio bien y el de los demás. Así que ¡siga adelante! Se alegrará de haberlo hecho.

PARTE II
Fundamentos

7

En el principio

"En el principio Dios creó los cielos y la tierra."
(Génesis 1:1)

Empezamos por el principio, que la teología cristiana entiende en términos de una creación[36]. En Génesis 1, una persona, como parece al principio, *creó* el mundo. El énfasis recae en el *único* Dios viviente frente a los muchos dioses del mundo antiguo fabricados de "madera y piedra", "obra de manos humanas, que ni ven, ni oyen, ni comen, ni huelen . . ."[37]. Por supuesto, a medida que avanza la historia bíblica y como vimos en el capítulo anterior, descubrimos que este Dios único es al mismo tiempo tres Personas (Padre, Hijo y Espíritu). Por eso es problemático utilizar la palabra "persona" también para Dios en su unicidad. Es mejor escribir simplemente "el Dios personal". Para empezar de nuevo, entonces: un Dios personal creó una vez el mundo. De hecho, sigue haciéndolo de forma continua y con nuestra propia participación. Por ejemplo, hace "crecer la hierba para el ganado y las plantas para que el hombre las cultive, a fin de hacer brotar de la tierra alimento y vino para alegrar el corazón del hombre, aceite para hacer brillar su rostro y pan para fortalecer el corazón del hombre"[38]. Nos hemos vuelto cada vez más sofisticados en nuestra capacidad de analizar mediante la ciencia los procesos implicados en los aspectos materiales de esta realidad, tanto históricamente como en nuestro mundo actual. Pero ¿cómo entender estos procesos?

Si hiciéramos esta pregunta a muchos de nuestros contemporáneos, afirmarían que los procesos en cuestión se han desarrollado y continúan de forma meramente "natural". Es más, que se han desarrollado y continúan haciéndolo como una cuestión de azar, sin que haya una mano que los guíe en todo este asunto. Sin embargo, los resultados de estos procesos se oponen rotundamente a tales creencias. Vivimos en lo que los propios científicos denominan a veces un universo "finamente ajustado". Existe como una complicada matriz de lo que ellos describen como constantes físicas fundamentales. Y si una sola de esas constantes, solo una, fuera ligeramente distinta de lo que es, la vida en la Tierra sería imposible. Supongo que ese ajuste podría *ser* producto de la casualidad, pero no es una explicación muy *plausible* de cómo son las cosas. Esta requeriría una enorme fe en la "suerte", la exaltación de la Suerte (ahora con mayúsculas, en honor a su promoción) casi al estatus de un dios. Y es precisamente este tipo de asombro casi religioso el que se oye habitualmente en las voces de científicos impresionados por la belleza y la maravilla del cosmos finamente calibrado, pero que apelan al azar para explicarlo. Consideremos, por ejemplo, los siguientes comentarios de un cosmólogo en la BBC en 2010:

> En la arquitectura de nuestro sistema solar hay muchas cosas extrañas. La Tierra, por ejemplo, tiene una luna de tamaño considerable... y el efecto de ese doble planeta es estabilizar a la Tierra en su giro y crear una plataforma muy estable en la que las cosas se mantienen constantes durante miles de millones de años en las escalas de tiempo de la evolución. Así que tenemos una casualidad que ocurrió al principio de la historia del sistema solar, un tipo particular de colisión que produjo un tipo particular de doble planeta exactamente en el lugar correcto... y hay otros ejemplos de cosas similares[39].

De hecho, hay *muchos* "ejemplos de cosas similares". Efectivamente, hay tantos que el universo *parece* haber surgido por un diseño, con la vida en la Tierra como eje central, incluidos los seres humanos. Es enormemente improbable que todo esto haya ocurrido por casualidad.

Para evitar que el "diseño" sea la conclusión que debe extraerse de estas realidades empíricas, algunos intentan resolver el problema de la probabilidad proponiendo la existencia de múltiples universos (un multiverso). Nuestro universo *parece* estar diseñado (admiten), pero si poseyéramos un número suficiente de universos generados a lo largo de un periodo de tiempo suficiente, tarde o temprano "emergería" de forma natural el tipo de universo adecuado. Se trata de una variante del llamado "teorema del mono infinito", que afirma que un mono pulsando teclas en un teclado al azar durante un tiempo infinito acabará produciendo (digamos) las obras completas de Shakespeare. Estas obras *parecerán* "diseñadas", pero no sería cierto. Por supuesto, no hay *pruebas* que apoyen estas especulaciones sobre un multiverso[40].

Nuestros autores bíblicos no utilizan el lenguaje de las casualidades o los multiversos. Tampoco están de acuerdo con quienes admiten que vivimos en un cosmos verdaderamente diseñado (y no sólo *aparentemente*), y atribuyen sus orígenes a los extraterrestres[41]. Estos argumentan que "alguien" debe haber sido responsable de la creación de nuestro mundo (están de acuerdo en esto), pero lo más probable es que fuera E.T. y sus amigos. Las Sagradas Escrituras concuerdan con la idea de que hay un "Alguien", pero no nos animan a identificar a este "Alguien" con extraterrestres. Cualesquiera que sean los procesos físicos implicados en *cómo* nuestro cosmos llegó a ser como es, nuestros autores bíblicos nos dicen que debemos entender el resultado como representación del plan del Dios bueno que ha hecho todas las cosas (incluidos los extraterrestres, si es que existen). Fue este Dios personal quien (entre otras cosas) *puso* el sol y la luna (y así sucesivamente) exactamente dónde están para permitir que la vida florezca en la tierra. Y cuando descendemos al nivel individual, humano, concretamente, ésta es la Gran Idea: que cualesquiera que sean los procesos físicos que intervienen en la creación de un ser humano, éstos tampoco son fruto de la casualidad. Cada uno de nosotros ha sido *creado* por Dios. El Salmo 139:13 lo expresa maravillosamente, llevándonos a lugar donde la ciencia por sí misma no puede finalmente llevarnos (a través de una ecografía, por ejemplo): "Tú creaste mis entrañas; me formaste en el vientre de mi madre". Existe un proceso natural, pero todo forma parte de un gran diseño.

¿Qué es el ser humano? El ser humano es una criatura del único Dios viviente, una de sus muchas criaturas, cada una de las cuales ocupa un lugar importante en el mundo de Dios dentro de su propio dominio. Los distintos ámbitos se definen en Génesis 1 utilizando el lenguaje recurrente de "según su especie"[42]. Es una forma antigua de referirse a lo que la ciencia moderna llamaría "especiación". También en este caso debemos tener en cuenta tanto el proceso natural como el gran diseño. Sea cual sea el proceso por el que surgieron las distintas especies del mundo, es evidente que existe un orden en el mundo en el que existen. Como dice Leon Kass:

> En la reproducción, lo semejante sigue emparejándose con lo semejante, y la progenie es, en su mayor parte, siempre como sus progenitores en especie. La genealogía puede explicar las líneas de descendencia o el parentesco de los genotipos, pero los organismos existentes se comportan en gran medida fieles a su tipo . . . Las especies, por muy mutables que sean, siguen teniendo sentido[43].

En el Génesis, este carácter de "especie" forma parte de la bondad de la creación. Implica una utilidad y una dignidad dadas por Dios a cada miembro de las diversas familias de la creación—incluidas las plantas y los árboles— que no dependen de los seres humanos. Todas las criaturas son criaturas de Dios, sean de la "especie" que sean. El mismo énfasis "democrático" aparece también en la Sagrada Escritura de otras maneras. Por ejemplo, en Génesis 1 los seres humanos no tienen un día de la creación para ellos solos, sino que comparten el sexto día con las demás criaturas terrestres, con las que tienen mucho en común. Además, los siete días de la creación no terminan con la creación de los seres humanos, sino con el Sabbath. Este día de descanso fue posteriormente observado cada semana en el antiguo Israel, y lo que se enfatiza al leer sobre él no es la utilidad de unas criaturas para otras, sino la comunalidad que todas comparten[44]. Más adelante, Génesis 2 subraya esta realidad al describir a los seres humanos como formados de la tierra de la misma manera que los demás animales[45].

¿Qué es un ser humano? La primera de las respuestas cristianas a esta pregunta es que el ser humano es una de las muchas criaturas creadas intencionadamente en un cosmos ordenado por un Dios personal. Más adelante, Juan describe esta obra creadora en términos explícitamente *trinitarios* y personales:

> En el principio ya existía el Verbo, y el Verbo estaba con Dios, y el Verbo era Dios. Él estaba con Dios en el principio. Por medio de él todas las cosas fueron creadas; sin él, nada de lo creado llegó a existir. En él estaba la vida y la vida era la luz de la humanidad. Esta luz resplandece en la oscuridad y la oscuridad no ha podido apagarla[46].

Este "Verbo", en un determinado momento de la historia, "se hizo carne y habitó entre nosotros", y los hombres vieron su gloria, "gloria como del Hijo unigénito del Padre, lleno de gracia y de verdad"[47]. Dios mismo se hizo hombre. Volveremos en el capítulo 18 sobre el significado de esta verdad alucinante. Por el momento, estamos pensando en la creación en su conjunto, que es también el énfasis del apóstol Pablo al escribir sobre Cristo a la iglesia de Colosas: "Porque en él [Jesús] fueron creadas todas las cosas en el cielo y en la tierra, visibles e invisibles, sean tronos, poderes, principados o autoridades: todo ha sido creado por medio de él y para él"[48].

8

Cuerpos Animados

"Y Dios el Señor formó al hombre del polvo de la tierra, y sopló en su nariz hálito de vida y el hombre se convirtió en un ser viviente." (Génesis 2:7)

LA SEGUNDA RESPUESTA CRISTIANA a nuestra pregunta central sobre la humanidad también subraya la *conexión* entre la humanidad y el resto de la creación de Dios. Pero, al mismo tiempo, empieza a hacer algunas *distinciones* importantes entre las criaturas de la tierra[49]. ¿Qué son los seres humanos? Son criaturas intrínsecamente físicas, dotadas de vida por Dios, que sopla en cada uno el aliento de la vida. Son, de una manera particular, materia divinamente animada.

El texto clave al principio de la narración bíblica que aborda esta cuestión es Génesis 2:7. El ser humano se forma, en primer lugar, del polvo de la tierra, lo que habla de la naturaleza física que tenemos en común con las demás criaturas. Procedemos de la misma tierra que la vegetación ("haga brotar la tierra vegetación"), el ganado y otros animales ("haga brotar la tierra . . . ganado y reptiles y bestias de la tierra según sus especies"), y las aves ("entonces Dios el SEÑOR formó de toda ave del cielo y todo animal del campo").[50] Los seres humanos son seres irreductiblemente *materiales* que habitan una creación *material*. Este era el propósito del Creador.

Al mismo tiempo, el ser humano es un *tipo* de criatura física única. Pertenecemos a ese grupo de criaturas en cuyas fosas nasales Dios ha "soplado . . . el aliento de vida", con el resultado de que cada uno se ha convertido en "una criatura viviente". Génesis 1:20 utiliza el mismo término, "criatura viviente", para la vida marina, y Génesis 2:19 lo utiliza para los animales terrestres y las aves. Génesis 7:21-22 habla de un gran diluvio que destruyó "todo lo que había sobre la tierra seca en cuyas narices había aliento de vida". Esto incluye "aves, ganado, bestias, (y) todas las criaturas que abundan sobre la tierra", así como los seres humanos. Somos como todas esas criaturas al ser "animados" de una manera particular. Todas las criaturas vivientes dependen de este don continuo del aliento de Dios, y cuando se les quita, todas dejan de vivir. El Salmo 104:27-30 nos habla acerca de esto:

> Todas (las criaturas) esperan en ti que les des su alimento a su tiempo. Cuando se lo das, lo recogen; cuando abres tu mano, se sacian de bienes. Cuando escondes tu rostro, se espantan; cuando les quitas el aliento (mi propia traducción), mueren y vuelven al polvo. Cuando envías tu aliento, son creados, y renuevas la faz de la tierra[51].

También somos frágiles como esas otras criaturas físicas, siempre al borde de "volver al polvo" del que provenimos. Dependemos de nuestro Creador, como ellos, para respirar.

Es especialmente importante observar lo que dice y lo que no dice Génesis 2:7 sobre el resultado de este proceso de animación cuando se trata de los seres humanos en particular, el tema que nos ocupa en este libro. Como consecuencia de la inspiración divina, el ser humano "se convirtió en una criatura viviente", o en un "alma" viviente (la palabra hebrea *nepeš*).[52] Nótese que al ser humano no se le *dio* "un alma". Esto es importante debido a una antigua tendencia entre los cristianos a pensar erróneamente sobre nuestra naturaleza humana. En esta forma errónea de pensar, los seres humanos comprenden un conglomerado de "partes" (por así decirlo)—lo más importante "un cuerpo", "un alma", y tal vez también "un espíritu". A estas "partes" se les suele asignar distintos niveles de importancia en una jerarquía. El cuerpo suele salir mal parado en este proceso de jerarquización y acaba en el último lugar. Por eso, en los círculos cristianos se suele hablar del cuerpo como una mera morada temporal para el alma eterna. El alma, en esta narrativa, es la "parte" importante y trascendental que sobrevive a nuestra muerte física y vuela al cielo (en el mejor de los casos) para estar con Dios.

La canción de U2 "Yahweh" parece reflejar este punto de vista, por ejemplo, cuando describe el alma humana como un náufrago varado en una isla de carne y hueso[53]. El alma está "varada" en el mundo de la materia y, al parecer, necesita que la rescaten de él. Más allá de esto, un número considerable de canciones de adoración contemporáneas en nuestras iglesias se centran en las almas humanas, así como en los espíritus y los corazones, sin mencionar nunca el cuerpo. El contenido de estas canciones suele corresponderse con el aparente propósito de cantarlas, que es, de algún modo, trascender nuestra materialidad física y así (supuestamente) acercarnos a Dios. Es decir, con frecuencia estas canciones parecen no sólo *celebrar* la incorporeidad, sino que se cantan en *búsqueda* de la descorporeidad. Volveremos en los capítulos 21 y 46 a esta cuestión de la adoración, y a lo que una auténtica antropología cristiana tiene que decir sobre su naturaleza, propósito y forma.

Esta negatividad hacia la materia física en la Iglesia, en favor de un enfoque más "espiritual" de la realidad, no es un fenómeno nuevo. El apóstol Pablo ya se ocupaba del problema en su propia época. Escribiendo a Timoteo, por ejemplo, considera necesario enfrentarse a quienes "prohíben el matrimonio y exigen la abstinencia de los alimentos que Dios creó para ser recibidos con acción de gracias por quienes creen y conocen la verdad", recordando a su joven amigo que "todo lo creado por Dios es bueno"[54]. Diré más en el capítulo 41 sobre los orígenes de la visión errónea de la "espiritualidad" a la que Pablo se opone aquí. Por el momento, permítame ilustrar una perspectiva mucho más bíblica, específicamente en lo que se refiere a la "abstinencia de alimentos", citando el consejo de Robert Farrar Capon a su amigo Harry, que observaba las calorías que consumía:

> Que ayune hasta que sea libre de comer como un verdadero hijo de Adán... Al comer de verdad, recobrará el sentido festivo de lo que significa estar vivo. La comida no existe sólo por su valor nutritivo. Verlo así es sólo doblegarse aún más a la desvirtualización del hombre, no considerar lo que las cosas son, sino lo que significan para nosotros, convertirnos en solemnes idólatras que espiritualizan lo que debería ser amado como materia. La comida diaria de un hombre debería ser una alegría por el olor de lo deseable que se encuentra en las raíces de la creación. Partir el pan de verdad es romper el dominio sin amor del infierno sobre el mundo y, en esa misma medida, liberar lo secular[55].

Repito y subrayo: Génesis 2:7 no nos dice que un ser humano sea un alma (espiritual) insertada en un cuerpo (material). No nos dice que la humanidad implique la combinación de "un cuerpo (material)" y "un alma (espiritual)". En cambio, Génesis 2:7 nos enseña que, como resultado de la animación divina, un cuerpo se *convierte* en un alma viviente. Un alma es un cuerpo animado: un "ser humano vivo", y no un cadáver sin vida. Así es como el término *nepeš* se utiliza a menudo en el AT para referirse simplemente al "yo/persona humana", del mismo modo que el término "alma" se sigue utilizando en el inglés contemporáneo para referirse a lo mismo. Por ejemplo, cuando un informe periodístico de 2021 describía el ahogamiento de muchos inmigrantes que intentaban cruzar el Mediterráneo desde Libia, el titular era: "130 almas perdidas en el mar"[56]. Es decir, numerosas personas murieron trágicamente.

Bíblicamente, encontramos este uso de *nepeš*, por ejemplo, en Levítico 17:10 y 23:30, donde Dios dice: "Pondré mi rostro" contra cualquier "alma" (persona) que coma sangre" (mi propia traducción) y "a cualquiera que haga algún trabajo en ese mismo día, a esa persona ("alma") la destruiré de entre su pueblo". Vemos el mismo tipo de uso de la palabra cuando los autores de los Salmos se dedican a "hablar del alma". Por ejemplo:

> Alaba, alma mía, al SEÑOR; alabe todo mi ser su santo nombre. Alaba, alma mía, al SEÑOR, y no olvides ninguno de sus beneficios. Él perdona todos tus pecados y sana todas tus dolencias; él rescata tu vida del sepulcro y te cubre de amor y compasión; él colma de bienes tu vida y te rejuvenece como a las águilas.[57]

Aquí el escritor se exhorta a *sí mismo* a alabar a Dios por todo lo que ha recibido de Él, incluidos los beneficios *corporales* como la curación de enfermedades y el alivio del hambre. De hecho, el término *nepeš* se utiliza con más frecuencia en el Antiguo Testamento para referirse al ser humano en su totalidad que tiene tales necesidades, por ejemplo, el "alma" que tiene hambre o sed[58]. Hans Walter Wolff resume así la situación:

> Si examinamos el amplio contexto en el que se puede observar el *nefesh* del hombre y al hombre como *nefesh*, vemos sobre todo al hombre marcado como el ser vivo individual que no ha adquirido ni puede conservar la vida por sí mismo, sino que está ávido de vida, impulsado por el deseo vital [;] ... *nefesh* muestra al hombre ante todo en términos de su necesidad y deseo[59].

Éste es sólo un aspecto de una importante verdad general sobre la antropología veterotestamentaria: que, aunque en el pensamiento hebreo se pueden diferenciar varias dimensiones del ser humano con fines particulares, éstas son sólo "aspectos" de un organismo entero e integrado. Se trata de una cuestión tan crucial para una lectura correcta de la Biblia que voy a dedicar todo el próximo capítulo a hablar de ella. Si no necesita más convencimiento sobre este punto, y no le gustan los estudios de palabras, siéntase libre de avanzar al capítulo 10. De lo contrario, proceda de la manera normal al capítulo 11. De lo contrario, continúe normalmente con el capítulo 9. De hecho, le recomiendo que lo haga, porque el capítulo 9 concluye con la resurrección, que es un final verdaderamente feliz.

9

Personas completas

"Comerán los pobres y se saciarán; alabarán al Señor quienes lo buscan; ¡que su corazón viva para siempre!" (Salmo 22:26)

UNA LECTURA SUPERFICIAL DEL AT, que todos los verdaderos cristianos reciben como "inspirado por Dios y útil para enseñar, para reprender, para corregir y para instruir en la justicia", podría llevarnos por mal camino en nuestra reflexión sobre la "composición" de un ser humano. Podría hacernos pensar que un ser humano consta de varias "partes" independientes, como "cuerpo" y "alma"[60]. En realidad, esto no es lo que enseña el AT en absoluto. La realidad es que nuestros autores bíblicos pensaban en las diversas "partes" del ser humano sólo como aspectos de un organismo entero e integrado. En el capítulo anterior establecimos que la palabra "alma", por ejemplo, a menudo caracteriza a todo el ser humano desde la perspectiva de la necesidad y el deseo. En el presente capítulo quiero presentarles otros ejemplos del mismo tipo.

Comenzamos con el término hebreo *bāśār*[61]. Esta palabra *puede* referirse simplemente a la "carne" de los huesos animales y humanos [62]. Consideremos, sin embargo, el Salmo 56:

> Confío en Dios y alabo su palabra; confío en Dios y no siento miedo. ¿Qué puede hacerme un simple mortal (lit. la carne)? Todo el día tuercen mis palabras; solo piensan hacerme daño. Conspiran, se mantienen al acecho. Vigilan todo lo que hago ... Una cosa sé: ¡Dios está de mi parte! Confío en Dios y alabo su palabra; confío en el Señor y alabo su palabra; confío en Dios y no siento miedo. ¿Qué puede hacerme un simple mortal??[63]

El poeta se compromete a confiar en Dios y a no temer a sus enemigos, planteándose en primer lugar la pregunta: "¿Qué puede hacerme la carne?". Más tarde retoma su compromiso, pero formula la pregunta de otra manera:

"¿Qué puede hacerme el hombre [un ser humano]?". En este salmo, "carne" se refiere a lo humano. Lo hace en términos de lo que Wolff llama "el hombre en su debilidad"[64]. Puede que los humanos seamos cuerpos animados, pero somos débiles y frágiles en comparación con Dios, que es digno de nuestra "confianza". Jeremías 17:5 equipara la "carne" con lo humano de la misma manera para hacer una observación similar:

> Así dice el Señor: "¡Maldito aquel que confía en los hombres, que se apoya en fuerzas humanas (lit. carne) y aparta su corazón del Señor! Será como una zarza en el desierto: no se dará cuenta cuando llegue el bien. Morará en la sequedad del desierto, en tierras de sal, donde nadie habita". Bendito el hombre que confía en el Señor y pone su confianza en él.[65]

Esta debilidad del ser humano se extiende a la vida moral, de la que todos debemos dar cuenta tarde o temprano ante Dios, que en otro tiempo "determinó acabar con toda carne, porque la tierra está llena de violencia por su culpa"[66]. El hecho es que somos propensos a ser vencidos por el mal, lo que hace necesaria (una vez más) la confianza en Dios y no en nosotros mismos: "Tú que escuchas la oración, a ti acudirá toda carne. Cuando las iniquidades prevalecen contra mí, tú expías nuestras transgresiones"[67].

Sin duda, estos textos *no* pretenden sugerir que son nuestros cuerpos, *y no* nuestras almas, los que se entregan al mal. Sino, más bien, son personas enteras en su debilidad (su "carne"). Del mismo modo, en Génesis 2, un hombre y una mujer, en su fragilidad individual, se unen en matrimonio para ser "una sola carne"[68]. Sus "almas" no se omiten de esta unión sólo porque en el texto se mencione explícitamente la carne. Tampoco se descartan los huesos que se mencionan inmediatamente antes[69]. Más bien, en palabras de Wolff, "las diferentes partes del cuerpo encierran sus funciones esenciales" del organismo humano completo que se describe"[70].

Nos encontramos con el mismo fenómeno cuando recurrimos al hebreo *rûaḥ*, que a menudo se traduce al español como "espíritu". He aquí un ejemplo: "por la mañana se turbó el espíritu [del faraón]"[71]. Pero es importante saber que esta palabra se refiere más ampliamente en el AT al aire en movimiento, a menudo al viento. Y el "viento" o "aire en movimiento" en un ser humano es, por supuesto, su aliento. Considere Isaías 42, donde Dios "da aliento [*neshama*] a la gente en [la tierra] y *rûaḥ* a los que caminan en ella"[72]. Al igual que en el caso de "alma", este lenguaje se refiere a la animación. En Job 12:10, de hecho, es *nefesh* y no *neshama* lo que se usa en paralelo con *rûaḥ*. En la mano de Dios está "la vida ("alma") de todo ser viviente y el aliento de toda la humanidad". Como vimos en nuestro capítulo anterior, es cuando Dios proporciona este aliento que sus criaturas son creadas, y mueren cuando se les quita[73]. En muchos textos también se ve a Dios soplando aún más vitalidad a los seres humanos o avivando la que ya tienen. De este modo, Dios los dota, al menos durante un tiempo, de diversos tipos de poder notable, incluida una gran determinación de la voluntad[74]. A la inversa, se puede pensar que el "aliento" disminuye temporalmente, como cuando la reina de Saba se queda "sin aliento" ante el esplendor de Salomón, o cuando el rey Acab se retira a su lecho de mal humor[75].

El tercer término hebreo que debemos considerar es *lēb* (o *lebab*), a menudo traducido como "corazón". Las "actividades esenciales" del corazón (en palabras de Wolff) "son en la Biblia de tipo mental y espiritual"[76]. Esto puede resultar sorprendente si se está acostumbrado a asociar el corazón principalmente con los sentimientos y los deseos. El AT también puede emplear el lenguaje del "corazón" para describir al ser humano como una criatura emocional y deseosa, que experimenta (por ejemplo) alegría y dolor. Como tal, *lēb* está estrechamente relacionado con "alma" y "aliento", como en el siguiente ejemplo: "Un corazón alegre es buena medicina, pero un espíritu abatido seca los huesos"[77]. Pero predominantemente el foco del lenguaje del corazón es el ser humano como ser intelectual y racional. La tarea del corazón es conocer y comprender: "el corazón del que tiene entendimiento busca el conocimiento"[78]. Es la "amplitud de mente" del rey Salomón, en hebreo, su "amplitud de corazón", lo que le permite escribir todos los proverbios y cánticos que se mencionan en 1 Reyes 4, y dedicarse a la asombrosa erudición que allí se describe[79]. Por el contrario, la persona sin "corazón" es una persona estúpida: "Pasé por el campo de un perezoso, por la viña de un hombre falto de sentido", es decir, una persona carente de *lēb*[80]. En otras palabras, "corazón" en el AT "incluye todo lo que atribuimos a la cabeza y al cerebro: poder de percepción, razón, entendimiento, perspicacia, conciencia, memoria, conocimiento, reflexión, juicio, sentido de la orientación, discernimiento"[81]. Estos son los *aspectos* de nuestra humanidad que se tienen en cuenta cuando se despliega *lēb*. Tampoco en este caso se trata de una "parte" separada del ser humano. Se trata de una ventana a la totalidad del ser. Por eso el Salmo 22 puede expresar la esperanza de que los "corazones" de los afligidos "vivan para siempre", lo cual es sencillamente esperar que *esas personas* vivan para siempre[82].

Se podría decir mucho más sobre el significado de las referencias veterotestamentarias a diversos aspectos de la persona humana, pero para los fines que nos ocupan no es necesario. Todo lo que debo añadir aquí es que el NT aborda la cuestión de forma similar[83]. La palabra griega *soma* se refiere en el NT no sólo al cuerpo físico, sino a todo el ser humano. La palabra *sarx*, que significa "carne", es a veces sinónimo de *soma*, y habla de la transitoriedad y pecaminosidad humana. El término *psyche*, a menudo traducido como "alma", tiene en mente al ser humano como ser vivo. La palabra *pneuma* ("espíritu") a veces se solapa con *psyche* para referirse al ser interior. El término griego *kardia* ("corazón") puede utilizarse para referirse a la emoción y la voluntad, aunque *nous* es el término griego que más comúnmente centra la atención en el ser humano como ser consciente y racional. En definitiva (en palabras de J. Stafford Wright), "el hombre es visto [en el NT] como un ser completo, y lo que toca a una parte afecta al todo"[84]. Bíblicamente, somos en la terminología de la ciencia moderna "entidades psicosomáticas".

Todo esto explica por qué una fe verdaderamente cristiana no puede considerar el cuerpo como un mero hogar temporal para el alma eterna, el "pedacito" trascendental que sobrevive nuestra muerte física y vuela al cielo. La Sagrada Escritura contempla, por supuesto, una fase "intermedia" de nuestra existencia, entre la muerte física y la consumación de todas las cosas, en la que nuestro "yo" está temporalmente "lejos del cuerpo y en casa con el Señor", tras haber "dormido en Cristo"[85]. Sin embargo, la fe cristiana ortodoxa espera como nuestra consumación final una resurrección corporal, la resurrección de toda la persona. Volveremos sobre este "asunto" importante (en ambos sentidos) en el capítulo 19. Por el momento, recordemos cómo el apóstol Pablo expresa nuestra esperanza cristiana al escribir a sus compañeros cristianos de Roma:

> Y si el Espíritu de aquel que levantó a Jesús de entre los muertos vive en ustedes, el mismo que levantó a Cristo de entre los muertos también dará vida a sus cuerpos mortales por medio de su Espíritu, que vive en ustedes . . . Sabemos que toda la creación todavía gime a una, como si tuviera dolores de parto. Y no solo ella, sino también nosotros mismos, que tenemos las primicias del Espíritu, gemimos interiormente, mientras aguardamos nuestra adopción como hijos, es decir, la redención de nuestro cuerpo[86].

10

Portadores de la imagen

"Y Dios creó al ser humano a su imagen; lo creó a imagen de Dios; hombre y mujer los creó." (Génesis 1:27)

ENTONCES, ¿QUÉ ES UN SER humano?[87]. La primera respuesta cristiana es: una de las muchas criaturas creadas con intencionalidad en un cosmos ordenado por un Dios personal. La segunda es: una criatura irreductiblemente física dotada de vida por Dios, quien insufló en cada uno el aliento de la vida. El ser humano es, de un modo particular, materia divinamente animada. Juntas, estas dos respuestas ponen de relieve lo que *conecta* a la humanidad con el resto de la creación de Dios, al tiempo que empiezan a establecer algunas *distinciones* importantes entre las criaturas de la tierra. Nuestra tercera respuesta añade ahora otra *distinción radical* entre la humanidad y *todas* las demás criaturas. Los seres humanos son materia *personal* divinamente animada.

El lenguaje bíblico que introduce por primera vez esta idea se encuentra en Génesis 1:26-27. "Entonces dijo Dios: 'Hagamos al hombre a nuestra imagen, conforme a nuestra semejanza . . . ' Y creó Dios al hombre a su imagen, a imagen de Dios lo creó; varón y hembra los creó." Pero ¿Qué significa esto?

Para entender este lenguaje, debemos considerar primero los numerosos templos esparcidos en el paisaje del Antiguo Cercano Oriente, el mundo en el que se escribieron por primera vez nuestros textos bíblicos. Se trataba de santuarios construidos en los que sus constructores consideraban un espacio sagrado, y de ellos fluían (se imaginaba) las mismas aguas de la vida que nutrían a la sociedad en general. Como tales, estos templos "reflejaban" la realidad cósmica más amplia en la que creía la gente; daban expresión arquitectónica a las creencias de sus constructores sobre la naturaleza del cosmos en su todo. Se trataba de un cosmos habitado, por supuesto, por muchos dioses, algunos de los cuales eran especialmente importantes para tal o cual grupo de fieles. Según su concepción, los templos constituían las residencias de deidades de especial importancia, quienes habían establecido su morada en dichos recintos.

Y ahora llegamos a las "imágenes". La presencia de la divinidad en cada templo se expresaba por medio de una estatua fabricada o "imagen" de un dios. Los rituales establecidos desde hacía mucho tiempo dotaban a esas imágenes de "vida" divina. En este proceso, la deidad habitaba mágicamente en la imagen que estaba en el templo. Los sacerdotes llevaban la imagen a un jardín junto a un río para que disfrutara de su nuevo poder. La idea era que, de este modo, un dios encontraría "descanso" en un templo en particular, en un sitio (ciudad-estado) en particular. A través de su "imagen", la persona y la presencia de cada dios eran mediadas a la ciudad-estado, expresando de este modo, en un contexto local, la participación global de la divinidad en el gobierno del cosmos, con sus consecuencias en paz y seguridad[88].

Obviamente, la fe bíblica se opone resueltamente a esta forma de entender el cosmos. Ésta pone en duda la existencia real de los muchos dioses del Antiguo Cercano Oriente, caracterizando sus imágenes como meros artefactos humanos de madera y piedra (capítulo 7)[89]. Los autores bíblicos nos aseguran que esas imágenes están tan muertas como los dioses que supuestamente encarnan. Por eso el AT prohíbe la adoración de los muchos dioses, incluidas sus formas imaginadas. La verdadera divinidad no puede (normalmente) representarse en ninguna cosa creada. Esta es también la razón por la que a los antiguos israelitas se les ordenó no "hacerte imagen tallada, ni ninguna semejanza de cosa que esté arriba en el cielo, ni abajo en la tierra, ni en las aguas debajo de la tierra"[90]. En consecuencia, los templos israelitas construidos y equipados conforme a los mandamientos de Dios eran "anicónicos". No contenían ningún "ícono" (artefacto) diseñado para "representar" ni siquiera al Dios creador, único y viviente. Por lo tanto, ninguna imagen se sentaba sobre el trono de los querubines en el Lugar Santísimo del templo de Jerusalén. La presencia de Dios allí era "sin ninguna imagen".

Resumiendo hasta aquí: en el pensamiento bíblico, lo creado no puede ser imagen del Dios único, verdadero y vivo, en general. Y volvemos a lo que ahora podemos percibir claramente, por primera vez, como la asombrosa excepción. En cierto modo, hay "dioses" en el mundo. Hay imágenes que *son* legítimas y verdaderas de Dios en el cosmos. ¡*Son* los seres humanos!

También estas imágenes habitan en un "templo", metafóricamente hablando, pues así es como nuestros autores bíblicos nos invitan a contemplar la creación misma en Génesis 1 y 2. La creación es, por ejemplo, un santuario iluminado por "luces", igual que el tabernáculo israelita (el templo portátil anterior a la época de Salomón)[91]. Tras su construcción,

Dios "descansó" en él. Es un santuario parecido a un jardín (Génesis 2) con su entrada orientada al este, igual que el templo de Jerusalén. Esta entrada está custodiada por "querubines" que aparecen en otras partes del AT sólo en relación *con* el templo de Jerusalén y el tabernáculo[92]. El árbol de la vida de este jardín está representado en el tabernáculo por el candelabro ramificado con adornos florales[93]. La creación es un espacio sagrado, un templo cósmico.

Es en este "templo" cósmico donde Dios, en Génesis 1-2, coloca su imagen, de naturaleza masculina y femenina. Habiéndola formado del polvo de la tierra, la ha animado con el aliento divino, al igual que a las imágenes antiguas de los otros templos. Pero sólo de esta criatura humana puede decirse, en el pensamiento bíblico, que es "semejante" a Dios. Un autor dijo:

> Frente a la cúpula del espacio y la topografía de la tierra, palpitante, enjambrada y cargada de vida fértil y fantástica, Adán se encuentra en una relación única con Dios. No es de piedra ni madera cincelada a imagen de un dios, "el Adán," en dos, es una mediación animada, que camina, habla y se relaciona con la esencia, la voluntad y la obra del soberano Dios creador. Como imagen viva del Dios vivo, Adán sostiene una relación con Dios como la de un hijo con su padre[94].

Mientras que las criaturas en general, animadas o no, no pueden imaginarse en absoluto al Dios vivo, los seres humanos sí *pueden* imaginarse a Dios. En la medida en que hay "dioses" en el mundo, los seres humanos son esos "dioses". En un movimiento, el Génesis eleva a la humanidad a una posición extraordinariamente alta en la jerarquía de la creación. Ya no somos *cuidadores* de una imagen divina en un templo (como lo habrían sido los antiguos sacerdotes). Somos *nosotros mismos*, somos imágenes divinas en un templo.

El Salmo 8 habla de esta misma realidad sin utilizar explícitamente el lenguaje de "imagen". "¿Qué es el hombre (un ser humano) para que te acuerdes de él?", pregunta el salmista, "¿y el hijo del hombre para que te preocupes por él?"[95]. El salmista está mirando los cielos, y un antiguo contemporáneo de Babilonia habría entendido que el cielo es el hogar de los dioses más poderosos, especialmente el sol y la luna. Pero, el salmista no tiene esta opinión. Sin embargo, los cielos siguen siendo para él un espectáculo maravilloso, y como tal estos plantean interrogantes sobre el significado humano. Pero entonces el autor recuerda que "lo has hecho un poco menor que Dios, y lo has coronado de gloria y honor"[96]. Es decir, el ser humano es un rey coronado con dos de los atributos del propio Dios[97].

Todas y cada una de las personas humanas poseen la condición de *divinidad y realeza* en la creación.

Así que, aunque es bastante correcto que, como "pueblo bíblico", hagamos hincapié en las formas en que los seres humanos son "como" otras criaturas—criaturas en general, y criaturas animadas en particular—sin embargo, tenemos que decir mucho más. Si queremos empezar a contar toda la historia de la humanidad, también tenemos que enfatizar otras realidades muy diferentes. Y aquí la metafísica va donde la física no puede llevarnos. La teología llega donde la ciencia biológica no puede llegar, aunque esta última revele mucho sobre todo tipo de singularidades humanas. Las Sagradas Escrituras nos enseñan que, el ser humano es "semejante a Dios" como ninguna otra criatura. No sólo somos materia *animada*, sino materia *personal*, y como tal, somos criaturas altamente exaltadas. Eso es lo que nos obliga a decir una antropología cristiana.

Es esta misma imagen de Dios la que está fracturada, pero no destruida, en nuestra experiencia humana actual (como veremos en el capítulo 17). Ahora está en proceso de ser restaurada en Cristo, que es él mismo la imagen misma de Dios (capítulo 18)[98]. Los cristianos, al salvarse, están "predestinados a ser conformados a la imagen del Hijo [de Dios], para que sea el primogénito entre muchos hermanos", cambiando "la imagen del hombre terrenal" por "la imagen del hombre celestial"[99]. Al revestirnos de este "nuevo ser", nos encontramos "siendo renovados en el conocimiento según la imagen de su creador"[100]. Fuimos creados como criaturas altamente exaltadas, y seguimos siéndolo ahora. En la misericordia de Dios, también lo seguiremos siendo en el futuro.

11

La belleza

"Dios el Señor hizo que creciera toda clase de árboles atractivos a la vista y buenos para comer. En medio del jardín hizo crecer el árbol de la vida y también el árbol del conocimiento del bien y del mal."
(Génesis 2:9)

A LO LARGO DE los siglos se ha derramado una considerable cantidad de tinta para profundizar en la cuestión de cómo, exactamente, los seres humanos son, y no son, "como" Dios[101]. Al igual que el Dios personal, el ser humano posee la capacidad de razonar e imaginar, por ejemplo. Somos capaces de tomar decisiones morales a través del libre albedrío, en lugar de dejarnos llevar simplemente por el instinto y el entorno, entre otras capacidades. Otros animales no están dotados con las mismas capacidades. Pero, según la Sagrada Escritura, los seres humanos también son muy distintos de Dios en muchos aspectos. Y lo significativo es que muchos de estos aspectos son, precisamente, aquellos en los que los pueblos antiguos creían, por el contrario, que la distancia entre la humanidad y la divinidad era pequeña. La Escritura nos enseña que no es así: la distancia es grande.

Por ejemplo, al igual que los seres humanos, estos antiguos dioses poseían una anatomía que permitía las relaciones sexuales y la procreación. Poseían inclinaciones, deseos y necesidades similares a los humanos, así como limitaciones, y seguían rutinas diarias. Desde luego, no eran moralmente superiores a los seres humanos. En resumen, se creía que los seres humanos eran "como" estos antiguos dioses a gran escala.

En la fe bíblica, por el contrario, los seres humanos son como Dios en una serie de aspectos muy significativos y trascendentales, pero también son radicalmente *distintos* de Dios en muchos *otros* aspectos. Por ejemplo, el Dios viviente no tiene actividades sexuales, no procrea ni da a luz. No duerme ni dormita. No conoce la vergüenza ni el miedo. *Es* moralmente superior a los seres humanos; por ejemplo, "Dios no es hombre, para que mienta"[102]. El abismo fijado entre Dios y los dioses en la Sagrada Escritura es inmenso. Dios es incomparablemente Dios: "Señor, Dios de Israel, no hay Dios como tú arriba en el cielo ni abajo en la tierra"[103]. Un abismo enorme separa a Dios de los dioses, y un abismo igualmente enorme separa lo divino de lo humano, aunque llevemos la imagen de Dios.

En la teología cristiana de todos los tiempos se ha hecho poco hincapié a un aspecto de nuestra naturaleza portadora de la imagen divina, y merece la pena detenerse en él. Se trata de nuestra capacidad humana para comprender la belleza. Ya lo vimos en el capítulo anterior, al considerar el Salmo 8. En él, el autor contempla maravillado la belleza de Dios. Aquí el autor contempla maravillado "tus cielos, obra de tus dedos, la luna y las estrellas, que has puesto en su lugar". Pero mucho antes, en Génesis 1 y 2, queda claro que, entre otras cosas, el relato bíblico de la creación es una narración acerca de la belleza creada.

Dios da vida al maravilloso mundo que habitamos, y éste es "bueno" en todos los aspectos[104]. Pero ¿qué significa "bueno"? Génesis 2, en particular, nos ayuda a ver que no se trata simplemente de una cuestión pragmática, sino también estética. Pues en su noveno versículo aprendemos que los árboles del glorioso jardín de Dios son "agradables a la vista", además de "buenos para comer". Jesús proclama más tarde que "no sólo de pan vivirá el hombre, sino de toda palabra que sale de la boca de Dios"[105]. Pero ya en Génesis se dice que el ser humano necesita otras cosas más allá del alimento (por maravilloso y más allá de lo pragmático que sea el alimento en sí). Hemos sido creados para la belleza y, de hecho, hemos sido formados con *tal* belleza. Somos modelados a imagen de Dios y reflejamos, por tanto, la belleza y la gloria divinas. Desde el principio hemos sido bellos, y siempre hemos necesitado belleza además de pan. Por tanto, nuestros autores bíblicos no se avergüenzan de llamar la atención sobre la belleza, cosa que hacen con frecuencia[106]. Este es sólo un aspecto de la maravillosa creación sobre la que reflexiona el Salmo 8.

La belleza de la creación es también el tema central que impulsa todo un capítulo como Cantar de los Cantares 2.[107] En él, la belleza de la primavera es el tema principal, cuando la vida brota de la tierra y todas las criaturas de Dios se activan. El poeta logra ver todas las flores, árboles frutales, montañas, colinas, ciervos y palomas, y nos invita a maravillarnos junto con él. Los dos enamorados en el centro de su descripción se identifican con esta inmensa creación. Se reafirman mutuamente con imágenes tomadas de la flora y la fauna que ven a su alrededor, y cada uno compite con el otro para encontrar la manera de alabar su belleza:

¡La voz de mi amado! ¡Mírenlo, aquí viene!, saltando por las colinas, brincando por las montañas. Mi amado es como un venado; se parece a un cervatillo. ¡Mírenlo, de pie tras nuestro muro, espiando por las ventanas, atisbando por las celosías! Mi amado me habló y me dijo: "¡Levántate, amada mía; ven conmigo, ¡mujer hermosa! ¡Mira, el invierno se ha ido y con él han cesado y se han ido las lluvias! Ya brotan flores en los campos; ¡el tiempo de la canción ha llegado!" Ya se escucha por toda nuestra tierra el arrullo de las tórtolas."

No hay en todo esto ninguna "incomodidad" con la belleza del tipo que ha marcado ciertas corrientes del pensamiento cristiano a lo largo de los tiempos. Como era de esperar, se trata de las mismas corrientes que han tendido a denigrar la materia en relación con el "espíritu" en general. Nuestros mismos autores bíblicos reconocen, por supuesto, que la belleza física es pasajera y vulnerable a la destrucción, como todo lo creado. La belleza no debe cegarnos ante nuestra mortalidad, de modo que vivamos vidas insensatas[108]. En particular, es perfectamente posible tener belleza, pero carecer de importantes *cualidades* de carácter. Es posible incluso descuidar el desarrollo del carácter debido a un apego sólo a la apariencia externa de las cosas[109]. La belleza no debe valorarse por encima de la piedad. De hecho, no debe valorarse por encima de otros muchos atributos o dones que conforman la persona humana[110].

Dicho todo esto, sin embargo, hemos sido creados bellos y *para* la belleza. Ciertamente no debemos divinizarla, permitiendo que se convierta en algo más importante para nosotros de lo que debería. La belleza no debe convertirse en un ídolo. Pero, al mismo tiempo, no debemos despreciarla ni descartarla. Recibida como un don de Dios y situada en el contexto de todo lo que es bueno en la creación divina, la belleza enriquece nuestra vida y se convierte ella misma en una señal que nos dirige al Dios cuya propia persona la refleja.

Así pues, el ser humano portador de la imagen en una antropología cristiana no es sólo alguien que posee la capacidad de razonar e imaginar, o de tomar decisiones morales a través del libre albedrío. Es también alguien que posee la capacidad de reconocer y disfrutar de la belleza y de la experiencia estética. No encontraremos a ningún tigre, bello, reflexionando sobre la belleza de los tigres. No encontraremos a una orca contemplando asombrada la gloria de la última puesta de sol o reflexionando sobre la majestuosidad de la música de Johann Sebastian Bach. Nuestra capacidad humana de disfrutar y experimentar la belleza es algo que pertenece únicamente a los portadores de la imagen. En palabras de C. S. Lewis, quien distinguía entre los seres humanos y los ángeles, más que entre los humanos y los animales, cuando escribió esto: "Sin embargo, aquí, en este pequeño y encantador interior, en este salón del cerebro, su Hacedor comparte con los hombres vivos algunos secretos en intimidad para siempre nuestra, no suya"[111].

No es de extrañar, pues, que el destino hacia el que nos lleva nuestro viaje con Dios sea también asombrosamente bello:

> Después vi un cielo nuevo y una tierra nueva, porque el primer cielo y la primera tierra habían dejado de existir, lo mismo que el mar. 2 Vi además la ciudad santa, la nueva Jerusalén, que bajaba del cielo, procedente de Dios, preparada como una novia hermosamente vestida para su prometido. Oí una potente voz que provenía del trono y decía: "¡Aquí, entre los seres humanos, está el santuario de Dios! Él habitará en medio de ellos y ellos serán su pueblo; Dios mismo estará con ellos y será su Dios..." Así que me llevó en el Espíritu a una montaña grande y alta, y me mostró la ciudad santa, Jerusalén, que descendía del cielo, desde la presencia de Dios. Resplandecía de la gloria de Dios y brillaba como una piedra preciosa, como un jaspe tan transparente como el cristal... La muralla estaba hecha de jaspe, y la ciudad era de oro puro y tan cristalino como el vidrio. La muralla de la ciudad estaba fundada sobre doce piedras, cada una adornada con una piedra... Luego el ángel me mostró un río con el agua de la vida, era transparente como el cristal y fluía del trono de Dios y del Cordero... A cada lado del río crecía el árbol de la vida, el cual produce doce cosechas de fruto, y una cosecha nueva cada mes.[112]

La belleza ha venido para quedarse. Es un aspecto permanente del cosmos que Dios hizo, y que volverá a hacer al final de los tiempos. Solo que en el futuro habrá mucha más belleza, pues la "gloria" tiene distintos alcances[113].

12

Gobernantes

"Y Dios los bendijo con estas palabras: «¡Sean fructíferos y multiplíquense; llenen la tierra y sométanla; dominen a los peces del mar y a las aves del cielo, y a todos los animales que se arrastran por el suelo!" (Génesis 1:28)

LAS ACLARACIONES DE LOS dos capítulos anteriores sobre lo que significa, y lo que no significa, que los seres humanos sean portadores de la imagen divina son muy importantes[114]. Sin embargo, es discutible que este interés por profundizar en la "composición" de los portadores de imágen haya desviado a veces la atención del interés principal de nuestros autores bíblicos para describir la creación de los seres humanos. Su interés inmediato, en Génesis 1 y 2, es decirnos *para qué* fueron creados los portadores de imágen. Génesis 1:26 y 1:28 son los primeros versículos que abordan esta cuestión: la cuestión de la vocación humana. No es sorprendente, en vista de la referencia en el Salmo 8 a los seres humanos como "coronados", que esta vocación se describa en Génesis 1 en términos de "dominio", así como de "sometimiento": "¡Sean fructíferos y multiplíquense; llenen la tierra y sométanla; dominen a los peces del mar y a las aves del cielo, y a todos los animales que se arrastran por el suelo!".

Estas palabras clave reflejan un lenguaje que aparece en otros lugares del Antiguo Testamento relacionado con la realeza. "Someter" es el lenguaje de gobierno: de reyes que gobiernan a sus súbditos, y también de otros tipos de dominio[115]. "Dominen" es el lenguaje de la conquista, algo que típicamente interesaba profundamente a los reyes antiguos[116]. Así, los seres humanos están llamados a tener en la creación la función que los reyes generalmente tienen en sus dominios: someter y dominar.

Sin embargo, debemos tener cuidado de no interpretar este lenguaje como una legitimación de un enfoque humano agresivo y explotador hacia el resto de la creación. ¿En qué consistía, en realidad, la vocación de los reyes en el mundo antiguo? Entre otras cosas, la "descripción" de su "trabajo" incluía ante todo asegurar el bienestar de sus súbditos y administrar justicia a todos ellos[117]. Por lo tanto, representar a todos los seres humanos como "reyes" sobre la tierra en Génesis 1 no implica que la humanidad tenga permiso para explotar y saquear la tierra. Después de todo, los reyes en cuestión dominan como *representantes portadores de la imagen* de Dios. Este Dios personal es, en realidad, el único Rey verdadero, pero que delega su gobierno a sus portadores de imagen.

El libro de Génesis no presenta un poder absoluto exento de restricciones o límites éticos que los seres humanos puedan ejercer según su propio criterio. Más bien, la responsabilidad de la humanidad es ejercer el "señorío" en nombre del Dios que creó el mundo en el que viven. El carácter de este señorío se describe en el Salmo 72, cuyos versículos iniciales expresan la siguiente esperanza para la realeza davídica:

> Así juzgará con justicia a tu pueblo y con juicios justos a tus pobres. Brindarán los montes la paz al pueblo y las colinas, la justicia. El rey defenderá la causa de los pobres del pueblo, salvará a los necesitados y aplastará a los opresores[118].

El contexto más amplio de este tipo de gobierno es el siguiente: "Del Señor es la tierra y todo cuanto hay en ella, el mundo y cuantos lo habitan"[119].

Así, este "gobierno" humano debe necesariamente tomar en cuenta la naturaleza de la creación en general, como ya lo hemos visto en capítulos anteriores. Todas las criaturas, sean de la "especie" que sean, son creación de *Dios*. Cada una posee su propia utilidad y dignidad dadas por Dios, independientemente de los seres humanos, aunque estos últimos tienen un papel importante que desempeñar en el cosmos. Consideremos en esta misma línea el Salmo 104, que comienza con una visión de la realeza continua de Dios, quien está "vestido de esplendor y majestad [hebreo *hādār*]" (versículo 1)[120]:

> ¡Bendice, alma mía, al Señor! Señor mi Dios, tú eres grandioso; te has revestido de gloria y majestad. Te cubres de luz como con un manto; extiendes los cielos como una cortina. Afirmas sobre las aguas tus altos aposentos y haces de las nubes tu carro de guerra. Tú cabalgas en las alas del viento. Haces de los vientos tus mensajeros y de las llamas de fuego tus servidores[121].

Este es el gobierno bajo el cual todos los portadores de la imagen gobiernan. Esta es la "majestad" divina que se refleja apenas en el "honor" (también *hādār* en hebreo) de las criaturas humanas hechas a imagen de Dios, como se expresa en el Salmo 8[122]. Después de todo, los reyes que solo portan la imagen de Dios no tienen a las nubes, el viento y el relámpago como sus sirvientes. Nunca han extendido "los cielos como una tienda", ni han construido un palacio sobre las aguas celestiales.

Los versículos 5-13 continúan describiendo el control soberano de Dios sobre las aguas, sin el cual la tierra no podría existir en absoluto. La siguiente sección (versículos 14-23) desarrolla la idea de que Dios cuida de todas sus criaturas. Tanto los animales, humanos como los no humanos, son importantes; cada uno ocupa su propio lugar en la creación de Dios. Los "lugares" son variados, y cada uno es adecuado para sus respectivos habitantes.

Dios no solo provee un ambiente adecuado para los *seres humanos* en la tierra, sino que cuida de *todas* sus criaturas de esta manera. Además, todos los *seres vivos* se benefician de su diseño en *los cielos*, donde "Él hizo la luna, que marca las estaciones, y el sol, que sabe cuándo ocultarse"[123]. Es en estos ciclos de luz y oscuridad, ambos buenos a su manera, donde todas las criaturas de Dios prosperan. Los seres humanos realizan su labor a plena luz del día, pero la tarde y la noche son importantes para otras criaturas[124]. Este no es un mundo diseñado, ni en el espacio ni en el tiempo, pensando exclusivamente en los intereses de los seres humanos. Dios cuida de *todas* sus criaturas, e incluso de las criaturas marinas[125].

Por supuesto, *no solo* se trata de que cada criatura posea utilidad y dignidad dadas por Dios, independientemente de los seres humanos. También—y aquí volvemos al tema del capítulo anterior—la creación en su conjunto refleja, al igual que los seres humanos, el esplendor y la majestad (la *belleza*) de su Creador. Esto es algo que los portadores de la imagen que ven con claridad entienden bien, y esto los lleva a la alabanza, como en el Salmo 147. Allí el poeta exhorta a sus lectores a "Canten al Señor con gratitud; canten salmos a nuestro Dios al son del arpa". ¿Por qué? "Él cubre de nubes el cielo, envía la lluvia sobre la tierra y hace crecer la hierba en los montes. Él alimenta a los ganados y a las crías de los cuervos cuando graznan"[126]. También, "él extiende la nieve como lana, esparce la escarcha cual ceniza. Deja caer el granizo como grava; ¿quién puede resistir su frío?"[127]. El cosmos que el ser humano está llamado a "gobernar" es una obra de extraordinaria belleza, que refleja quien es Dios mismo. Recuerde el Salmo 19: "Los cielos cuentan la gloria de Dios, y el firmamento anuncia la obra de sus manos"[128]. Los habitantes del reino (todos ellos, cada uno a su manera) son adoradores del Creador, como lo deja claro el Salmo 148. Son adoradores *junto* con reyes, príncipes y gobernantes de todo tipo[129]. Estos adoradores incluyen "los monstruos marinos y todos los abismos, el fuego y el granizo, la nieve y el vapor, el viento tempestuoso... montes y todas las colinas, árboles frutales y todos los cedros, las bestias y todo ganado, reptiles y aves que vuelan". Es lógico que el carácter del gobierno de una persona sea (o debería ser) dictado por su comprensión de la naturaleza de sus súbditos. En este caso, los súbditos son co-adoradores ("alaben el nombre del Señor") de un Dios del cual "solo su nombre es exaltado"[130].

Es precisamente este entendimiento de "dominio" el que los seguidores de Cristo están obligados a adoptar: aquellos que toman a Jesús como su supremo ejemplo de lo que significa la realeza:

> La actitud de ustedes debe ser como la de Cristo Jesús, quien, siendo por naturaleza Dios, no consideró el ser igual a Dios como algo a qué aferrarse. Por el contrario, se rebajó voluntariamente, tomando la naturaleza de siervo y haciéndose semejante a los seres humanos. Y al manifestarse como hombre, se humilló a sí mismo y se hizo obediente hasta la muerte, ¡y muerte de cruz! Por eso Dios lo exaltó hasta lo sumo y le otorgó el nombre que está sobre todo nombre, para que ante el nombre de Jesús se doble toda rodilla en el cielo y en la tierra y debajo de la tierra, y toda lengua confiese que Jesucristo es el Señor, para gloria de Dios Padre[131].

Tenemos a un rey que voluntariamente renuncia a sus privilegios para salvar a sus súbditos del mal. Es un rey siervo, "obediente hasta la muerte", que sufre *con* su creación en lugar de observarla fríamente desde la distancia. Nuestra propia vocación, como sus seguidores, es "padecer juntamente con él, para que juntamente con él seamos glorificados"[132]. No debemos imitar a "gobernantes de las naciones (gentiles)" que se enseñorean sobre sus súbditos. De hecho, "el que quiera hacerse grande entre ustedes deberá ser su servidor y el que quiera ser el primero deberá ser esclavo de los demás, así como el Hijo del hombre no vino para que le sirvan, sino para servir y para dar su vida en rescate por muchos"[133].

Nuestro cosmos es un espacio sagrado, creado y hermoso, por cuyo bienestar el Creador hace responsables a sus gobernantes portadores de su imagen: reyes siervos que son co-adoradores en la creación. Eso es lo que implica el "dominio" bíblico.

13

Sacerdotes

"El Señor Dios puso al hombre en el jardín de Edén para que se ocupara de él y lo custodiara." (Génesis 2:15)

SI AÚN TIENE DUDAS sobre mi interpretación de la idea del "dominio" en Génesis 1, como se presentó en el capítulo anterior, lo que añade Génesis 2 al entendimiento bíblico de la vocación humana debería disiparlas[134]. Porque mientras Génesis 1 presenta al portador de la imagen como un gobernante, Génesis 2 utiliza una metáfora completamente distinta. El texto clave aquí es el versículo quince, al cual llegaremos en un momento. Pero vale la pena detenerse primero a notar algo importante sobre todo en el pasaje de Génesis 2:4-25 en comparación con Génesis 1:1—2:3.

Génesis 1:1—2:3 enfatiza la importancia de los seres humanos en el cosmos colocándolos al final de una secuencia narrativa que culmina justo antes del día final de reposo. Esta secuencia concluye con su creación, particularmente asombrosa: no tienen comparación en la tierra en cuanto a su naturaleza. Es decir, Génesis 1:1—2:3 describe la creación como una serie de pasos creativos que ascienden hasta un punto culminante en la creación de la humanidad. Todo lo demás prepara el camino para los seres humanos.

Génesis 2:4-25, en cambio, describe la creación como algo que no puede funcionar adecuadamente sin los seres humanos en el centro. Es solo cuando existe un jardinero, colocado por Dios en su jardín, que pueden existir otras realidades creadas, como arbustos y "plantas" (Génesis 2:5). Esta segunda palabra, "plantas", se refiere a plantas comestibles o que proporcionan alimento. Génesis 2 nos ayuda a ver de manera particularmente clara que la humanidad es creada para el resto de la creación: para facilitar su funcionamiento óptimo. Nuestra naturaleza especial y creada conlleva responsabilidades importantes en relación con el resto de la creación.

Entonces, ¿para hacer qué, exactamente, fue creado el ser humano? Aquí debemos comprender la idea de un "sacerdote" en el pensamiento del

Antiguo Testamento: una persona llamada a servir a Dios y a transmitir sus bendiciones a otros, como en Números 6: "El Señor te bendiga y te guarde; el Señor haga resplandecer su rostro sobre ti y te extienda su amor; el Señor mueva su rostro hacia ti y te conceda la paz"[135]. Un aspecto central de este papel sacerdotal era cuidar del tabernáculo, donde el Señor se hacía especialmente "presente" en medio de Israel. El sacerdote debía "guardar" (hebreo *šāmar*) varias cosas y "ministrar" (o "servir", hebreo *'ābad*) en ese sitio sagrado[136]. Esta es precisamente la misma expresión que se usa en Génesis 2:15 con respecto a todos los seres humanos en relación con el templo cósmico de Dios. Este versículo nos dice que Dios hizo al ser humano y lo colocó en su jardín para "trabajarlo y cuidarlo" (*'ābad* y *šāmar*)[137]. En Génesis 2, entonces, el lenguaje de los reyes da paso al lenguaje de los sacerdotes, quienes son llamados a proteger la tierra mientras la "trabajan" (*'ābad*). Este verbo también puede significar "servir" a un rey o incluso servir a Dios[138]. Así que en Génesis 2, el gobernante de Génesis 1 sirve a la tierra que gobierna, cumpliendo una tarea sagrada, como un sacerdote en un templo. Es, en efecto, un rey-siervo, que transmite la bendición de Dios a su reino.

Ahora queda aún más claro que el dominio otorgado a los seres humanos en Génesis 1 ciertamente no tiene que ver con *enseñorearse* sobre el resto de la creación. Sino que se trata *de cuidar* la creación, imitando a Dios en su providencial cuidado de la tierra y sus criaturas. En el propio relato de Génesis, Noé nos ofrece la primera imagen extensa de este cuidado. Es el justo conservacionista que preserva todo tipo de vida de la destrucción en un gran diluvio. Y lo hace, por supuesto, por mandato del Dios que cuida de toda su creación:

> Haz que entre en el arca una pareja de todos los seres vivientes, es decir, un macho y una hembra de cada especie, para que sobrevivan contigo. Contigo entrará también una pareja de cada especie de aves, de ganado y de animales que se arrastran por el suelo, para que puedan sobrevivir[139].

Así que no es sorprendente que, cuando más adelante nos dirigimos al Nuevo Testamento, descubrimos que toda la creación sigue perteneciendo a Dios: "De él, por él y para él son todas las cosas, la tierra... y todo lo que hay en ella"[140]. A este mundo, por el cual Dios sigue preocupándose, llega la persona (Jesucristo) en quien el portar la imagen divina alcanza su punto más alto: "la imagen del Dios invisible," en quien "todas las cosas subsisten"[141]. La redención que este portador de la imagen inicia es, naturalmente, de alcance cósmico: "Dios quiso... reconciliar consigo *todas las cosas* [el énfasis es mío], tanto las que están en la tierra como las que están en los cielos, haciendo la paz mediante la sangre de su cruz"[142]. Y toda la creación no humana ahora espera "con anhelo" esta redención cósmica[143]. No hay nada en todo este material que sugiera que Dios ha dejado de preocuparse (en tiempos del NT) por toda la creación. Y no deberíamos esperar que así fuera. Tampoco hay nada aquí que implique que los portadores de la imagen de Dios han sido relevados de su deber de cuidar de toda la creación en nombre de Dios.

Es en este contexto que debemos volver a la idea de "dominar" en Génesis 1. Porque ahora es posible entender qué significa y qué no significa este lenguaje. No significa un enfoque humano hacia el resto de la creación que sea opuesto al servicio y la conservación. Sin embargo, *sí* subraya una realidad importante: que la creación descrita en Génesis 1-2 no es vista, bíblicamente, como un "producto terminado". No se la entiende como una especie de utopía tipo spa, completa con camastros para sus habitantes, en la que el único trabajo humano necesario es levantar "una copa de gin tonic" de la mesa a la boca. Bíblicamente, la creación no es "perfecta", como los humanos autoindulgentes podrían definir la perfección. Es, más bien, "buena", según la medida de Dios. Y esta creación "buena" es dinámica, no estática.

De hecho, es un jardín que requiere, para florecer, un considerable y constante trabajo de jardinería, llevado a cabo por el jardinero humano a quien se le delegó esa tarea. Este trabajo necesariamente incluye actos de "dominar" de distintos tipos, mientras los humanos llevan a cabo su labor ordenada por Dios: la tarea de fructificar, multiplicarse y extenderse por todo el planeta.[144] Hasta cierto punto, la selva y el bosque deben ser despejados, y luego contenidos, para que pueda haber asentamientos humanos. También debe limpiarse la tierra para la agricultura, para el cultivo que aparece en el relato bíblico bajo la bendición de Dios, quien garantiza "el tiempo de sembrar y cosechar"[145]. Luego, los agricultores deben prestar atención continua a sus campos, ya que sembrar sin desmalezar ("sin someter") no traerá éxito. "Proteger" al ganado doméstico requiere naturalmente el "someter" a carnívoros salvajes como leones y osos.

En resumen, hay trabajo por hacer en la búsqueda de lo que es bueno para la creación (incluyendo a los seres humanos). Y este trabajo trae *el cambio*. Es parte de nuestra condición de creados a imagen de Dios que lo imitemos *tanto* en su cuidado providencial de las criaturas *como* en su creatividad ordenadora. Por eso, tras la promesa de Dios sobre la siembra y la cosecha, el conservacionista Noé se convierte en un exitoso "hombre de la tierra", aunque no maneja muy bien su éxito[146].

Someter es, necesariamente, parte de lo que requiere el gobierno humano del planeta. Sin embargo, solo un lector que no presta atención al contexto general de Génesis, o incluso a los Salmos, podría imaginar (como algunos lo han hecho) que esto convierte la fe bíblica en una fe de naturaleza "antropocéntrica" (ver más en el capítulo 49). La fe bíblica decididamente no fomenta el antropocentrismo. Pero tampoco disminuye la importancia del ser humano en el mantenimiento de lo que la Biblia llama *shalom* (hebreo *šālôm*)—el "florecimiento"[147].

Esto coloca a nuestra tradición bíblica en tensión, naturalmente, con ciertas perspectivas contemporáneas que consideran que "lo mejor" para el planeta sería eliminar al ser humano, pues lo ven como la raíz del "problema ambiental". Sin embargo, en todas las Cumbres de la Tierra que se han convocado, los delegados han sido miembros de una sola especie. Porque entre todas las criaturas de Dios, solo los seres humanos son capaces de cambiar el mundo drásticamente, para bien o para mal. También solo los seres humanos pueden estar ansiosos por hacerlo. Y aquí, la ciencia y la teología cristiana vuelven a converger. El "dominio" no es solo una categoría teológica, sino también una realidad biológica. La única pregunta es: ¿cómo ejercerán los seres humanos ese dominio, y por qué?¿Será ejercido según las ideas no bíblicas del filósofo natural del siglo XVII (científico) Francis Bacon, "quien secuestró el texto de Génesis para autorizar el proyecto de conocimiento científico y explotación tecnológica cuyos excesos nos han llevado a la crisis ecológica"?[148] ¿O será ejercido conforme al pensamiento considerablemente más cristiano de alguien como el teólogo francés del siglo XVI, Juan Calvino, quien entendía que el "dominio" humano no es una excusa para saquear la tierra, y quien enseñó que cada ser humano debe "considerarse a sí mismo como el mayordomo de Dios en todo lo que posee"?[149].

14

En comunidad con Dios

"Cuando el día comenzó a refrescar, el hombre y la mujer oyeron que Dios el Señor andaba recorriendo el jardín . . . Pero Dios el Señor llamó al hombre . . ." (Génesis 3:8–9)

YA HA QUEDADO CLARO desde los capítulos anteriores que, bíblicamente, "ningún ser humano es una isla": los seres humanos fueron creados como criaturas sociales, diseñadas para la relación, y no como individuos aislados.[150] En los próximos tres capítulos profundizaremos más en esta realidad. Comenzaremos con nuestra relación con Dios (el presente capítulo), para luego pasar a nuestra relación con el prójimo en general (capítulo 15) y finalmente a la relación entre el hombre y la mujer en particular (capítulo 16).

En la fe bíblica, un Dios personal, trino en su naturaleza (y por lo tanto "relacional" en sí mismo), ha creado a las personas humanas *para* la relación, primero con *él*. No se trata de una relación entre iguales, ya que Dios es Dios y nosotros no lo somos. Pero sí es una relación *real*, representada ya en Génesis 1–3 como una que involucra, por ejemplo, la conversación. En el centro de esta relación está la confianza: la confianza en la bondad del Creador. Vemos esta confianza expresada en muchas ocasiones en la Sagrada Escritura, cuando las personas alaban a Dios reconociendo su bondad. Considere, por ejemplo: "Tú, Señor, eres bueno y perdonador; tu gran amor se derrama sobre todos los que te invocan"; o "Porque el Señor es bueno, su gran amor perdura para siempre y su fidelidad permanece por todas las generaciones"[151].

Aquí ya encontramos varios aspectos específicos de la bondad de Dios. Está, por ejemplo, su misericordia, que no solo es "abundante", sino también incesante: "El gran amor del Señor nunca se acaba, y su compasión jamás se agota".[152] También es abundante su fidelidad, que alcanza los cielos.[153] Y está el perdón de Dios. No hay nadie como él: "¿Qué Dios hay como tú, que perdona la maldad y olvida el pecado del remanente de su heredad? . . . No guarda para siempre su enojo, porque se complace en mostrar su amor".[154] Dios puede airarse con justicia cuando se enfrenta al mal, como cualquier persona buena lo haría. Y también puede ser (felizmente) un "Dios de venganza" que castiga a "los malvados" cuando atacan y oprimen a los débiles[155]. Pero, así como Dios está decidido a confrontar con firmeza a tales personas, al mismo tiempo es "misericordioso y clemente, lento para la ira y grande en amor y fidelidad"[156]. Las demás personas del cosmos deberían adorar y rendir homenaje a un Dios tan maravilloso—el mismo del que todos dependemos (¡no lo olvide!) para cada respiro que damos.

Es esta confianza en Dios la que nuestros autores bíblicos consideran la esencia de la verdadera *fe*. La fe no es simplemente *creer* ciertas verdades acerca de Dios, sino *confiarse* a Dios. Este tipo de fe es la que ilustra, por ejemplo, la historia de Abraham, quien "creyó al Señor, y esto le fue contado por justicia"[157]. En ese caso específico, un ser humano confió en que el buen propósito de Dios de bendecirlo con descendencia no sería frustrado. Pero Abraham también confió a Dios su vida y su familia de muchas otras maneras, creyendo en su bondad, y vivió de acuerdo con esta confianza. Por eso la Biblia lo presenta como un modelo fundamental para todos los creyentes[158].

Es en este terreno fértil de confianza en que Dios está verdaderamente *a* nuestro favor donde brota y florece nuestro amor por Él: nuestro afecto, cuidado, deleite y admiración hacia su persona[159]. Así como Dios ha amado a su pueblo "con amor eterno", nosotros debemos responder amándolo con todo nuestro ser: "Escucha, Israel: El Señor nuestro Dios es el único Señor. Ama al Señor tu Dios con todo tu corazón, con toda tu alma y con todas tus fuerzas"[160]. Recordando nuestras reflexiones anteriores sobre la "composición" del ser humano, no debemos cometer el error de leer "corazón" y "alma" (hebreo *nepeš* y *lebab*) como si nuestra entrega a Dios se limitara a "partes" de nuestra vida. Más bien, *la persona en su totalidad* debe volcarse por completo en responder con amor física, emocional, intelectual y moralmente al Dios personal.

De esta confianza y amor por Dios surge, en tercer lugar, una obediencia gozosa. El ser humano no es concebido en la tradición bíblica como moralmente autónomo. Fuimos creados para obedecer a Otro. Por eso, Deuteronomio 6 continúa el mandamiento de amar con estas palabras:

> Grábate en el corazón estas palabras que hoy te mando. Incúlcaselas continuamente a tus hijos. Háblales de ellas cuando estés en tu casa y cuando vayas por el camino, cuando te acuestes y cuando te levantes. Átalas a tus manos como un signo, llévalas

en tu frente como una marca y escríbelas en los postes de tu casa y en los portones de tus ciudades[161].

El antiguo pueblo de Dios no fue rescatado de Egipto para vivir como se les antojara. Fueron salvados para una vida delimitada por los mandamientos de Dios—lo que en el lenguaje del NT se llama "la ley de Cristo"[162]. Pero como estos mandamientos son buenos, obedecerlos es motivo de alegría. No se nos llama a la obediencia por miedo a represalias (como un esclavo a su amo), sino por amor y confianza. *Sabemos*, cuando pensamos con claridad, que tiene todo el sentido del mundo "deleitarse en la ley del Señor" y meditar en ella "de día y de noche"[163]. Esta es la razón:

> La Ley del Señor es perfecta: infunde nuevo aliento. El mandato del Señor es digno de confianza: da sabiduría al sencillo. Los preceptos del Señor son rectos: traen alegría al corazón. El mandamiento del Señor es claro: da luz a los ojos. El temor del Señor es puro: permanece para siempre. Las ordenanzas del Señor son verdaderas: todas ellas son justas[164].

Es la obediencia a estos maravillosos mandamientos lo que en realidad brinda al ser humano la verdadera libertad, al hallarse en un "lugar espacioso": "Por toda la eternidad obedeceré fielmente tu Ley. Viviré con toda libertad, porque he buscado tus preceptos... Me deleito en tus mandamientos, porque los amo"[165].

Confianza, amor, obediencia... y oración. Fuimos creados para caminar este sendero *con* Dios, lo cual implica ciertamente conversar con él (orar) mientras andamos. En la Escritura se nos ofrecen todo tipo de oraciones como modelo y recurso para diversas circunstancias. Algunas se centran en la alabanza o la gratitud, ancladas en las acciones de Dios en la historia de su pueblo o en aspectos de su carácter: "Den gracias al Señor; proclamen su nombre. ¡Den a conocer sus obras entre las naciones! ¡Cántenle, entónenle salmos! ¡Hablen de todas sus maravillas!"[166]. A veces se alaba a Dios por una liberación concreta: "Señor mi Dios, te pedí ayuda y me sanaste. Tú, Señor, me libraste de los dominios de la muerte; me hiciste revivir de entre los muertos"[167]. Y otras veces la alabanza se refiere a la creación, como vimos en el Salmo 8.

También encontramos muchos salmos de lamento, en los que individuos o comunidades hablan con Dios desde su angustia (enfermedad, ataques enemigos, etc.). El Salmo 88 es el más oscuro: "Tu ira se ha descargado sobre mí; tus violentos ataques han acabado conmigo. Todo el día me rodean como un océano; me han cercado por completo. Me has quitado amigos y seres queridos; ahora solo tengo amistad con las tinieblas"[168]. El

Salmo 22 es quizás el más famoso: "Dios mío, Dios mío ¿por qué me has abandonado? ¿Por qué estás lejos para salvarme, tan lejos de mis gritos de angustia? Dios mío, clamo de día y no me respondes; clamo de noche y no hallo reposo"[169]. Y hay muchos otros tipos de oración también[170].

Nuestros autores del NT toman y desarrollan estos modelos de oración de diversas maneras. Por ejemplo, escriben oraciones de "evocación", alabando a Dios por sus obras poderosas, o plegarias de agradecimiento general como las que usa Pablo al inicio de muchas de sus cartas, antes de introducir peticiones e intercesiones[171]. Antes que nada, tanto en el AT como en el NT, la oración consiste en *recordar quién es Dios*. Ese es el fundamento de todo lo demás, incluyendo recordar quiénes *somos* nosotros.

Porque el carácter de Dios no cambió en algún momento cerca del año 1 d.C., ni tampoco cambiaron los fundamentos de una relación correcta con él. Por lo tanto, en el NT seguimos siendo exhortados a *confiar* en el amor firme de Dios por nosotros. Pero ahora que queda claro que el *Hijo* es Dios tanto como el *Padre*, debemos confiar no solo en el amor del Padre, sino también en "el amor de Cristo"[172]. De igual forma, debemos confiar en la *fidelidad* tanto del Padre como del Hijo[173]. Igualmente, *la misericordia* de Dios en el NT es también la misericordia de Jesucristo[174]. Y aún debemos *amar* a Dios en tiempos del NT[175]. Pero ese amor se dirige tanto al Hijo como al Padre[176]. Asimismo, la *obediencia* sigue estando en el centro de una relación correcta con Dios en el NT, pero es una obediencia ofrecida al Padre y al Hijo[177]. En otras palabras, la confianza, el amor, la obediencia y la oración siguen siendo fundamentales para relacionarse correctamente con Dios en el NT, aunque inevitablemente todo queda transformado por las convicciones de los autores del NT acerca de Jesús, quién es y lo que ha hecho.

15

En comunidad con nuestro prójimo

"No es bueno que el hombre esté solo."
(Génesis 2:18)

EN LA FE BÍBLICA, un Dios personal ha creado a las personas humanas *para* estar en relación: en primer lugar, con el Dios trino, pero también *entre ellas*[178]. A diferencia de nuestra relación con Dios, estas relaciones humanas son fundamentalmente entre iguales: entre criaturas que, todas, son portadoras de la imagen del mismo Dios viviente.

La naturaleza fundamentalmente social del ser humano y la necesidad humana específica de sociedad con otros humanos se aborda en la narrativa bíblica desde el principio. En Génesis 2:18 encontramos algo en la creación que aún no es "bueno", a pesar del frecuente comentario en Génesis 1 sobre lo bueno de la obra de cada día, y del resultado final de la naturaleza era "muy buena"[179]. Nos damos cuenta de inmediato de que estamos ante una especie de "retrospectiva" en Génesis 2:18. Ya que volvemos a un punto de la creación anterior a la existencia de comunidad humana, "hombre y mujer" (RV60 lo menciona como varón y hembra)[180]. En este momento de la historia solo hay una "criatura de la tierra" (hebreo, 'ādām) creada de la "suelo" (hebreo, 'ădāmâ), un juego de palabras importante y muy significativo[181]. Y estamos en una situación que no es buena: "No es bueno que el hombre ('ādām) esté solo".

La narrativa de Génesis 2 se enfoca en la naturaleza femenina como solución a este problema, y volveremos específicamente a la relación varón-mujer en el próximo capítulo. Pero no debemos pasar por alto aquí la verdad más general que se expresa: esta criatura singular ya está en relación con Dios, pero esto no es suficiente[182]. Casi de inmediato, se encuentra rodeado de otras criaturas con las que también forma relaciones[183]. De hecho, al "nombrarlas", le asigna a cada una su lugar adecuado en el mundo:

> Entonces Dios el Señor formó de la tierra toda ave del cielo y todo animal del campo. Se los llevó al hombre para ver qué nombre les pondría. El hombre puso nombre a todos los seres vivos y con ese nombre se les conoce. Así el hombre fue poniéndoles nombre a todos los animales domésticos, a todas las aves del cielo y a todos los animales del campo[184].

En todo el Antiguo Cercano Oriente, la acción de "nombrar" era parte del proceso mediante el cual algo pasaba a existir y se le asignaba una función en el cosmos, como ocurre en Génesis 2[185]. Pero, tras completar el proceso de nombramiento en esta ocasión, la criatura que nombra descubre que ninguna de *estas* relaciones es suficiente para él. La criatura permanece "sola", aunque esté en relación tanto con Dios como con una multitud de otras criaturas. Únicamente la sociedad *humana* puede resolver el problema. Solo la sociedad humana puede convertir lo "no bueno" en "bueno". El ser humano "bueno" es intrínsecamente un ser-en-sociedad-humana.

¿Cuál es la naturaleza de esta sociedad cuando funciona correctamente? Una vez más, dejaremos las dimensiones específicamente hombre-mujer de esta cuestión para después. Lo primero que descubrimos, a un nivel más general, es que los seres humanos deben cuidarse mutuamente. Lo aprendemos por medio de Génesis 4 de manera contraria:

> Tiempo después, Caín presentó al Señor una ofrenda del fruto de la tierra. Abel también presentó al Señor lo mejor de su rebaño, es decir, los primogénitos con su grasa. Y el Señor miró con agrado a Abel y a su ofrenda, pero no miró así a Caín ni a su ofrenda. Por eso Caín se enfureció y andaba cabizbajo ... Y cuando estaban en el campo, Caín atacó a su hermano y lo asesinó. El Señor preguntó a Caín: ¿Dónde está tu hermano Abel? No lo sé respondió—. ¿Acaso soy yo el que debe cuidar a mi hermano?"[186].

Abel responde a la buena provisión de Dios trayéndole en sacrificio el diezmo de las mejores partes de "los primogénitos de su rebaño". Por el contrario, su hermano Caín trae solo "del fruto de la tierra". Caín no está en una relación correcta con Dios; su sacrificio no es de corazón. Todo va de mal en peor cuando primero responde mal a la reacción desfavorable de Dios, y luego asesina a su hermano. Esto ilustra poderosamente la visión bíblica común de que apartarse del único Dios verdadero inevitablemente conduce a la injusticia, e incluso al derramamiento de sangre, en la sociedad humana. Por el contrario, cómo respondería *un justo* a un hermano, se revela en el diálogo entre Dios y Caín que sigue. Lo vemos sobre todo en la pregunta de Caín: "¿Soy yo acaso guardián de mi hermano?".

Esta pregunta nunca se responde explícitamente en la narrativa, y no es necesario, porque para la fe bíblica la respuesta es obvia. *Por supuesto* que tú, que has sido creado para "guardar" el jardín y sus habitantes en general (hebreo *šāmar* en Génesis 2:15), también debes "guardar" a tu hermano (*šāmar* en Génesis 4:9). El Dios justo "guarda" a sus adoradores de todo daño; así también un adorador justo cuidará de la vida de los demás portadores de la imagen divina, cada uno de los cuales es un "prójimo"[187]. La palabra hebrea que se traduce aquí como "prójimo" es *rēaʻ*. Puede referirse a un amigo, un amante o un esposo, pero también simplemente a otra persona en la cercanía[188]. Y lo más sorprendente es que el prójimo incluye *al enemigo* que existe dentro de esa cercanía. Él también debe ser tratado adecuadamente como portador de la imagen de Dios. Por eso el libro de Proverbios nos enseña: "Si tu enemigo tiene hambre, dale de comer; si tiene sed, dale de beber"[189]. Le corresponde a Dios, no a los humanos, vengarse de un enemigo si persiste en su hostilidad[190]. Fuera de un marco legal debidamente sancionado, esto no es algo en lo que los seres humanos deban involucrarse. Por eso el justo Job afirma que ni siquiera "se alegró en la ruina del que lo aborrecía, ni se regocijó cuando el mal lo alcanzó", ni dejó que su boca pecara "pidiendo su muerte con una maldición"[191]. Bíblicamente, este tipo de "guardar" está en el corazón de toda relación correcta con nuestros diversos "hermanos" o "prójimos" en el planeta. Fallar en este deber es una falta grave, y asesinar a alguien lo es aún más. Por eso: "Si alguien derrama la sangre de un ser humano, otro ser humano [legítimamente] derramará la suya, porque el ser humano ha sido creado"[192]. En la creación, la vida del portador de la imagen es especialmente valiosa.

Otras partes de la Sagrada Escritura desarrollan aún más lo que implica este "guardar" a nuestro prójimo. La última parte de Éxodo 20:1-17, que describe "los Diez Mandamientos", es especialmente importante. Los tres primeros mandamientos se refieren a nuestra relación correcta con Dios. El Sabbat se describe luego como el símbolo central de la diferencia entre la buena sociedad de Dios y las sociedades opresivas como la del faraón en Egipto (donde todo es "trabajo, trabajo, trabajo"). En este día de reposo se abre un espacio para que todas las criaturas recuerden que la vida es *más* que trabajo. Luego encontramos numerosos mandatos que exhortan al rechazo de la destrucción del prójimo y a abrazar el cuidado del prójimo. Estos incluyen honrar a los padres y evitar (además del asesinato) el adulterio, el robo y dar falso testimonio contra el prójimo. El último de estos mandamientos es quizá el más fundamental de todos, ya que subyace a los demás: no debemos "codiciar" (es decir, desear con ansias algo que pertenece a otro).

Estos son mandamientos importantes, pero desde una perspectiva bíblica no agotan nuestro deber humano hacia nuestros semejantes. Necesitamos otros textos para completar la imagen. Tomadas en conjunto, todas estas Escrituras exigen generosidad hacia nuestros prójimos, sean quienes sean. Exigen un corazón abierto para buscar el bien del prójimo, como lo describe Levítico 19:18: "Amarás a tu prójimo como a ti mismo". Es decir, no debemos anteponer nuestros propios intereses a los de nuestro prójimo. En cambio, debemos considerarlos al mismo tiempo y junto con nuestros propios intereses. El apóstol Pablo lo expresa exactamente así al escribir a los cristianos en Filipos: "No mirando cada uno por lo suyo propio, sino cada cual también por lo de los otros"[193]. Jesús, por su parte, hace referencia explícita al texto de Levítico al resumir la ley de Dios:

> Maestro, ¿cuál es el mandamiento más importante de la Ley? "Ama al Señor tu Dios con todo tu corazón, con toda tu alma y con toda tu mente"—respondió Jesús—. Este es el primero y el más importante de los mandamientos. El segundo se parece a este: "Ama a tu prójimo como a ti mismo". De estos dos mandamientos dependen toda la Ley y los Profetas"[194].

La pregunta de quién es mi prójimo se discute explícitamente en Lucas 10:

> En esto se presentó un experto en la Ley y, para poner a prueba a Jesús, se puso de pie y le hizo esta pregunta: Maestro, ¿qué debo hacer para heredar la vida eterna? Jesús respondió: ¿Qué está escrito en la Ley? ¿Cómo la interpretas tú? Como respuesta el hombre citó: "Ama al Señor tu Dios con todo tu corazón, con todo tu ser, con todas tus fuerzas y con toda tu mente", y "Ama a tu prójimo como a ti mismo". Bien contestado—dijo Jesús—. Haz eso y vivirás. Pero él quería justificarse, así que preguntó a Jesús: ¿Y quién es mi prójimo?".

La respuesta de Jesús, como era de esperarse, es: "cualquiera que esté a tu alcance y necesite tu misericordia", incluso tus enemigos tradicionales[195]. Que nuestros prójimos incluyen a nuestros enemigos también se confirma en el NT en Mateo 5[196].

Dios ha creado a los seres humanos para estar en relación, no solo con él mismo y con criaturas no humanas, sino también entre ellos. Esto es parte de lo que nos *hace* humanos.

16

Hombre y mujer

"Hombre y mujer los creó."
(Génesis 1:27)

Un aspecto de nuestra naturaleza social como portadores de la imagen de Dios es que fuimos diseñados no solo para vivir en comunidad en general, sino específicamente para la familia[197]. En el centro de esta institución llamada familia se encuentran un hombre y una mujer: una distinción binaria (dimórfica) dentro de la categoría de portadores de la imagen. "Y creó Dios al ser humano a su imagen; a imagen de Dios lo creó; varón y hembra los creó". Ambos son "como Dios" en esta condición binaria.

Por tanto, son sustancialmente "semejantes" el uno al otro, en un modo en que ninguno lo es respecto a las demás criaturas. Y aquí comenzamos a adentrarnos más específicamente en la dimensión varón-mujer del tema tratado en el capítulo anterior. El ser humano "bueno" es, por naturaleza, un ser en sociedad *humana*, no simplemente en *otros tipos de* sociedad. Así que la "soledad" no puede resolverse, por ejemplo, mediante la compañía de animales. En consecuencia, el examen de los animales y aves en Génesis 2, para ver si alguno podría ser adecuado como compañero para la criatura terrestre, resulta fallido. Aunque todas estas criaturas son en cierto sentido "semejantes" al 'ādām por ser "seres vivientes" formados del "suelo" (' ādāmâ),[198] ninguna es lo *suficientemente* semejante a él. De este modo, se subraya el lugar especial que ocupa el ser humano en el cosmos.

Concluido este examen, Dios se aparta de la creación animal y procede a usar el material humano disponible para formar a dos seres humanos completos:

> Entonces Dios el Señor hizo caer al hombre en un sueño profundo y, mientras dormía, le sacó una de las costillas y le cerró otra vez la carne. De esa costilla Dios el Señor hizo una mujer, y se la presentó al hombre, el cual, al verla, dijo: "¡Ésta sí que es de

mi propia carne y de mis propios huesos! Se va a llamar "mujer", porque Dios la sacó del hombre." Por eso el hombre deja a su padre y a su madre para unirse a su esposa, y los dos llegan a ser como una sola persona[199].

El traductor de la ESV, junto con muchos intérpretes a lo largo de la historia, ha entendido este proceso como la extracción de una "costilla" de la criatura terrestre. Pero es poco probable que esta sea la mejor comprensión del hebreo. Es más probable que la idea sea que la criatura terrestre fue partida por la mitad, resultando en dos "lados", uno de los cuales se convierte en varón, y el otro en mujer[200]. Ahora son dos seres separados, pero, por supuesto, existen en la relación más íntima posible. Ella es, como afirma el hombre, "hueso de mis huesos y carne de mi carne", una expresión que en otros contextos bíblicos hace referencia a un miembro de la familia[201]. En Génesis 2, este lenguaje tiene un significado aún más íntimo, ya que el hombre y la mujer están destinados a convertirse nuevamente en "una sola carne" en el matrimonio. Están destinados a "volver", por decirlo así, a su condición original como habitantes de un solo cuerpo[202].

Las aves y los animales han encontrado su lugar en el cosmos, en sus respectivas comunidades, y ahora los seres humanos también han encontrado el suyo, todos ellos debidamente "nombrados". Todo es "bueno", y los portadores de la imagen pueden ahora proceder juntos en su tarea conjunta de "someter y dominar" la tierra como jardineros reales y sacerdotales de Dios. Porque ahora, juntos, están adecuadamente equipados para esta tarea. Esto no era así antes, cuando la criatura terrestre aún necesitaba una "ayuda", palabra que en el AT se utiliza frecuentemente para referirse a la asistencia divina otorgada al ser humano[203]. Es decir, una palabra que sugiere insuficiencia en el "terrestre" por sí solo. Él solo no está preparado para las tareas importantes asignadas a la humanidad. La vocación humana en el cosmos solo puede cumplirse en comunidad, no de manera individual. Y la familia constituye la comunidad humana fundamental en el corazón de toda la operación.

Los dos tipos de seres humanos son sustancialmente "semejantes" entre sí. Pero también *son* significativamente diferentes. Génesis 2:18 intenta capturar esta tensión en su curioso término hebreo *kenegdô*, que a veces se traduce como "adecuada para él"[204]. Pero esto no capta del todo la esencia de la palabra, que realmente significa "como frente a él". Es un uso inusual del lenguaje por parte de un autor que intenta comunicar simultáneamente similitud y diferencia. La mujer que resuelve el problema de la "soledad" del terrestre debe ser una ayuda semejante a él. Pero también debe ser "opuesta, enfrente, a cierta distancia de él"; incluso, quizás, "valientemente delante de él" o "cara a cara"[205].

¿En qué consiste exactamente la diferencia entre varón y mujer? La biología, por supuesto, es una parte importante de la respuesta. Hombres y mujeres son biológicamente distintos, y esta diferencia también contribuye a su capacidad para cumplir con la vocación que Dios les ha dado. Porque esa vocación no es solo gobernar y sojuzgar, sino también "ser fructíferos, multiplicarse y llenar la tierra"[206]. Al realizar esta tarea juntos, inevitablemente deberán discernir, en cada circunstancia concreta, qué roles y tareas cumplirá cada uno para alcanzar el éxito, lo cual dependerá en parte de sus dones. Porque hombres y mujeres son también diferentes entre sí en maneras que van más allá de la biología. La forma en que se "ayudan" mutuamente estará influida por esta realidad.

Es en esta "zona familiar", creada cuando un hombre y una mujer dejan sus familias de origen para comenzar una nueva comunidad (Génesis 2:24), donde la actividad sexual encuentra su lugar legítimo en la sociedad humana, desde la perspectiva bíblica. La intimidad sexual está diseñada para la relación matrimonial entre un hombre y una mujer, quienes tienen la encomienda divina de ser fructíferos y multiplicarse. El sexo es una cuestión marital, pura y simplemente. Por eso, la fe bíblica se opone a toda actividad sexual fuera de este tipo de relación; no porque la Escritura sea mojigata, sino porque mantiene la cuestión del propósito en el centro. En esto, como en todo, el NT guarda una profunda continuidad con el AT, asumiendo la visión de la creación de Génesis 1-2 como fundamento para su enseñanza sobre la expresión sexual. La unión en matrimonio entre un hombre y una mujer en Génesis es, de hecho, comparada explícitamente por Pablo en su carta a los Efesios con la relación entre Cristo y la iglesia:

> "Por eso, el hombre dejará a su padre y a su madre para unirse a su esposa, y los dos serán como una sola persona". Aquí se muestra cuán grande es el designio secreto de Dios. Y yo lo refiero a Cristo y a la iglesia. En todo caso, que cada uno de ustedes ame a su esposa como a sí mismo, y que la esposa respete al esposo[207].

Un matrimonio humano así, que refleja el matrimonio de Cristo con la iglesia, es necesariamente un vínculo de pacto que no debe ser quebrantado de ninguna manera. Por eso, al exhortar a los cristianos de Corinto a "glorificar a Dios en sus cuerpos", el apóstol Pablo expresa su horror ante la idea de que alguno de ellos pudiera unirse sexualmente con una prostituta: ¿No saben ustedes que cuando un hombre se une con una prostituta, se hacen los dos un solo cuerpo? Pues la Escritura dice: "Los dos serán como una sola persona". [. . .]Huyan, pues, de la prostitución"[208]. En el Evangelio de Mateo, incluso *pensar* sexualmente en una mujer que no es la esposa de uno ya representa un problema: "Pero yo les digo que cualquiera que mira con deseo a una mujer, ya cometió adulterio con ella en su corazón"[209]. Todas las formas de práctica sexual fuera de una relación matrimonial entre un hombre y una mujer son incorrectas, incluidas las prácticas homosexuales:

> ¿No saben que los injustos no heredarán el reino de Dios? ¡No se dejen engañar! Ni los inmorales sexuales, ni los idólatras, ni los adúlteros, ni los sodomitas, ni los homosexuales, ni los ladrones, ni los avaros, ni los borrachos, ni los calumniadores, ni los estafadores heredarán el reino de Dios[210].

Todas estas formas de práctica sexual representan un abandono del orden creado, ya que las personas inventan sus propias reglas sexuales en lugar de conformarse a la voluntad del Creador. Junto con otras prácticas comunes en la humanidad, estas formas sexuales ilegítimas constituyen un alejamiento de la "sana doctrina" que los seguidores de Jesucristo y especialmente los líderes cristianos están llamados a mantener y seguir:

> Hay que recordar que ninguna ley se da para quienes hacen lo bueno. La ley tiene en cuenta a los rebeldes y desobedientes, a los malvados y pecadores, a los que no respetan a Dios ni a la religión, a los que matan a su padre o a su madre, a todos los asesinos, a los que cometen inmoralidades sexuales, a los homosexuales, a los traficantes de esclavos, a los mentirosos y a los que juran en falso; es decir, a los que hacen cosas que van en contra de la sana enseñanza. Y esto es lo que enseña el glorioso evangelio que el Dios bienaventurado me ha encargado[211].

En el pensamiento bíblico, observamos que la "sana doctrina" implica tanto una creencia como una práctica correcta. No es solo una forma *de pensar*, sino también una forma de vivir[212].

La claridad de la Sagrada Escritura en estos asuntos ha llevado a la iglesia a una igual claridad en su enseñanza tradicional, de tal modo que, hasta hace relativamente poco, la Escritura y la tradición cristiana han hablado con una sola voz sobre estos temas. Pero eso, por supuesto, fue antes de que nuestra actual crisis antropológica revelara toda su profundidad.

Como portadores de la imagen de Dios, los hombres y las mujeres, hemos sido diseñados no solo para la comunidad en general, sino particularmente para la familia, una familia con una forma específica dada por Dios en el marco de su gran diseño para el cosmos.

17

La caída

*"Así que tomó de su fruto y comió. Luego le dio a su esposo,
y él también comió." (Génesis 3:6)*

Mis comentarios en el capítulo anterior sobre los portadores de la imagen que abandonan el orden creado de las cosas me llevan naturalmente ahora a otro aspecto importante de la idea bíblica del ser humano[213]. De muchas maneras, y con consecuencias terribles, la humanidad se ha entregado al mal.

El mal en cuestión entra en nuestra historia humana casi desde el principio, en Génesis 3, a través de criaturas personales, pero no humanas. Su primer punto de apoyo es la duda humana sobre la bondad de Dios:

> "¿Así que Dios les ha dicho que no coman del fruto de ningún árbol del jardín?" Y la mujer le contestó: Podemos comer del fruto de cualquier árbol, menos del árbol que está en medio del jardín. Dios nos ha dicho que no debemos comer ni tocar el fruto de ese árbol, porque si lo hacemos, moriremos. Pero la serpiente le dijo a la mujer: No es cierto. No morirán. Dios sabe muy bien que cuando ustedes coman del fruto de ese árbol podrán saber lo que es bueno y lo que es malo, y que entonces serán como Dios"[214].

Este es un Dios que le había dicho a la humanidad: "De todo árbol del huerto podrás comer libremente"[215]. Pero la serpiente astuta lo presenta de manera contraria: "¿Así que no pueden comer de *ningún* árbol del jardín?" ¿Está Dios realmente "de nuestro lado"? ¿Está "a favor nuestro" en sus mandamientos, y específicamente en el concerniente al árbol del conocimiento del bien y del mal? La tentación es responder que no, y adoptar una actitud de sospecha hacia Dios y ese resulta ser, de hecho, el camino que toma el ser humano. Aunque estos portadores de la imagen ya son, legítimamente, "como" Dios en varias maneras, no pueden resistir la tentación de ser "como Dios" en un sentido más amplio, "conociendo el bien y el mal" es decir, en volverse "sabios" (Génesis 3:5-6). Otros textos del Antiguo Testamento nos ayudan a entender que esta es la manera de hablar sobre la independencia adulta respecto a un padre. Observa, por ejemplo, estas palabras de Deuteronomio 1: "En cuanto a sus hijos pequeños, que todavía no saben distinguir entre el bien y el mal, y de quienes ustedes pensaron que servirían de botín, ellos sí entrarán en la tierra y la poseerán, porque yo se la he dado"[216]. La sabiduría en cuestión en Génesis 3 es del tipo que permite a los "adultos" emitir juicios autónomos. La humanidad no se conforma con el conocimiento que Dios ya les ha dado para que puedan cumplir su vocación como portadores de su imagen. Quieren más. De hecho, quieren *ser* dioses.

El escepticismo sobre la bondad de Dios está ligado en Génesis 3, entonces, con la idolatría—la adoración de alguna cosa creada como si fuera dios. La Biblia identifica esa adoración como representativa de la humanidad en su estado caído[217]. Esta adoración a ídolos toma muchas formas. Incluye, por ejemplo, una devoción humana inapropiada hacia otros seres humanos, o una dependencia de ellos. Así que la idolatría no es solo un asunto de "religión" en el sentido limitado. Bíblicamente hablando, la idolatría marca todos los aspectos de la vida humana: social, económica y política. Pero ciertamente, también es explícitamente religiosa. Los humanos típicamente confunden la distinción entre Creador y creación al adorar los tipos de "imágenes" de los dioses que eran comunes en los templos del mundo antiguo (y que aún hoy abundan por todo el mundo). Estos son los "dioses" asociados con fenómenos naturales como planetas, sistemas climáticos y fertilidad. Es este politeísmo naturalista el que la Biblia tan frecuentemente (y comprensiblemente) ataca, prohibiéndole al pueblo de Dios que siquiera intente representar al Dios invisible mediante cualquier cosa creada[218]. La firme determinación de las Escrituras para distanciarse de esta forma de pensar sobre "los dioses" es evidente incluso en lo que se nos dice en 1 Reyes sobre el "habitar" de Dios en el templo de Jerusalén. "¿Es verdad que Dios morará sobre la tierra?", pregunta Salomón. "He aquí, los cielos, y los cielos de los cielos no te pueden contener; ¡cuánto menos esta casa que he edificado!"[219]. Debemos *adorar* a Dios como Creador, pero no lo hacemos:

> Me explico: lo que se puede conocer acerca de Dios es evidente para ellos, pues él mismo se lo ha revelado. Porque desde la creación del mundo las cualidades invisibles de Dios, es decir, su eterno poder y su naturaleza divina, se perciben claramente a través de lo que él creó, de modo que nadie tiene excusa. A pesar de haber conocido a Dios, no lo glorificaron como a Dios

ni le dieron gracias, sino que se extraviaron en sus inútiles razonamientos, y se les oscureció su insensato corazón. Aunque afirmaban ser sabios, se volvieron necios y cambiaron la gloria del Dios inmortal por imágenes que eran réplicas del hombre mortal, de las aves, de los cuadrúpedos y de los reptiles[220].

En este texto del Nuevo Testamento oímos claramente el eco de Génesis 3. En nuestra búsqueda de sabiduría nos volvimos necios, sustituyendo al Dios viviente por ídolos.

La idolatría toma muchas formas. Pero en el fondo, es la adoración del *yo* humano como dios. Es la adoración de la imagen de Dios en *nosotros*. Y luego, al volvernos hacia adentro como seres autónomos, generamos nuestras otras idolatrías. Porque en realidad somos incapaces de suplir nuestra propia necesidad de divinidad. Al cansarnos de mirar hacia adentro, miramos hacia otros lados. Nos volvemos, inevitablemente, politeístas, reclutando múltiples dioses para alimentar nuestra hambre espiritual. Es este politeísmo, más que el ateísmo, el que los autores bíblicos identifican como el resultado del abandono del único Dios viviente. En esto, tienen una visión mucho más clara que la mayoría de las personas modernas.

Las consecuencias de la idolatría son muy serias, y Génesis 3 comienza de inmediato a explorarlas. Llama la atención centralmente sobre una serie de rupturas relacionales:

> Pero Dios el Señor llamó al hombre y le preguntó: ¿Dónde estás? El hombre contestó: Escuché que andabas por el jardín y tuve miedo, porque estoy desnudo; por eso me escondí. Entonces Dios le preguntó: ¿Y quién te ha dicho que estás desnudo? ¿Acaso has comido del fruto del árbol del que te dije que no comieras? El hombre contestó: La mujer que me disté por compañera me dio de ese fruto, y yo lo comí. Entonces Dios el Señor le preguntó a la mujer: ¿Por qué lo hiciste? Y ella respondió: La serpiente me engañó, y por eso comí del fruto[221].

Esta conversación deja claro que el hombre culpa tanto a la mujer como a Dios por lo sucedido, mientras que la mujer culpa a la serpiente. Génesis 3:14-19 luego desglosa para todos los participantes otras dimensiones del problema. El llamado de la mujer en la creación incluía concebir y dar a luz hijos; ese llamado ahora se vuelve más problemático. El llamado del hombre incluía trabajar la tierra, y ese trabajo ahora estará marcado por una nueva dimensión de lucha. El "dolor" que ambos experimentarán ahora surge en parte porque ya no enfrentan el mundo de manera sencilla como "una sola carne"[222]. La dinámica de su relación ha cambiado. Fueron creados para trabajar en asociación, dominando y sometiendo la tierra en conjunto[223]. Pero ahora el futuro de la mujer queda bajo el dominio del hombre, quien la "gobernará" (el verbo hebreo *māšal*). Es la misma palabra que se usa en el Salmo 8 para describir al ser humano gobernando sobre las demás criaturas[224]. El hombre ahora se relaciona con la mujer como si ella fuera *parte* de la creación, en lugar de una cogobernante *de la* creación. A su vez, ella intenta controlar e incluso "consumir" al hombre[225]. Destinados a la asociación en el dominio, la pareja humana ahora se encuentra enfrascada en una lucha de dominio uno sobre el otro. Por tanto, se vuelven incapaces de cumplir sus roles como jardineros. La estrecha conexión entre las consecuencias de estas tres relaciones disfuncionales se ilustra poderosamente en Oseas 4:1-3:

> Israelitas, escuchen lo que dice el Señor. Él ha entablado un pleito contra los que viven en este país, porque aquí ya no hay lealtad entre la gente, ni fidelidad ni conocimiento de Dios. Abundan en cambio el juramento falso y la mentira, el asesinato y el robo, el adulterio y la violencia, y se comete homicidio tras homicidio. Por eso, el país está de luto; se quedan sin fuerzas los que viven en él; y con los animales salvajes y las aves mueren también los peces del mar.

Los humanos se apartan del Dios viviente. Siguen todo tipo de disfunciones humanas. Pero también hay, inevitablemente, terribles consecuencias para la creación no humana. La creación está en todos los sentidos "caída", comprometida por el mal desde casi el principio de la historia humana.

Nuestros textos del Nuevo Testamento subrayan la magnitud del problema, al hablarnos de personas con "un corazón malo e incrédulo" que se apartan del "Dios viviente"[226]. Así, caen bajo el poder oscuro del cosmos, referido ahora como "el gobernante" o "el dios" de este mundo. Este es el dios central (Satanás) de aquellos que rechazan al verdadero Dios[227]. En la medida en que eligen escuchar su voz, "el mundo entero está bajo el poder del maligno"[228]. Porque del corazón salen los malos pensamientos, los homicidios, los adulterios, la inmoralidad sexual, los robos, los falsos testimonios y las calumnias"[229]. Nos encontramos a nosotros mismos:

> Se han llenado de toda clase de injusticia, maldad, avaricia y depravación. Están repletos de envidia, homicidios, desacuerdos, engaño y malicia. Son chismosos, calumniadores, enemigos de Dios, insolentes, soberbios y arrogantes; se ingenian maldades; se rebelan contra sus padres; son insensatos, desleales, insensibles, despiadados[230].

No hay fin al catálogo de sufrimientos que surgen cuando el ser humano abraza al mal. "¿No es precisamente de las pasiones que luchan dentro de ustedes mismos?" dice Santiago a sus lectores; "Desean y no tienen, así que matan. Codician y no pueden obtener, así que luchan y se hacen la guerra"[231]. Toda la ley de Dios "se resume en un solo mandamiento," escribe Pablo a los Gálatas: "Ama a tu prójimo como a ti mismo." Pero ellos prefieren "morderse y devorarse unos a otros," abriendo la posibilidad de que "se consuman mutuamente"[232].

Reconocemos este mundo que nos presenta la antropología cristiana y también nos reconocemos en él. ¿Qué se puede hacer al respecto?

18

Salvados

"¡Ánimo, hijo mío! Tus pecados son perdonados."
(Mateo 9:2)

AUNQUE ES CIERTO, BÍBLICAMENTE hablando, que los seres humanos son criaturas caídas que viven en sociedades disfuncionales, también es cierto que siguen siendo portadores de la imagen, cuyas vidas son preciosas para Dios[233]. Génesis 9 deja esto en claro[234]. Y aunque también es verdad que la creación no humana, en general, ha sido afectada por la caída del ser humano, igualmente cierto es que el interés y el compromiso de Dios con estas criaturas no ha disminuido[235]. Génesis 9 también nos deja ver lo siguiente: "Entonces habló Dios a Noé y a sus hijos que estaban con él, diciendo: 'He aquí que yo establezco mi pacto con ustedes, y con sus descendientes después de ustedes, *y con todos los seres vivientes que están con ustedes* [énfasis añadido]; . . . nunca más . . . habrá diluvio para destruir la tierra'"[236]. De hecho, Dios está decidido a salvar a su creación caída. Y en el corazón de este proceso de salvación, en la narrativa bíblica, se encuentra el establecimiento de "pactos".

El término pacto (hebreo *berît*) indica un acuerdo entre dos partes mediante el cual se forma una relación. Este acuerdo implica obligaciones morales por ambas partes[237]. Aquí, en Génesis 9, es importante notar que el pacto es entre Dios y "todo ser viviente." Dios no ha renunciado a su plan de bendecir a toda la creación, a pesar de la caída en el pecado. Está firmemente comprometido con ese plan. Esto incluye también la parte del plan que implica la fecundidad humana, el aumento en número y "el llenado de la tierra".[238] El último de estos compromisos se expresa de manera particularmente clara en Génesis 11, donde Dios frustra los planes humanos de establecerse en Mesopotamia y en cambio los dispersa "sobre la faz de toda la tierra"[239]. Así, Dios establece un pacto con toda la creación en Génesis 9—la creación que acaba de salvar (con la ayuda de Noé) del gran diluvio. Dios salva a la creación caída con el propósito de bendecirla. Este es un tema central en la narrativa bíblica que sigue, y el pacto está en el centro de todo ello.

Luego volvemos a encontrar este tema en la historia de Abraham y su familia. Aquí leemos sobre un pacto, no con toda criatura viviente, sino más específicamente con Abraham, y por medio de él, con todos los seres humanos. La promesa asociada con este pacto en Génesis lo deja claro:

> El Señor dijo a Abram: "Deja tu tierra, tus parientes, la casa de tu padre y ve a la tierra que te mostraré". Haré de ti una nación grande y te bendeciré; haré famoso tu nombre y serás una bendición. Bendeciré a los que te bendigan y maldeciré a los que te maldigan; ¡por medio de ti serán bendecidas todas las familias de la tierra!"[240].

Es por medio de Abraham que "todas las familias de la tierra serán bendecidas". Es en la búsqueda de esta promesa que Dios escoge a este pequeño fragmento de la raza humana (la familia de Abraham) para una misión cuyas implicaciones siguen siendo cósmicas. Esta familia no es perfecta; de hecho, es bastante disfuncional. Pero la promesa perdura porque es la promesa de un Dios de pacto, determinado a ver florecer a su creación.

Con el tiempo, los descendientes de Abraham y Sara terminan en Egipto. Es en ese contexto que Dios recuerda su pacto con Abraham[241]. Esto da lugar a la gran liberación de Egipto conocida como el éxodo, otro acto poderoso de Dios para salvar a su pueblo. Y así como en Génesis 9, también en Éxodo hasta Deuteronomio, la salvación conduce a un pacto. En esta ocasión, el pacto está asociado con la reunión del pueblo de Dios, ya liberado del éxodo, al pie del monte Sinaí. Si el pacto con Noé se refiere a toda criatura viviente, y el pacto con Abraham abarca a todas las naciones, el pacto en el Sinaí se enfoca mucho más directamente en una sola nación: Israel. Pero aun en este pacto, Israel es llamado a cumplir un papel mucho más amplio, como queda claro en Éxodo 19:

> Ustedes son testigos de lo que hice con Egipto y de que los he traído hacia mí como sobre alas de águilas. Si ahora ustedes me son del todo obedientes y cumplen mi pacto, serán mi propiedad exclusiva entre todas las naciones. Aunque toda la tierra me pertenece, ustedes serán para mí un reino de sacerdotes y una nación santa[242].

Si toda la tierra sigue siendo dominio de Dios (lo cual es cierto), entonces la tarea del pueblo de Dios, como "reino de sacerdotes," es mediar su bendición al mundo (véase capítulo 13). Así continúan haciendo, en alguna medida, lo que todo ser humano está llamado a hacer como sacerdote en el jardín de Dios (Génesis 2).

En cierto sentido, entonces, el alcance del pacto parece haberse reducido en el libro del Éxodo, pero los ojos de Dios siguen puestos en el plan mayor: la bendición de toda la creación. En busca de este resultado, Dios da leyes diseñadas no solo para ayudar a los israelitas a ser una "nación santa," sino también para enfrentar la realidad de que no lo son. Se instituye un sistema sacrificial, cuya idea central es la expiación. En el derramamiento de la sangre de una víctima sacrificial, se hace la paz entre Dios y el ser humano. El principio central aquí es el de la sustitución, que aparece en todos los textos bíblicos sobre sacrificio y que se ilustra de forma narrativa en Éxodo 12[243]. Cuando el juicio de Dios cae sobre Egipto, es la sangre del cordero sacrificial sobre los dinteles de las casas israelitas la que hace que Él "pase por alto" esos hogares: "Yo soy el Señor. La sangre servirá para señalar las casas donde ustedes se encuentren, pues al verla pasaré de largo. Así, cuando hiera yo de muerte a los egipcios, no los tocará a ustedes ninguna plaga destructora"[244]. Dios no solo demanda santidad, sino que también establece medios para enfrentar su ausencia. Él actúa, a nivel individual, en constantes y abundantes "actos de salvación" diarios.

En la narrativa bíblica que sigue (aun en ausencia de santidad), Dios sigue obrando activamente en el mundo para cumplir sus buenos propósitos. Hace un pacto más, con uno de sus siervos imperfectos, el rey David, en 2 Samuel 7[245]. Allí se le promete a un israelita específico una dinastía real eterna: "Tu casa y tu reino durarán para siempre delante de mí; tu trono quedará establecido para siempre"[246]. Ahora la salvación incluye una línea real (un hijo de David), dentro de Israel. Una vez más, el pacto parece haberse reducido: de toda la creación, a toda la humanidad, a una nación, Israel, y ahora, finalmente, a un solo israelita. Pero siempre se ha tratado de una reducción dentro del marco de un plan mayor.

El descendiente más importante de David en esta historia bíblica de salvación es, por supuesto, Jesús de Nazaret, el "Hijo de David" y el "Rey de los judíos"[247]. Crucificado por los romanos, Jesús sin embargo resucita de entre los muertos como "el León de la tribu de Judá, la raíz de David"[248]. Así, "el reino del mundo ha venido a ser de nuestro Señor y de su Cristo, y él reinará por los siglos de los siglos"[249]. Jesús es el cumplimiento de la promesa hecha a David—y también de todas las demás promesas de los pactos del Antiguo Testamento. Hablando a una audiencia judía en el libro de los Hechos, por ejemplo, Pedro conecta explícitamente la venida de Cristo con la promesa a Abraham:

> Ustedes, pues, son herederos de los profetas y del pacto que Dios estableció con sus antepasados al decirle a Abraham: "Todos los pueblos del mundo serán bendecidos por medio de tu descendencia". Cuando Dios resucitó a su siervo, lo envió primero a ustedes para darles la bendición de que cada uno se convierta de sus maldades[250].

Luego Pablo, escribiendo a los cristianos en Galacia, conecta esa misma promesa con el mundo no judío: "Así sucedió para que, por medio de Cristo Jesús, la bendición prometida a Abraham llegara a las naciones . . . "[251]. En consonancia con estas promesas páctales, Dios ha realizado su acto de salvación más supremo y decisivo, asegurando que Cristo se convierta en "autor de salvación eterna para todos los que le obedecen"[252]. Esto es posible, según el pensamiento bíblico en general, únicamente a través del sacrificio expiatorio. Como escribe Pablo a la iglesia en Corinto: "Cristo murió por nuestros pecados según las Escrituras"[253]. El lenguaje del pacto reaparece en este contexto en el Nuevo Testamento, cuando, durante una comida con sus discípulos, Jesús dice respecto a la copa que tiene en la mano que es "el nuevo pacto en mi sangre"[254]. Es precisamente por esta acción salvadora—todavía futura en ese momento—que Jesús ya puede decir (de forma controversial) a un paralítico en Mateo 9: "Ten ánimo, hijo; tus pecados te son perdonados"[255].

Así que es verdad que los seres humanos están caídos. Pero Dios sigue en el continuo proceso de salvar lo que ha caído. Y esto incluye a la creación no humana, que "aguarda con anhelo la manifestación de los hijos de Dios"[256]. ¿Por qué espera? Porque solo cuando los portadores de la imagen de Dios sean finalmente redimidos, experimentando "la redención de nuestros cuerpos," el resto de la creación podrá finalmente "ser liberada de la esclavitud de la corrupción"[257]. Solo cuando el "real sacerdocio" de todos los creyentes sea finalmente santificado, podrá mediar apropiadamente la bendición de Dios a las demás criaturas en el templo de la creación[258]. Así es como son las cosas. Así es como Dios ha diseñado el cosmos.

19

La Esperanza

"Si Dios está de nuestra parte, ¿quién puede estar en contra nuestra?" (Romanos 8:31)

A ESTAS ALTURAS DEL libro, debería quedar claro que nuestra historia bíblica es una historia *optimista*[259]. No es una tragedia, sino una comedia, en el sentido antiguo y shakespeariano de esa palabra. Puede contener mucha tragedia en *su interior*, pero tiene un final feliz inevitable. No me refiero con esto a algo parecido al optimismo forzado del final de *La vida de Brian* (1979), una película en la que el "héroe" crucificado, sin esperanza de resurrección (Brian), comienza a cantar la canción: "Always look on the bright side of life" ("Siempre mira el lado brillante de la vida"). Eso es, en realidad, una parodia de la verdadera comedia. En una comedia verdadera, la historia *realmente* termina bien. Y toda comedia verdadera está fundamentada en la Comedia (bíblica) definitiva, en la que hay, efectivamente, resurrección. Los finales felices son posibles porque ya hay un Final Feliz escrito, en el que (como lo expresó la mística medieval Juliana de Norwich), "Todo estará bien, y todo estará bien, y todas las cosas estarán bien". Este Final es i*nevitablemente* feliz porque el único Dios viviente y bueno está decidido a llevarnos hasta allí, y no tiene rivales serios que puedan impedirlo. El apóstol Pablo proclama maravillosamente las implicaciones de esta verdad en Romanos 8:

> ¿Qué diremos frente a esto? Si Dios está de nuestra parte, ¿quién puede estar en contra nuestra? El que no escatimó ni a su propio Hijo, sino que lo entregó por todos nosotros, ¿cómo no habrá de darnos generosamente, junto con él, todas las cosas... Pues estoy convencido de que ni la muerte ni la vida, ni los ángeles ni los demonios, ni lo presente ni lo por venir, ni los poderes, ni lo alto ni lo profundo, ni cosa alguna en toda la creación podrá apartarnos del amor que Dios nos ha manifestado en Cristo Jesús nuestro Señor[260].

Una de las implicaciones de esto, es que no deberíamos permitir que nuestra identidad esté definida únicamente por la verdad de que el mundo, y nosotros mismos, estamos caídos—como si eso fuera lo más importante que se pudiera decir acerca de la realidad. A lo largo de la historia, algunas corrientes de la teología cristiana han sucumbido a esta tentación. El tono predominante en su mensaje ha sido de negatividad con respecto al mundo presente—sobre todo en lo que respecta a nuestra condición humana. Han caído en lo que yo llamo la "teología del gusano". Tomo esta expresión del Salmo 22: "yo, gusano soy y no hombre"[261]. Sin embargo, la realidad es que el que habla sí *es* un hombre, y no un gusano. Es sólo que se siente deshumanizado por su sufrimiento, perseguido por otros humanos que actúan como bestias, y apartado tanto de Dios como de la comunidad humana[262]. Todo el salmo está diseñado para ayudar a las personas que sufren de manera similar a recuperar una perspectiva verdadera sobre su situación. Celebra al Dios salvador que reintegra al alma afligida en una comunidad adoradora que incluye "a todas las familias de las naciones", a los que han muerto y a los que aún no han nacido[263]. En realidad, el adorador siempre ha sido portador de la imagen del único Dios viviente, viviendo bajo su cuidado en un mundo bueno (aunque caído), y destinado a un futuro glorioso. Solo que ha perdido temporalmente el hilo de su narrativa, habitando en el Medio de la historia mientras olvida (en este caso) *tanto* el Principio como el Fin.

La caída no *define* a la persona humana, hablando bíblicamente. Aunque la condición caída del mundo representa un desafío constante para los portadores de la imagen, debemos mantenernos enfocados en las verdades más amplias acerca de nuestra situación, incluyendo nuestro futuro. Por tanto, un aspecto importante de la visión bíblica del ser humano es que, cuando piensa correctamente, es una criatura optimista y esperanzada. Los contornos de esta esperanza son trazados de manera extensa primero por los profetas del Antiguo Testamento. Posteriormente, los autores del Nuevo Testamento la describen con mayor precisión, mostrando cómo varios aspectos de la visión profética ya han "aterrizado" en nuestro tiempo presente, en Jesucristo. Todos estos visionarios conocen bien el estado algo roto de la creación que se representa gráficamente en otras partes de las Escrituras. Ellos mismos lo describen en detalle. Sin embargo, lo hacen en el contexto de visualizar la futura transformación de las tres relaciones rotas que se presentan en Génesis 3: la relación del ser humano con Dios; la relación del ser humano con otros seres humanos; y la relación del ser humano con el resto de la creación. Ellos anticipan un tiempo en el que todas estas relaciones serán completamente sanadas. Y luego miran *más allá* de todo eso, hacia un orden completamente nuevo de las cosas en el cosmos—al que a veces se le llama "un cielo y tierra nueva"[264].

Cuando los profetas del Antiguo Testamento escriben sobre nuestra relación con *Dios*, primero anuncian que Dios limpiará completamente a su pueblo del pecado, dándoles un nuevo corazón y un nuevo espíritu que resultaran en una obediencia renovada[265]. No sólo habrá *perdón*, sino también *transformación*[266]. Sin embargo, la reconciliación que los profetas prevén no se limita al pueblo de Israel. Es universal por naturaleza, incluyendo incluso a las naciones que habían sido enemigos acérrimos de Israel: "Bendito sea Egipto, mi pueblo, y Asiria, obra de mis manos"[267]. Se trata de una transformación verdaderamente *radical*. Como vimos en el capítulo anterior, es este perdón "escatológico" (el perdón de los "últimos tiempos") el que Dios ya ofrece ahora a todos, tanto judíos como gentiles, en Jesucristo. El apóstol Pablo también habla de esto en Colosenses 2: "A ustedes, que estaban muertos en sus delitos . . . Dios les dio vida juntamente con él, perdonándonos todos los pecados"[268].

Cuando los profetas escriben sobre la *sociedad humana* del futuro, en segundo lugar, la imaginan completamente redimida y reconciliada. Su horizonte más inmediato es una comunidad restaurada de Israel, gobernada por un rey justo. Ezequiel, por ejemplo, imagina un tiempo en el que Dios, el Pastor, reunirá a sus ovejas perdidas y pondrá sobre ellas a otro pastor, que es "mi siervo David"[269]. Esta transformación de la sociedad humana implica inevitablemente someter a los enemigos de Dios al gobierno divino. El rey justo primero librará de esos enemigos a los oprimidos por ellos.[270] No obstante, la meta a largo plazo es que todas las naciones vivan en armonía unas con otras, adorando al único Dios viviente.[271] Esto ya ocurre en la comunidad del Rey, Jesucristo—pues en esta comunidad (la iglesia):

> Pero ahora en Cristo Jesús, a ustedes que antes estaban lejos, Dios los ha acercado mediante la sangre de Cristo. Porque Cristo es nuestra paz: de los dos pueblos ha hecho uno solo, derribando mediante su sacrificio el muro de enemistad que nos separaba . . . lo hizo . . . para reconciliar con Dios a ambos en un solo cuerpo mediante la cruz[272].

En tercer lugar, los profetas bíblicos esperan la transformación de la creación misma. Toda alienación presente entre los humanos, los animales y el mundo natural será completamente superada en esta transformación.[273] Lo vemos, por ejemplo, en Isaías 11, donde la liberación del *pueblo* por parte del rey davídico va seguida inmediatamente por *la paz cósmica*[274]. Más adelante, Colosenses 1 nos dice que fue precisamente para lograr esta redención cósmica que Cristo murió: "Porque a Dios le agradó habitar en él con toda su plenitud, y por medio de él reconciliar consigo *todas las cosas*, tanto las que están en la tierra como las que están en los cielos, haciendo la paz mediante la sangre de su cruz"[275].

Es en este contexto de transformación futura que debemos volver finalmente a la cuestión de la "vida después de la muerte", que dejamos pendiente en el capítulo 9. En Génesis 3 parecía, al principio, que cualquier esperanza humana de vida más allá de esta realidad presente había muerto con la expulsión de Adán y Eva del jardín y de su árbol de la vida. Sin embargo, los profetas vislumbran un futuro en el que "muchos de los que duermen en el polvo de la tierra se despertarán, unos para vida eterna"[276]. "Tus muertos vivirán", proclama el libro de Isaías, "sus cuerpos resucitarán"—animando así a los que "habitan en el polvo" a "despertar y cantar de alegría"[277]. La inmortalidad, después de todo, no es imposible, y Pablo escribe a sus lectores en Roma sobre aquellos que la buscan correctamente[278]. También describe a los corintios un momento al final del tiempo en el que "esto corruptible se vestirá de incorrupción, y esto mortal se vestirá de inmortalidad". Esto significará que "la muerte ha sido devorada en victoria", una victoria que se nos da "por medio de nuestro Señor Jesucristo". Él es quien "destruyó la muerte y sacó a la luz la vida incorruptible mediante el evangelio"[279]. Cristo es, de hecho, el primer ser humano que *experimenta* la resurrección corporal—no la huida de un "alma" desde un cuerpo, conviene notar—como anticipan estos textos. Su cuerpo no está en la tumba en la mañana de Pascua, y después de la resurrección aún lleva las cicatrices que recibió en la cruz[280]. Quienes siguen a Cristo esperan una resurrección corporal semejante, que conduce a la vida eterna[281].

¿Qué es lo que debe esperar el ser humano, según la fe bíblica? Debemos esperar todo lo que los profetas del Antiguo Testamento esperaban—con la excepción de lo que ya ha sucedido porque Jesús ha venido. Y es en esa esperanza poderosa que debemos vivir, "más que vencedores por medio de aquel que nos amó".[282] Esta es una de las claves centrales de una antropología cristiana bien comprendida.

20

Confesando

"Por tanto, todo el que me oye estas palabras y las pone en práctica es como un hombre prudente que construyó su casa sobre la roca."
(Mateo 7:24)

AL MIRAR EN RETROSPECTIVA los capítulos 7 al 19, permítame repetir el resumen anticipado del contenido que ofrecí en el capítulo 6. Los seres humanos somos *"materia personal"*. Compartimos con las demás criaturas el hecho de haber sido creados con intencionalidad, en un cosmos ordenado, por un Dios personal. Somos seres irremediablemente *materiales*, en quienes Dios ha soplado aliento de vida. En esto somos "como ellos". Pero al mismo tiempo somos radicalmente distintos: somos *materia personal* animada por Dios, "como Dios", en formas profunda y trascendentemente importantes. Como tales, somos criaturas altamente exaltadas y hermosas, capaces (entre otras cosas) de apreciar la belleza de maneras que ninguna otra criatura puede. Como portadores de la imagen del Dios viviente, y con una naturaleza inherentemente dimórfica (varón y hembra), hemos sido llamados a una vocación particular: ejercer dominio y cuidar la creación sagrada y hermosa de Dios, en una relación correcta con Él, entre nosotros y con el resto de las criaturas. Como seres caídos, corrompidos por el mal, a menudo fallamos en estas tareas, y toda la creación sufre por ello. Sin embargo, Dios, en su misericordia, está comprometido con la salvación de su creación, y ha actuado de forma decisiva en Cristo para llevarla a cabo. Por eso, los seres humanos deberíamos ser criaturas llenas de esperanza— no menos porque, en Cristo, se nos ha prometido resurrección corporal e inmortalidad. La "materia personal" tiene un futuro glorioso.

Si esta descripción representa una verdadera exposición de los fundamentos de la "humanidad" tal como se presenta en las Sagradas Escrituras, ¿qué significa esto? Significa que los seguidores de Jesucristo están obligados a apropiársela, a hacerla suya—convertirla en un asunto verdaderamente personal. Pues representa la verdad firme y perdurable acerca de nuestra humanidad, una verdad que resistirá mucho después de que las olas culturales que intentan arrasarla se hayan disipado y regresado a su origen.

Si esto es, en efecto, lo que enseña la Sagrada Escritura, entonces estamos obligados (en primer lugar) a abrazarla en su *totalidad*, y no en parte. No podemos aplicar el método del "surtido al gusto". No podemos afirmar una visión elevada de la persona humana como portadora de la imagen de Dios sin asumir las responsabilidades que esa imagen conlleva en la creación—simplemente porque nos agrada una idea, pero no la otra. No podemos tener dominio sin sacerdocio, solo porque preferimos gobernar a cuidar. No podemos afirmar la resurrección del cuerpo en la vida futura sin acatar los mandamientos sobre cómo honrar a Dios con nuestros cuerpos en esta vida—solo porque nos atrae la idea de vivir para siempre, pero no la de vivir bajo el señorío de Dios. En todos estos casos, lo que realmente estamos haciendo al seleccionar y descartar es colocar, en la práctica, otras autoridades por encima de la autoridad de la Escritura, y por tanto, por encima de la autoridad de Jesucristo. Nos hemos convertido en actores autónomos, que deciden qué partes de la Escritura obedecerán y cuáles ignorarán. Es importante decir esto, especialmente en este tiempo, debido a la prevalencia de una forma de cristianismo "a la carta" en nuestra cultura—y a la aparente y extendida falta de comprensión sobre cuán profundamente problemático es este fenómeno. Pero en verdad lo es: es *completamente incompatible* con vivir bajo el señorío de Cristo.

Estamos obligados a abrazar la verdad cristiana *en su totalidad*, y no en parte. Y (en segundo lugar) también estamos llamados a abrazarla como *personas completas*, y no fragmentadas. El cristianismo bíblico no se trata de lo que ocurre en nuestros corazones en lugar de nuestras mentes, en nuestras almas en lugar de nuestros cuerpos, o en nuestros espíritus en lugar de nuestras imaginaciones. Dios nos ha creado como personas integrales, y como tales nos llama a amarlo[283]. La fe bíblica no reconoce divisiones como tener a Jesús "en el corazón" pero no en la mente. Rechaza por completo la idea de que la fe verdadera se trata solo de emociones y no de entendimiento. Todas esas dicotomías deben ser rechazadas. La fe bíblica se presenta a la persona entera, y es la persona entera la que está llamada a responder de forma adecuada a su proclamación.

La fe bíblica exige un pensamiento *correcto*: aceptar lo *que* se proclama como verdad sobre nuestra humanidad, independientemente de cómo nos haga sentir en un primer momento. También exige, como consecuencia, una *vida correcta*: el compromiso de vivir nuestras vidas corporales a la luz de la verdad bíblica, nuevamente sin importar nuestras emociones iniciales al respecto. Y la fe bíblica asume que, en el camino con Cristo, nuestras emociones serán transformadas, nuestras imaginaciones purificadas, y así, "creceremos hasta ser en todo como aquel que es la cabeza, es decir, Cristo"[284]. La fe bíblica no es, entonces, la "fe" que se presenta como "cristiana" en muchas iglesias contemporáneas. Porque en *esa* fe, es totalmente posible tener a Jesús "en el corazón", pero no tener la menor idea de la importancia de tener la sana doctrina en la mente. También es posible tener algunas ideas correctas en la cabeza, pero a la vez reservarse el derecho de hacer lo que uno quiera con el resto del cuerpo. Y es muy probable que quienes nos rodean no vean esto como algo problemático.

Por el contrario, la fe bíblica considera *esencial* en el camino cristiano no solo una *conversión* inicial, sino una conversión continua: del pensamiento *y* la conducta erróneos hacia formas correctas de pensar y vivir en todos los aspectos de la vida. Todo cristiano es un hereje en recuperación. Es decir, cada persona convertida a Cristo, habiendo abrazado primero su verdad y confiado en él, está (esperamos) en un proceso continuo de profundización en la "sana doctrina" (en creencias y acciones), y de rechazo de ideas y prácticas que antes no consideraba problemáticas. Así es como el apóstol Pablo exhorta a los cristianos en Roma: "presenten sus cuerpos como sacrificio vivo, santo y agradable a Dios . . . No se conformen a este mundo, sino transfórmense mediante la renovación de su mente, para que puedan discernir cuál es la voluntad de Dios: buena, agradable y perfecta"[285]. Ya eran seguidores de Cristo, pero aún necesitaban ser transformados.

Sus mentes, en particular, todavía estaban marcadas por la caída descrita por Pablo en Romanos 1[286]. Estaban nubladas, y necesitaban ser renovadas. Solo entonces estos cristianos romanos podrían hacer juicios morales correctos—discernir "lo bueno, lo agradable y lo perfecto". El objetivo en todo esto es ser conformados, no a las normas culturales, sino a "la voluntad de Dios". La exhortación de Pablo busca asegurarse, por tanto, de que estos creyentes se vuelvan aún "más cristianos" en su pensamiento y en su forma de vida.

El pensamiento y la vida están, por supuesto, interrelacionados. Lo que creemos como verdadero nos lleva inevitablemente a comportarnos de ciertas maneras y no de otras. Y *cómo vivimos* es la única forma segura de discernir lo que *realmente creemos*. Es la única manera de probar si nuestras afirmaciones acerca de lo que ocurre en nuestros corazones o mentes (frecuentemente engañosos) son verdaderas o están engañadas. En la fe bíblica, la creencia y la acción son dos caras de la misma moneda. Como lo expresa C. K. Barrett: "El cristiano descubre la voluntad de Dios, no para contemplarla, sino para cumplirla"[287]. La renovación de la mente, si es auténtica, conduce a una forma concreta de vivir. "Incluso la mente renovada necesita mucha instrucción" con ese fin; "de ahí los consejos y exhortaciones detalladas que siguen a Romanos 12:1-2"[288].

Para concluir la Parte II, entonces: estamos obligados, por los términos de nuestro discipulado cristiano, a abrazar la verdad bíblica sobre nuestra humanidad *como un todo*, y como *personas completas*, no por partes. Esto no se trata de ser "conservadores" o "progresistas"—etiquetas que, de hecho, revelan hasta qué punto los compromisos idólatras han capturado nuestros corazones y nuestras mentes. Pues no debe ser ambición del verdadero cristiano ser conservador o progresista, ni formar parte de uno u otro grupo definitorio. El verdadero cristiano solo busca ser un miembro fiel de la comunidad reunida en torno a Cristo. Esto, a veces, requerirá ser conservador en relación con la cultura circundante; y otras veces, no. Tal fidelidad puede exigir un esfuerzo considerable de nuestra parte: un compromiso diario con la transformación mediante la renovación de nuestra mente, a través de la lectura, la reflexión, la oración, etc. Muchos de nosotros vivimos en entornos culturales profundamente moldeados por ideas sobre la humanidad que son contrarias al evangelio. Muchos incluso habitamos *iglesias* moldeadas de las mismas maneras. Y nunca es fácil para una persona pensar y actuar "fuera del grupo"—resistir la presión social. Pero tampoco fue fácil para los primeros cristianos. Debemos confesar nuestra fe verdaderamente cristiana sin temor, entendiendo con claridad que la fe cristiana nunca ha consistido en ajustar ligeramente nuestro marco mental para hacerle un hueco a un Jesús confinado en "nuestros corazones". Y debemos seguir explorando las implicaciones de esa confesión.

La Parte III está dedicada a esa exploración continua. Considerará más a fondo las implicaciones de una antropología cristiana auténtica, primero para nuestra adoración a Dios y para nuestra comprensión de los derechos de sus criaturas (capítulos 21-22). Luego examinaremos la vida humana "cronológicamente", conforme avanza desde su inicio hasta su final (capítulos 23-24). Después la abordaremos de forma más "geográfica" (por decirlo así), como una vida masculina o femenina (capítulo 25), que está entretejida con diferentes comunidades. Examinaremos, en consecuencia, la familia (capítulos 26-27), la iglesia (capítulos 28-29), el trabajo (capítulos 30-32), y la sociedad en general (capítulos 33-34). Concluiremos con algunas exhortaciones relacionadas con todo esto (capítulo 35). ¿Qué implica una antropología cristiana respecto a cómo debemos acercarnos a estas diversas áreas vitales?

Como en la Parte II, muchos lectores encontrarán en la Parte III ideas nuevas, y tal vez, inicialmente, desconcertantes o incómodas. Puede que incluso ocasionalmente se sientan ofendidos. Si ese es *su caso*, "¡No entre en pánico!" Porque si estos capítulos están fundamentados en la verdad de

Dios, eventualmente podrá discernirlo y sabrá cómo aplicarlos a su vida. Y si *no* están fundamentados en la verdad de Dios—pues en ese caso, no tendrá que preocuparte por ellos en absoluto. Pero conviene recordar que, a veces, sentirse ofendido (en particular) es el primer paso en el camino de cambiar ideas erróneas por otras correctas, y formas equivocadas de vivir por maneras justas. El mismo Cristo ofendió a muchos.

PARTE III
También

21

La adoración

"En adoración espiritual, ofrezcan su cuerpo como sacrificio vivo, santo y agradable a Dios." (Romanos 12:1)

EN EL CAPÍTULO 9 aprendimos que Dios ha creado al ser humano como una "entidad psicosomática" y vimos brevemente las implicaciones de esto al hablar del amor a Dios. Amar a Dios implica hacerlo con todo el "corazón", "alma" y "fuerza": es decir, con todo nuestro ser, no solo con algunas "partes"[289]. Estamos llamados a amar a Dios física, emocional, intelectual y moralmente. Siguiendo esta misma línea, ahora queremos considerar lo que esto significa para la adoración a Dios. Las Sagradas Escrituras nos enseñan claramente que una relación correcta con Dios implica adorarlo[290]. Pero ¿qué es la adoración cristiana?

El apóstol Pablo describe la "adoración" en Romanos 12 de un modo que no sorprende, y que refleja cómo el Antiguo Testamento había descrito el amor. Escribe: "Por lo tanto, hermanos, tomando en cuenta la misericordia de Dios, ruego que cada uno de ustedes, en adoración espiritual, ofrezca su cuerpo como sacrificio vivo, santo y agradable a Dios". Para Pablo, la adoración no es una actividad especial separada del resto de la vida. De hecho, ni siquiera es, en primer lugar, algo que *hacemos*, si entendemos por eso ciertos actos o rituales religiosos. La adoración es, en esencia, la entrega total del ser entero a Dios. Eso es lo que Pablo llama en Romanos 12 "adoración espiritual" (NVI) y que en algunas versiones se traduce como "culto racional" (RVR 60).

La palabra griega traducida aquí como "racional" es *logikós*, de donde proviene nuestro término "lógico". En tiempos de Pablo, era una expresión favorita del pensamiento filosófico griego (particularmente estoico)[291]. Señala aquello que es propio del ser humano, en contraste con otras criaturas, y que nos conecta especialmente con lo divino. En la cosmovisión estoica, lo que une a los seres humanos con la divinidad es su racionalidad.

Al usar esta palabra, Pablo no sugiere que la adoración se reduzca al intelecto, pero sí afirma que esta debe incluir el uso de la mente como parte de la realidad corporal y cotidiana.

Así que, para el cristiano, la adoración es una forma de vida. Todo lo que hacemos—en el hogar, en las relaciones familiares, en las interacciones sociales más amplias, en el trabajo, el descanso, el pensamiento, la música, el arte, etc.—debe considerarse parte de la adoración. Y si hay algo que no puede ser entendido como adoración, deberíamos preguntarnos por qué estamos haciéndolo. En este sentido fundamental, la cosmovisión cristiana no hace distinción entre lo "secular" y lo "sagrado". Como expresó el teólogo holandés Abraham Kuyper: "No hay ni una sola pulgada cuadrada en todo el dominio de nuestra existencia humana sobre la cual Cristo, que es Soberano, sobre todo, no proclame: '¡Mía!'"[292]. En concordancia, como vimos en el capítulo 13, ya en el Antiguo Testamento había "servicio" en el tabernáculo, pero también "servicio" en el mundo cotidiano (ambos expresados por la palabra hebrea *'abad*)[293]. Todo forma parte de lo que significa adorar al Creador, quien hizo todas las cosas, y vivir según su voluntad. Eugene Peterson capta esta conexión entre lo supuestamente "sagrado" y "secular" en *The Message*, al parafrasear un versículo de Hebreos así: "Dios se deleita particularmente en actos de adoración—un tipo diferente de 'sacrificio'—que ocurren en la cocina, el trabajo y las calles"[294]. Todo es adoración. Ese es el punto. Adorar es entregar a Dios toda nuestra vida, en cada momento.

Por eso es esencial entender todo lo que solemos llamar "adoración" dentro de este marco bíblico mucho más amplio. Con frecuencia usamos el término y pensamos en el tema de la adoración de forma excesivamente reducida. Por ejemplo, en nuestras reuniones eclesiales decimos cosas como: "Vamos a comenzar el servicio de adoración". Pero, ¿y lo que hicimos antes de llegar a la reunión? ¿Eso pertenece a una categoría distinta llamada "no adoración"? Y durante el mismo encuentro, solemos oír frases como: "Ahora pasamos a un tiempo de adoración", como si lo anterior no lo fuera. Lo que en realidad queremos decir con esto es que va a comenzar la música y el canto. Y si bien estos son sin duda medios valiosos de adoración a Dios, deben entenderse, bíblicamente, como una parte dentro de la adoración cristiana. Son expresiones dentro del acto mayor de entregar toda nuestra vida a Dios.

Si pensamos bíblicamente, tocar música y cantar no son más adoración que realizar bien nuestro trabajo o criar con esfuerzo a nuestros hijos para la gloria de Dios. La música y el canto deben ser vistos como medios que apoyan y fortalecen esta vida de adoración. Si no lo hacen, sinceramente, tienen poco valor. Peor aún, podrían convertirse en un obstáculo para los seguidores de Cristo. Esto ciertamente sucederá si nos inducen a pensar mal acerca de Dios, de nosotros mismos o del mundo. Si nuestra música y nuestros cantos son teológicamente superficiales, o incluso erróneos, dificultarán en lugar de facilitar la verdadera y plena adoración a Dios en la vida diaria.

Por eso, al planear cómo abordar lo que comúnmente llamamos "servicios de adoración", debemos tener muy presente cuál es el objetivo mayor de la vida cristiana. Es crucial evaluar nuestras actividades de adoración a la luz del principio mayor que la Escritura misma nos entrega. De lo contrario, ni siquiera sabremos cómo hacernos la pregunta de si nuestras prácticas particulares nos están llevando hacia una adoración más verdadera y completa. Y puede que dejemos de plantearnos esa pregunta por completo. Nuestras actividades de adoración se convertirán en fines en sí mismas, desconectadas del resto de la vida. Lo que hagamos en esos servicios será dictado por la tradición (incluyendo la contemporánea), en lugar de por la Escritura y una teología verdaderamente cristiana.

En las primeras reuniones cristianas, con todo esto en mente, ciertamente se cantaban himnos[295]. Pero es importante notar lo que san Agustín relata (en sus *Confesiones*) acerca de esta adoración cantada, al menos en la Milán del siglo IV. Su propósito, escribe, era "consuelo mutuo y exhortación"[296]. Los cantos estaban diseñados para enseñar la verdad de la fe cristiana. Por eso estaban llenos de doctrina cristiana. El canto ayudaba a grabar esta doctrina en el corazón y la mente de las personas. Funcionaban de manera similar a la recitación de credos y confesiones que se desarrollaron a partir de fórmulas confesionales rudimentarias ya presentes en el Nuevo Testamento, como "¡Jesús es el Señor!" En ese sentido, los cantos cristianos primitivos eran algo semejantes a los sermones serios y densos que los líderes cristianos solían predicar. Estos ofrecían instrucción teológica profunda y exhortación pastoral. El contexto para esos sermones serios era, a su vez, el tiempo considerable que los creyentes reunidos dedicaban previamente a la lectura pública de las Escrituras, tal como Pablo exhortó a Timoteo: "Dedícate a la lectura pública de las Escrituras, a la exhortación y a la enseñanza"[297]. El escritor Justino Mártir, en el siglo II, ofrece el primer relato completo de una reunión cristiana en su *Primera Apología*, y menciona que era práctica común leer, al comienzo de cada servicio, "las memorias de los apóstoles o los escritos de los profetas . . . por tanto tiempo como fuera posible". ¡Por tanto tiempo como fuera posible!"[298]. No podemos vivir según la historia bíblica si no la conocemos ni la escuchamos explicada. No podemos vivir en ella si no la confesamos en palabra y canto como formas de recordarla. Y todo en la liturgia cristiana primitiva incluyendo la oración y la cena del Señor, se diseñó con estos fines en mente, involucrando al ser humano completo en la adoración.

La naturaleza integral de la adoración cristiana, que desarrollaremos con más detalle en la Parte III, está muy bien capturada (una vez más) por Eugene Peterson en "*The Message*", en su paráfrasis de Romanos 12:1-2. La conexión que existe entre adoración auténtica y una vida transformada que se expresa con particular claridad:

> Esto es lo que quiero que hagan, con la ayuda de Dios: tomen su vida cotidiana y ordinaria—su dormir, comer, ir al trabajo y caminar por la calle—y entréguenla a Dios como una ofrenda. Abrazar lo que Dios hace por ustedes es lo mejor que pueden hacer por él. No se adapten a la cultura que les rodea como para encajar en ella sin siquiera pensarlo. Más bien, fijen su atención en Dios. Serán transformados desde lo más profundo de su ser. Reconozcan con prontitud lo que Él quiere de ustedes y respondan sin demora. A diferencia de la cultura que los rodea, que constantemente intenta arrastrarlos a su nivel de inmadurez, Dios saca lo mejor de ustedes y cultiva en ustedes una madurez bien formada.

La primera implicación de una antropología cristiana verdadera, entonces, es que los cristianos deben adorar al único Dios vivo y verdadero con todo su ser integrado, y a lo largo de toda su experiencia vivida. Regresaremos a este tema en el capítulo 46, donde consideraremos especialmente qué actividades de adoración están mejor diseñadas para apoyar esta vida de adoración y cuáles no.

22

Derechos

"No los derribes, pues no son hombres que puedan defenderse de ti sino sólo árboles del campo. (Deuteronomio 20:19)

AHORA QUE PASAMOS DE nuestra relación con Dios a considerar más profundamente nuestras relaciones con otras criaturas, quiero comenzar recordando una de las respuestas que ofrecí en la Parte II a la pregunta: "¿Qué es el ser humano?"[299]. Propuse que un ser humano es una de muchas criaturas del único Dios viviente, cada una de las cuales tiene su propio lugar importante en el mundo de Dios dentro de su respectivo ámbito. Todas las criaturas son criaturas de Dios, y todas son importantes para Él.

En ese sentido, bíblicamente hablando, todas las criaturas están dotadas de "derechos". Los seres humanos no pueden simplemente tratar a las criaturas no humanas de cualquier manera que deseen. Los árboles, por ejemplo, tienen derechos cuando se ven envueltos, sin culpa alguna (obviamente), en conflictos humanos. Los árboles frutales, en particular, tienen derecho a ser respetados[300]. Los animales también tienen derechos. Incluso en un mundo donde animales de todo tipo—domésticos y salvajes—se han convertido en alimento para los humanos, todavía se los describe en Génesis 9 (significativamente) como "todo lo que se mueve y tiene vida"[301]. Justo en este punto del relato se nos recuerda que las criaturas no humanas son como los humanos en un aspecto clave: no son simplemente "productos", sino seres vivientes. Esto lleva inmediatamente, en Génesis 9, a instrucciones sobre cómo tratar adecuadamente a los animales, incluso cuando se convierten en alimento. Un animal debe estar completamente muerto antes de ser comido[302]. Este enfoque reglamentado se vuelve a evidenciar más adelante, en Levítico y Deuteronomio, donde se afirma que quien actúe "sin ley" en estos asuntos "será culpable de derramar sangre"[303]. Matar animales no debe hacerse a la ligera. Es un asunto serio.

Los árboles y los animales tienen derechos, y (en segundo lugar) también los seres humanos. Por ejemplo, tienen derecho a compartir los bienes del mundo del Creador, y no a ser excluidos de esa abundancia por personas poderosas que lo quieren todo para sí. Esta idea se refleja en 1 Samuel 8, donde el profeta Samuel advierte a sus contemporáneos lo que significará tener un típico monarca del *Antiguo Cercano Oriente* gobernando sobre ellos. El ritmo constante de la retórica de Samuel es que este rey "tomará", por ejemplo:

> También les quitará a sus hijas para emplearlas como perfumistas, cocineras y panaderas. Se apoderará de sus mejores campos, viñedos y olivares, y se los dará a sus ministros. Además, les exigirá a ustedes una décima parte de sus cosechas y vendimias para entregársela a sus funcionarios y ministros. Incluso, les quitará sus criados y criadas, así como sus mejores jóvenes y asnos de manera que trabajen para él. Les exigirá una décima parte de sus rebaños y ustedes mismos le servirán como esclavos. Cuando llegue aquel día, clamarán por causa del rey que hayan escogido, pero el Señor no les responderá[304].

Hablando de esclavos en este mundo caído: ellos también tienen derechos. Un dueño no puede tratar a un esclavo de cualquier manera. Los esclavos de ascendencia hebrea en el Antiguo Testamento, por ejemplo, están "contratados" para servir solo por un período limitado. Al terminar ese tiempo, deben ser liberados, a menos que elijan quedarse con su amo[305]. Mientras estén esclavizados, deben participar del descanso sabático y de las comidas sacrificiales[306]. Además, un esclavo que haya escapado y encontrado refugio no debe ser devuelto. Y si un dueño hiere a un esclavo, dejándolo ciego o rompiéndole un diente, ese esclavo debe ser liberado como compensación[307].

En resumen, en el pensamiento bíblico existen diversos derechos humanos otorgados por Dios. El más fundamental de todos es el derecho a la vida. Ningún ser humano puede quitarle la vida a otro sin causa justa, porque esa vida (al igual que la vida animal) pertenece a Dios, y no a ninguna criatura. Esta conexión—pero también diferencia—entre los derechos animales y humanos a la vida se hace evidente en Génesis 9, que trata ambos casos. Cuando el pasaje habla de los derechos de los animales, estos se fundamentan en que son "criaturas vivientes" de Dios. Pero el derecho humano a la vida se basa específicamente en la naturaleza portadora de imagen del ser humano: "Por cierto, de la sangre de ustedes yo habré de pedirles cuentas. A todos los animales y a todos los seres humanos pediré cuentas de la vida de sus semejantes". Si alguien derrama la sangre de un ser humano, otro ser humano derramará la suya, porque el ser humano ha sido creado a imagen de Dios mismo"[308].

Cada vida humana que porta la imagen de Dios, ya sea varón o mujer, es profundamente significativa, y cada una es inviolable. Es algo terrible arrebatar esa vida mediante un asesinato, y este acto atroz traerá ciertamente un "ajuste de cuentas" de parte de Dios sobre quien lo cometa. Porque incluso si nadie más nota el asesinato, Dios siempre escuchará "la voz" de la sangre humana; "Desde la tierra, la sangre de tu hermano me reclama justicia"[309]. El Padre oye esta voz, y también el Hijo, quien en el evangelio de Mateo se dirige a los "hijos de los que mataron a los profetas". Él anticipa un momento de juicio por "toda la sangre justa derramada sobre la tierra, desde la sangre del justo Abel hasta la de Zacarías... a quien ustedes mataron entre el santuario y el altar"[310].

Por eso, los antiguos rituales religiosos que implicaban sacrificios humanos, por ejemplo, fueron prohibidos en el Antiguo Testamento[311]. La vida humana no debía considerarse como un "producto" que pudiera ser desperdiciado en honor a "los dioses". Esta es también la razón por la cual los profetas bíblicos denunciaban a los reyes que veían la vida humana como una mercancía desechable en su camino hacia el cumplimiento de sus deseos. Uno de los relatos más impactantes sobre esta realidad común en la antigüedad es el del rey Acab (1 Reyes 21), quien codicia una viña que pertenece a un hombre llamado Nabot. Nabot se niega a entregarla, ya que es "la herencia de mis padres"[312]. Entonces, la esposa de Acab, Jezabel, organiza una conspiración con "dos hombres perversos" que acusan falsamente a Nabot de un crimen. Él es apedreado hasta la muerte, y Acab toma posesión de la viña. ¿A quién podría acudir alguien en busca de justicia frente a un gobierno y sistema legal tan corruptos? Pues bien, Dios envía a Elías a enfrentar la situación, prometiendo traer desastre sobre Acab: "Te barreré por completo y exterminaré a todos los varones de la casa de Acab, tanto siervos como libres, en Israel"[313]. Si las instituciones humanas no protegen a los portadores de la imagen de Dios, entonces Dios mismo intervendrá directamente. Habrá un juicio.

Por supuesto, la realidad es que todo aquel que adopta una visión bíblica del ser humano ya debería estar comprometido con el reconocimiento y la protección del igual estatus, dignidad y derechos de cada persona como portadora de la imagen de Dios, incluido el derecho a la vida. Esto es especialmente importante cuando se trata de los miembros más vulnerables de la sociedad, quienes no pueden fácilmente defender sus propios intereses. El pueblo bíblico es, necesariamente, un pueblo "pro-vida" en todo el espectro de lo que significa *la* vida dada por Dios. Este compromiso exige de nosotros no solo la protección de nuestros semejantes contra el asesinato, sino también su rescate del hambre (por ejemplo), como lo implica este mandamiento específico en Deuteronomio:

> Cada tres años reunirás los diezmos de todos tus productos de ese año y los almacenarás en tus ciudades. Así los levitas que no tienen patrimonio alguno, los extranjeros, los huérfanos y las viudas que viven en tus ciudades podrán comer y quedar satisfechos. Entonces el Señor tu Dios bendecirá todo el trabajo a los huérfanos. Por eso ahora te ves rodeado de trampas y te asaltan temores repentinos; la oscuridad te impide ver y te ahogan las aguas torrenciales[314].

El fracaso humano en involucrarse en esta *clase de actividad* verdaderamente pro-vida es una acusación seria en el libro de Job, como revela este pasaje:

> Al sediento no le dabas agua; al hambriento le negabas la comida. Como hombre de poder te adueñaste de la tierra; como hombre prominente, en ella te asentaste. No dabas nada a las viudas y rompías los brazos a los huérfanos. Por eso ahora te ves rodeado de trampas y te asaltan temores repentinos; la oscuridad te impide ver y te ahogan las aguas torrenciales[315].

El pueblo bíblico serio siempre ha actuado de manera diferente—imperfectamente, sí, pero sustancialmente. Y la consecuencia es que el mundo, en su conjunto, se ha vuelto un lugar inmensamente mejor que antes. De hecho, es un mundo que, en muchos aspectos importantes, ha sido claramente moldeado por estas ideas bíblicas sobre el valor intrínseco de los seres humanos y sus derechos. Esto es un simple hecho—aunque desde hace tiempo, muchos que están comprometidos con *estas ideas* parecen empeñados en olvidar su verdadero *origen* bíblico[316].

Por ejemplo, cuando "los pueblos de las Naciones Unidas", habiendo reafirmado en su Carta su "fe [cursivas añadidas] en los derechos humanos fundamentales", quisieron hacer una declaración pública al respecto, publicaron en 1948 la Declaración Universal de los Derechos Humanos[317]. Es un documento impregnado de pensamiento bíblico, aunque esto no se percibe en cómo se comunica su contenido[318]. La "fe" colectiva mencionada aparece, sorprendentemente, sin definición alguna. Y esto se debe precisamente a que los responsables de la Declaración no pudieron llegar a un consenso—en ausencia de revelación divina—sobre una base teórica sólida para los derechos humanos. Como dijo el filósofo francés Jacques Maritain en su momento: "Sí, estamos de acuerdo en los derechos, pero con la condición de que nadie nos pregunte por qué"[319]. Regresaremos a este problema crucial de todo pensamiento moderno sobre la justicia en el capítulo 47.

La segunda implicación de una antropología cristiana, entonces, es que los cristianos deben luchar por los derechos humanos con fundamento bíblico, y no deberían tener dificultad alguna en decir por qué lo hacen—y por qué se niegan a involucrarse en anular alguno de ellos.

23

La vida

"Tú creaste mis entrañas; me formaste en el vientre de mi madre."
(Salmo 139:13)

EN ESTE CAPÍTULO Y en el siguiente reflexionaremos más profundamente sobre la idea cristiana del derecho humano a la *vida*[320]. Nos enfocaremos particularmente en cómo este derecho se relaciona con las perspectivas cristianas sobre el "inicio de la vida" y el "fin de la vida".

Primero que nada: si las personas bíblicas están necesariamente a favor de la vida en general, esto ciertamente incluye, de manera particular, la vida humana en el vientre materno. Estos portadores de la imagen de Dios en formación son, sin duda, algunos de los más vulnerables—como los extranjeros, los huérfanos y las viudas que aparecen en nuestros textos bíblicos—y a quienes también debemos "guardar". Como vimos en la Parte II, toda vida proviene de Dios como un don. Como lo expresa el Salmo 100: "Reconozcan que el Señor es Dios; él nos hizo y somos suyos. Somos su pueblo, ovejas de su prado."[321]. Él nos formó del barro de la tierra como el alfarero forma una vasija: "A pesar de todo, Señor, tú eres nuestro Padre; nosotros somos el barro y tú el alfarero. Todos somos obra de tu mano"[322]. No nos formamos a nosotros mismos. Es Dios quien da la vida, y es Dios quien la quita en su debido momento. Por eso—como vimos en el capítulo anterior—ningún ser humano puede quitarle la vida a otro sin causa justa y sin que Dios lo haya dispuesto.

Pero ¿cuándo comienza, según la fe bíblica, esa vida individual que debe *estar* tan protegida? Comienza en el vientre. Job se refiere a esta realidad: ¿No fuiste tú quien me derramó como leche, quien me hizo cuajar como queso? Fuiste tú quien me vistió de carne y piel, quien me tejió con huesos y tendones"[323]. Aquí, el ser humano es descrito, en primer lugar, como "leche" (semen) derramada en un recipiente (el vientre materno), donde con el tiempo se convertirá en algo sólido ("queso"). Luego, este ser

LA VIDA

es "vestido" de carne, huesos y tendones. Jeremías también habla de cómo Dios lo formó en el vientre, al referir estas palabras que recibió de parte de Dios: "Antes de formarte en el vientre, ya te había elegido...".[324]. Pero quizá el pasaje más conocido en esta línea no proviene de Job ni de Jeremías, sino de los Salmos. Se encuentra en el Salmo 139, que utiliza el mismo verbo hebreo que Job (*sākak*) para hablar del "tejer" del niño en el vientre:

> Tú creaste mis entrañas; me tejiste en el vientre de mi madre... ¡Te alabo porque soy una creación admirable!... Mis huesos no te fueron desconocidos cuando en lo más recóndito era yo formado, cuando en lo más profundo de la tierra era yo entretejido... En todo estaba ya escrito en tu libro; todos mis días se estaban diseñando, aunque no existía uno solo de ellos[325].

Lo que resulta especialmente impactante aquí es que los días de esta persona ya estaban *contados* mientras aún estaba en el vientre. Este es el punto de inicio desde el cual se "cuenta" la vida del niño no nacido hacia adelante. Y debemos añadir un texto más que también capta el misterio que hay en el corazón de este proceso oculto y creativo que ocurre en el vientre. Al igual que el Salmo 139, Eclesiastés 11 atribuye este proceso a Dios, como parte de su obra creadora: "Así como no sabes por dónde va el viento ni cómo se forma el niño en el vientre de la madre, tampoco entiendes la obra de Dios, el Creador de todas las cosas"[326].

La vida humana, dada por Dios, comienza en el vientre. Y esto significa que las personas de fe bíblica están obligadas a considerar la vida dentro del vientre como igual de sagrada que la vida fuera de él. Significa que debemos considerar moralmente incorrecta la destrucción ilegítima de esta vida humana prenatal. Es una violación del derecho humano a la vida, instituido por Dios, del cual hablamos en el capítulo anterior. Los bebés en el vientre poseen un derecho intrínseco a la vida.

Este derecho no se *gana*. Deriva simplemente del hecho de que la vida del niño en el vientre pertenece a Dios y a nadie más. Es importante decir esto con claridad. A menudo, en el debate contemporáneo sobre los derechos prenatales de los niños, se argumenta que los bebés solo comienzan a "acumular" derechos a medida que se desarrollan en el vientre. Empiezan a adquirir lo que un autor llamó "capacidades adquiridas en el desarrollo", como la habilidad de razonar, el lenguaje y la autoconciencia"[327]. Y se afirma que son estas "capacidades adquiridas" las que finalmente hacen que un niño sea una "persona" digna de protección.

Pero desde una perspectiva cristiana, esta visión es completamente equivocada. Los niños en el vientre poseen el derecho a la vida porque sus vidas pertenecen a Dios y no a ninguna criatura. Así que todos los argumentos contemporáneos sobre cuándo (si acaso) se debe considerar que la vida en el vientre merece ser protegida están fuera de lugar. Son tan irrelevantes como otros argumentos parecidos que cuestionan si una persona ya nacida es "lo suficientemente persona" como para "merecer" nuestra protección.

Por ejemplo, ¿qué pasa con los niños pequeños sanos, pero muy jóvenes, que tienen habilidades de razonamiento, lenguaje o autoconciencia limitadas o inexistentes? En un artículo académico conocido, publicado en 2013, Alberto Giubilini y Francesca Minerva expusieron su postura sobre este tema. Sostenían que "no hay diferencias moralmente significativas entre un recién nacido y un ser humano fetal en el útero"[328]. Ninguno de los dos es una "persona", afirmaban. Por tanto, si el aborto es éticamente permisible, entonces también lo es el asesinato posterior al nacimiento. Presumiblemente, esto sería válido hasta que el niño tenga unos dos años de edad, que es cuando típicamente se vuelve consciente de su existencia y empieza a interesarse por continuarla.

Esta idea es en sí misma lo suficientemente horrenda, y probablemente aún no goza de amplio apoyo, incluso en una sociedad post-cristiana—aunque el infanticidio, al menos en el caso de bebés con discapacidades, es ciertamente una idea que está ganando fuerza en algunos entornos políticos y legales contemporáneos[329]. Pero vayamos más allá. En esta visión "funcional" de la "personalidad", ¿el asesinato se detiene necesariamente a los dos años? ¿Qué hay de los menores con discapacidades físicas o intelectuales? ¿Tienen ellos suficiente "personalidad" como para mantener su derecho a la vida? ¿Qué hay de los adultos con diversas limitaciones? ¿Qué hay de los ancianos? ¿Dónde termina este proceso de clasificar a los humanos como personas o no-personas según sus "capacidades"? ¿Y dónde terminan las *acciones que se derivan* de ello, especialmente considerando aquella "característica desagradable de la psicología social humana" que todos deberíamos conocer ya: "la tendencia a dividir a las personas en grupos dentro y fuera, y a tratar a los de afuera como menos que humanos"?[330] Lo hemos visto antes—y muchas veces.

El valor de los seres humanos, según la fe bíblica, categóricamente no reside en sus "capacidades adquiridas por desarrollo". No reside en *nada* que creamos que hace a otros más parecidos a los de "nuestro grupo", ni en qué tan útiles sean para la sociedad. El valor del ser humano reside en el simple pero maravilloso hecho de que todos somos portadores de la imagen de Dios. Todos somos criaturas bajo el cuidado del Creador, desde el vientre hasta el final de la vida. Y esto garantiza a todos sus derechos a lo largo de toda la vida, sin importar lo que suceda con sus diversas "funciones" o "capacidades" en el camino.

Desde el inicio mismo del movimiento de Jesús, los verdaderos cristianos han comprendido y abrazado con todo el corazón esta verdad. Por eso los primeros seguidores de Jesús adoptaron una postura radicalmente distinta a la de sus contemporáneos, los filósofos estoicos, en lo que respecta tanto al aborto como al infanticidio. Los estoicos aprobaban ambas prácticas. Antes del nacimiento, la madre podía hacer lo que quisiera con su bebé[331]. Tenía el derecho de elegir. Esto se debía a que—según los estoicos—el bebé era parte del cuerpo de la madre hasta el nacimiento. Después del nacimiento, creían que los bebés con anormalidades físicas o mentales podían y *debían* ser descartados[332]. Al carecer de "capacidades adquiridas" adecuadas, estos eran inútiles.

El documento cristiano primitivo conocido como la *Didaché*, en cambio, prohíbe firmemente tanto el aborto como el infanticidio[333]. La *Epístola de Bernabé* dice algo muy similar. Este segundo texto deja aún más claro que un bebé en el vientre *no* es parte del cuerpo de su madre, sino ya un "prójimo" que debe ser "cuidado"[334]. No hay un "derecho a elegir" que posea una madre (ni tampoco un padre) sobre la vida de un niño en el vientre—ningún "derecho a elegir" que prevalezca sobre el derecho a la vida. Por eso los primeros cristianos frecuentemente visitaban los basureros de Roma para rescatar a los niños que habían sido abandonados allí por sus padres. Sabían que cada uno era un valioso portador de la imagen de Dios y debía ser salvado.

Asimismo, la iglesia contemporánea—como tercera implicación de su antropología cristiana—está llamada a ser un lugar de refugio, seguridad y apoyo para los niños pequeños y no nacidos. También estamos llamados a cuidar de sus padres, que son nuestros prójimos, y que a menudo necesitan un apoyo muy significativo para caminar por el camino correcto en esta área de sus vidas dentro de nuestra cultura contemporánea. En particular, una madre tiene tanto derecho a la vida como cualquier otra persona. Así que, si decide someterse a una cirugía necesaria (por ejemplo) que tendrá como consecuencia (pero no como objetivo) la muerte de su hijo no nacido, esto es trágico, pero moralmente no problemático. En este caso, nadie está participando en una violación del derecho divino a la vida. La triste y compleja realidad es que dos "derechos a la vida" entran en conflicto[335].

24

La muerte

"Ustedes no son sus propios dueños; fueron comprados por un precio." (1 Corintios 6:19–20)

En el capítulo anterior, en relación con una visión "funcional" de la "persona", planteé la cuestión de la "suficiencia personal" en el caso de adultos con discapacidades o de edad avanzada[336]. Esto nos lleva directamente de las implicaciones de una antropología cristiana para las cuestiones del "inicio de la vida" a sus implicaciones para las cuestiones del "fin de la vida".

Vivimos en una época en la que muchas personas creen que es moralmente defendible, o incluso "correcto", causar activamente la muerte de otra persona, especialmente en la vejez, si esa persona lo solicita. Esta "eutanasia voluntaria" puede lograrse, por ejemplo, mediante la administración de una sustancia letal, logrando así "una muerte dulce y sin dolor" (el significado de "eutanasia" en griego). Si las personas ya piensan de esta manera, probablemente también considerarán que el "suicidio asistido"—una forma menos activa de facilitar la muerte de alguien—no plantea problemas. Esto implica prestar ayuda a otra persona para que ponga fin a su vida cuando así lo desea. Esto puede realizarse, por ejemplo, dejando medicamentos al alcance de una persona que no puede tomarlos por sí misma. Tanto la eutanasia como el suicidio asistido se han vuelto mucho más comunes en todo el mundo en las últimas décadas. ¿Cómo debe moldear una antropología bíblica nuestro pensamiento y conducta en relación con estas cuestiones?

Las suposiciones cristianas fundamentales aquí son exactamente las mismas que en el caso del aborto: la vida humana es un don de Dios, y solo Dios (o aquellos autorizados por Él) puede quitarla. En ese momento, "Volverá entonces el polvo a la tierra, como antes fue, y el espíritu [aliento] volverá a Dios, que es quien lo dio"[337]. Dios ha determinado que esta parte de nuestra existencia ha concluido. "Somos administradores, no dueños, de la vida que Dios nos ha confiado", como dice el Catecismo de la Iglesia Católica;

"no nos pertenece para disponer de ella"[338]. Solo somos los "guardianes" de esta vida—de nuestra propia vida—tal como también lo somos de la vida en la buena creación de Dios en general. No "poseemos" nada de ello.

No es sorprendente, entonces, que no encontremos ningún fundamento en la Sagrada Escritura para pensar que quitarse la vida pueda ser moralmente aceptable. Consideremos las narraciones en las que se describe un suicidio. En cada caso, las personas involucradas son retratadas como despreciables. En ningún caso sus acciones son elogiadas.

En Jueces 9, por ejemplo, el asesino rey Abimelec se suicida con la ayuda de su escudero después de que una mujer le arroja una piedra de molino que le rompe el cráneo. Está muriendo, pero elige hacerlo más rápidamente, para evitar que se diga que *una mujer* lo mató[339]. En 1 Samuel 31, el rey Saúl, aferrándose desesperadamente al poder a pesar del rechazo de Dios hacia él y su dinastía, se quita la vida para evitar el juicio divino que pronto vendrá por mano de los filisteos[340]. En 2 Samuel 17, el consejero real Ahitofel—un traidor que deseaba la muerte del rey David—se suicida porque Absalón no sigue su consejo[341]. En 1 Reyes 16, el fugaz rey Zimri, que reinó solo siete días sobre Israel del norte, se suicida para evitar ser capturado por sus enemigos. También él está bajo el juicio de Dios en ese momento, pues hizo "lo malo ante los ojos del Señor, andando en el camino de Jeroboam"[342]. Y en Mateo 27, Judas, abrumado por el remordimiento tras traicionar a Jesús, se ahorca[343].

Esta es una galería infame de suicidios. Todas estas historias vinculan el acto con otras realidades negativas. Al mismo tiempo, no hay nada en la narrativa bíblica que se asemeje al caso del filósofo griego Sócrates (469-399 a.C.), cuyo suicidio es retratado por el personaje Fedón de Platón como noble y correcto[344]. Por el contrario, en el Nuevo Testamento encontramos al menos un intento de suicidio que es impedido: un carcelero filipense es disuadido de matarse por un supuesto fracaso en su deber[345]. También hallamos una enseñanza cristiana explícita que se opone firmemente a cualquier práctica de este tipo.

Pablo les dice a los cristianos en Roma, por ejemplo, que "ninguno de nosotros vive para sí, y ninguno muere para sí"[346]. A los creyentes en Corinto les pregunta: ¿Acaso no saben que su cuerpo es templo del Espíritu Santo, quien está en ustedes y al que han recibido de parte de Dios? Ustedes no son sus propios dueños; fueron comprados por un precio"[347]. En cuanto al sufrimiento—tema muy relevante respecto a la eutanasia voluntaria y el suicidio asistido—la Sagrada Escritura no enseña que se deba huir de la vida para evitar el dolor. Nos exhorta a soportarlo por causa de una "visión mayor". Pablo escribe en Romanos 5, por ejemplo, que los cristianos "nos gloriamos en las tribulaciones, sabiendo que la tribulación produce paciencia; y la paciencia, carácter probado; y el carácter probado, esperanza; y la esperanza no avergüenza"[348]. "Esperamos" que incluso en el sufrimiento, Dios está obrando para bien.

La iglesia primitiva post apostólica sostuvo la misma postura, a pesar de que la vida cristiana en el Imperio Romano podía ser sumamente difícil. La vida podía terminar, en particular, en circunstancias muy dolorosas. Sin embargo, el autor cristiano del *Pastor de Hermas* (un texto de principios del siglo II) considera que el suicidio "por angustia" es un pecado grave. También considera que quien no ayuda al afligido a tomar otro camino es "culpable de su sangre". Más tarde en el mismo siglo, Tertuliano, al tratar la idea de que un cristiano debe dar a cualquiera que le pida, se cuida de establecer límites a este deber. Ciertamente no significa, por ejemplo, dar "veneno o una espada a quien anhela la muerte"[349].

Por lo tanto, la Escritura y la tradición cristianas nos llevan a considerar el suicidio como moralmente incorrecto. De ahí se sigue que asistir a otros en lograrlo, o actuar como su agente para que ocurra, también es incorrecto. "La cooperación voluntaria en el suicidio es contraria a la ley moral"[350]. Así ha sido considerado durante mucho tiempo en el mundo cristianizado, y no solo por pensamiento cristiano específico. El tema también es abordado explícitamente en el Juramento Hipocrático, el más conocido de los textos médicos griegos antiguos, aún usado hoy en las ceremonias de graduación de muchas facultades de medicina. La línea relevante dice: "No daré a nadie un veneno mortal, aunque me lo pida, ni sugeriré tal acción." Como señala Leon Kass, "el médico hipocrático rechaza la idea de que la elección del paciente por la muerte pueda hacer correcto matarlo o ayudarlo a suicidarse"[351]. También afirma que "la medicina nunca ha tenido, bajo ninguna interpretación, el encargo de producir o causar la muerte misma. Los médicos no pueden servir a su profesión ni ayudar a sus pacientes... haciéndolos desaparecer"[352]. Los médicos han resistido durante mucho tiempo involucrarse en tales prácticas.

Sin embargo, ahora se ejerce una fuerte presión para que cambien de opinión y de práctica. Sin duda, muchos lo harán, en ausencia de convicciones firmemente fundamentadas en una visión metafísica que los lleve a arriesgar sus carreras y sustento por una cuestión de principios. Es por ello muy importante subrayar la enseñanza cristiana en este punto. Un profesional cristiano de la salud (o cualquier otro cristiano) no puede involucrarse con integridad en el suicidio asistido. Del mismo modo, tampoco puede participar en ningún tipo de eutanasia voluntaria. Hay muchas otras formas mejores—y más tradicionales—de practicar la compasión hacia quien sufre. Podemos, por ejemplo, procurar cuidados paliativos excelentes para los moribundos. Aquí, el objetivo de la intervención no es matar ni facilitar la autodestrucción, sino "optimizar la calidad de vida hasta que la muerte sobrevenga, y proveer consuelo en el morir"[353]. Lo que los verdaderos cristianos no pueden hacer es aceptar curar un mal (el sufrimiento) con otro (la muerte prematura).

Debemos, pues, mantenernos a toda costa alejados de la floreciente industria de la muerte que está surgiendo en muchas partes del mundo, donde ni siquiera el sufrimiento es ya el centro del argumento, sino la "elección". Se enfatiza el derecho individual a morir—uno de esos diversos "derechos" que ha sido inventado en tiempos poscristianos simplemente al afirmar que existe. Solo porque alguien desee morir, o crea que desea hacerlo—según se argumenta—se le debe conceder, por una cantidad creciente de razones, incluyendo la enfermedad mental. En mi propio país, incluso hoy, "los canadienses que sufren enfermedades mentales, pobreza o dolor crónico con frecuencia no pueden obtener ayuda—pero pueden morir"[354]. Este tipo de "servicio" es, por supuesto, algo a lo que los médicos tradicionalmente también se han negado. Se han mostrado resueltamente reacios a "hacer lo que el paciente quiere solo porque lo quiere"[355]. Pero la presión aumenta, y el lenguaje de los derechos está diseñado para intensificarla.

Margaret Somerville ha vinculado los temas tratados en los dos últimos capítulos al notar que la cuestión cultural ha evolucionado rápidamente de "¿debería vivir el bebé?" a "¿deberían morir los abuelos?"—o cualquier otra persona que "quiera" morir, o pueda ser presionada a pensar que quiere hacerlo[356]. Esto tiene una lógica inevitable. Cuando una visión de la persona humana como portadora de dignidad inherente comienza a ser reemplazada por otra, y la creencia en la naturaleza absolutamente sagrada e inviolable de la vida humana empieza a erosionarse, ello afecta necesariamente las cuestiones del derecho a la vida en todo el espectro de la existencia humana. La cuarta implicación de sostener una antropología cristiana es que, por el bien de todos, debemos promover con firmeza una visión alternativa de la existencia humana, tanto al final de la vida como en su comienzo, frente a las visiones sociales que están comenzando a prevalecer.

25

Género

"¿Acaso no saben que su cuerpo es templo del Espíritu Santo,
quien está en ustedes y al que han recibido de parte de Dios?"
(1 Corintios 6:19)

MIENTRAS COMENZAMOS A CONSIDERAR algunas de las implicaciones de una antropología cristiana para las relaciones humanas en el periodo comprendido *entre* la concepción y nuestros últimos días, nos volvemos primero a la cuestión del varón y la mujer[357]. Una dimensión de nuestra naturaleza social como portadores de la imagen de Dios es que fuimos diseñados no sólo para la comunidad en general, sino específicamente para la familia (véase el capítulo 16). Y en el corazón de esta institución se encuentra un hombre y una mujer: "Y Dios creó al ser humano a su imagen; lo creó a imagen de Dios; hombre *y* mujer los creó". La humanidad es hombre y mujer (varón y hembra). Los seres humanos individuales son varón *o* hembra. Existe una distinción binaria (dimórfica) dentro de la clase de los portadores de la imagen de Dios.

La ciencia moderna puede explicarnos bastante sobre esta diferenciación binaria a nivel biológico. Por supuesto, los científicos reconocen que en casos muy raros pueden nacer bebés con características anatómicas inusuales. Pero incluso en los casos más extremos, "normalmente siguen perteneciendo al binario mujer/varón, y . . . nadie cae claramente fuera de éste"[358]. El punto es que estos pequeños portadores de la imagen están diseñados para producir "gametos" completamente distintos entre sí: células reproductivas que pueden unirse con las del sexo opuesto para la reproducción sexual[359]. Esto lleva al biólogo evolutivo Colin Wright a afirmar categóricamente que "el sexo en los seres humanos es funcionalmente binario . . . el resultado final del desarrollo sexual en humanos es inequívocamente masculino o femenino en más del 99.98% de los casos"[360].

La ciencia simplemente describe, de manera detallada y analítica, lo que las personas comunes perciben más ampliamente en su vida cotidiana. Todavía vivimos en un mundo—al menos por ahora—poblado por varones y mujeres generalmente fáciles de distinguir. Por eso resulta sorprendente que la misma noción de una distinción binaria entre varón y mujer se haya vuelto tan polémica a nivel global. Debemos intentar comprender por qué.

La puerta hacia esta nueva situación se abrió inicialmente a través de un uso novedoso, en los círculos académicos modernos, de la palabra "género". Durante la mayor parte de su historia, la palabra "género" había funcionado como sinónimo de "sexo biológico". Luego se entrelazó con la palabra "identidad", refiriéndose a la persona que uno "realmente es". El término compuesto "identidad de género" refiere ahora a la persona que uno "realmente es". Según el diccionario *Merriam-Webster*, la identidad de género es "la sensación interna que una persona tiene de ser varón, mujer, alguna combinación de ambos, o ni varón ni mujer"[361]. Su "sexo" puede ser "mujer biológica". Pero, ¿cuál es tu verdadera "identidad de género?". Y así llegamos a la idea de la persona "transgénero": aquella "cuya identidad de género difiere del sexo que se le asignó o se reconoció al nacer"[362]. Desde esta perspectiva, quién soy realmente puede tener poco o nada que ver con mi cuerpo físico. Tal vez descubra que estoy en el cuerpo equivocado, y necesitaré acudir a medicamentos y cirugía para corregir esa falla.

Para ser claros, el malestar con el propio cuerpo, o la sensación de estar atrapado en el cuerpo equivocado, no son experiencias nuevas para la humanidad. Los profesionales de la salud han reconocido desde hace tiempo la condición que hoy llamamos "disforia de género". Esta solía aparecer con relativa rareza, principalmente en niños pequeños, y en la mayoría de los casos desaparecía al llegar la pubertad[363]. Lo nuevo en tiempos recientes es, primero, la explosión de casos de disforia de género en personas de todas las edades, especialmente en chicas adolescentes. En segundo lugar, ha habido un cambio notable en el ánimo social respecto al tratamiento del tema. Antes, las intuiciones de una persona sobre su "identidad real" eran una razón para buscar ayuda profesional; ahora se consideran (incluso en niños muy pequeños) como una expresión de "la verdad misma". El "tratamiento" que suele seguir está diseñado para hacer que el cuerpo dado se parezca, con el tiempo, más al de un varón o una mujer (según la elección). En menores que están antes de la pubertad esto comienza con bloqueadores de la pubertad; más adelante hay terapia hormonal y cirugía. Algunos aspectos de estos tratamientos son reversibles sólo con dificultad, y otros (como las mastectomías dobles) no lo son en absoluto. Paralelo al vertiginoso ritmo con el que ha surgido este nuevo orden de cosas en el área del "género", también ha surgido rápidamente un amplio marco legal diseñado para suprimir el debate público y silenciar cualquier disensión.

En este mundo de "géneros" en constante multiplicación (ochenta y uno, según un conteo reciente—y creciendo casi cada semana), ¿qué exige de nosotros una antropología cristiana?[364]. En ningún lugar del material bíblico relacionado con nuestra condición de portadores de la imagen de Dios se encuentra base alguna para la idea de que un ser humano posea un "género" no intrínsecamente conectado con su sexo biológico creado por Dios. Es cierto que, tanto en la Escritura como en la vida, personas de cada sexo expresan su masculinidad y feminidad de maneras culturalmente específicas. Pero la Escritura no nos da razones para entender tales diferencias de expresión como evidencia de la existencia de múltiples géneros desvinculados del sexo biológico.

Tampoco la Escritura ofrece base para creer que la "verdadera" identidad de una persona nacida con un cuerpo femenino sea en realidad masculina, o viceversa. Tampoco autoriza la transformación de nuestros cuerpos dados por Dios para asemejarlos al sexo opuesto. De hecho, una antropología cristiana insiste (¡recordemos!) en que los seres humanos somos "entidades psicosomáticas" (véase el capítulo 9). No promueve la creencia en un "dualismo cuerpo-yo", en el que el cuerpo no es realmente el verdadero "yo", sino que habita en algún lugar "dentro" del cuerpo esperando salir a la luz. Por lo tanto, cualquier noción de que la identidad verdadera de una persona está en su interior, y tiene poco o nada que ver con su forma corporal, es *profundamente problemática* desde una perspectiva verdaderamente cristiana. Nuestros cuerpos dados por Dios, tal como son, son en realidad templos del Espíritu Santo.

Dicho esto, los cristianos están llamados a rechazar la ideología transgénero, y en su lugar, a vivir y enseñar a otros nuestra muy diferente visión de la "humanidad, hombre y mujer"[365]. Esa es la quinta implicación de nuestra antropología cristiana. Al hacerlo, debemos acercarnos a grupos de personas que sufren disforia de género—no necesariamente religiosos—que tampoco encuentran útil el enfoque ideológico. Ellos desean que *la* condición siga siendo tratada como eso: una condición, con ayuda y apoyo disponibles[366]. Esta es una forma concreta en la que los cristianos podemos amar al prójimo en medio del actual caos.

Otro aspecto importante de ese cuidado consiste en enfrentar con mayor firmeza que nunca las mentiras perniciosas sobre los cuerpos (especialmente los femeninos). Estas han generado gran parte de la angustia que hace que el transgenerismo parezca tan atractivo. No es coincidencia que la explosión de "disforia de género de aparición rápida" entre adolescentes haya ocurrido en una época en la que tienen acceso irrestricto a las redes sociales. Entre otras cosas, su participación en estas plataformas las hace extremadamente conscientes de su tipo de cuerpo y personalidad, al mismo tiempo que las expone a muchas personas que se han sometido a cirugías precisamente para "ser quienes quieren ser". Es una forma de contagio social. Y como cualquier contagio, si amamos a nuestro prójimo, debemos hacer nuestra parte para interrumpir su propagación[367].

También debemos amar a nuestro prójimo de otras maneras. Necesitamos velar por los niños pequeños, cuyas infancias están siendo arruinadas por maestros irresponsables que creen que una de las necesidades más importantes de un niño es cuestionar su "verdadero género". Antes, el mundo estaba poblado por adultos como la diseñadora alemana Alma Siedhoff-Buscher (1899-1944), quien para "evitar la confusión interior del niño" diseñaba juguetes usando solo dos colores básicos (verde y blanco). "Ella quería que los niños rieran al jugar, que tuvieran espacio y dejar volar su imaginación", es decir, que fueran niños[368]. Ahora el mundo está lleno de adultos que creen que es buena idea introducir a los niños—¡a los niños!—a una inmensa variedad de (no colores, sino) posibilidades de género. Necesitamos proteger a los pequeños de semejante locura. También debemos cuidar de los adolescentes mayores que están tomando decisiones catastróficas sobre medicamentos y cirugía bajo la influencia de adultos irresponsables, así como de padres que no saben a dónde acudir en medio de esta crisis. Y debemos acercarnos a todas las personas heridas que han reconocido demasiado tarde la falsedad de las promesas del transgenerismo, que han "detransicionado" y que ahora no encuentran ninguna comunidad que los reciba en su condición extraña y ambigua[369].

Tal vez no tengamos que lidiar con este problema por mucho tiempo. Ya hay señales de que cada vez más personas están comenzando a cuestionar la base objetiva de la ideología de género. Después de todo, ¿por qué deberíamos aceptar como válidas—y sin evidencia científica adecuada—afirmaciones sobre una "identidad de género real" que no guarda relación con el sexo? ¿No podrían simplemente estar *equivocadas* las percepciones que tienen las personas sobre sí mismas—especialmente los menores? Solíamos pensar que sí—y disciplinas como la psiquiatría, y la medicina en general, dependen de esa posibilidad. No podemos sensata ni moralmente simplemente aceptar las autodefiniciones emocionales de las personas. El rey medieval Carlos VI de Francia, por ejemplo, creía que estaba hecho de vidrio, y se dice que "se envolvía en mantas para evitar que se rompieran sus glúteos"[370]. ¿Estaba este rey realmente hecho de vidrio? ¿O simplemente se había equivocado en su interpretación de la realidad?

26

Los niños

"Instruye al niño en el camino correcto."
(Proverbios 22:6)

EN EL CONTEXTO SOBRIO que presenta el capítulo 25, debemos considerar ahora con mayor profundidad el tema de los hijos. Fuimos creados para la comunidad en general, y para la familia en particular (véase el capítulo 16). Esto significa, entre otras cosas, que fuimos diseñados para "ser fructíferos y multiplicarnos". Por tanto, cuando una pareja casada tiene la capacidad de hacerlo (y no todos la tienen) debe tener hijos. Esto también forma parte de lo que significa estar a favor de la vida ("pro-vida"): que, al igual que otras criaturas con sexualidad binaria, debemos *generar* vida y así cumplir con el gran diseño cósmico de Dios. Los autores bíblicos reconocen naturalmente que, en este mundo caído tal como lo conocemos, el tener hijos puede ir acompañado de un gran dolor. Sin embargo, la nota predominante que resuena en la Escritura respecto a los hijos es el gozo. Los hijos son una bendición de Dios, quien "A la mujer estéril le da un hogar y le concede la dicha de ser madre de hijos" [371]. Los hijos "son herencia del Señor, recompensa del fruto del vientre", y los nietos "son la corona de los ancianos"[372]. La promesa para el hombre que teme a Dios es que "tu esposa será como vid llena de uvas; alrededor de tu mesa, tus hijos serán como vástagos de olivo"[373].

¿Qué hemos de *hacer* con tales hijos? Debemos tratarlos como portadores de la imagen de Dios, valiosos para Él. Jesús dijo: "Dejen que los niños vengan a mí; no se lo impidan, porque el reino de los cielos es de quienes son como ellos"[374]. No hemos de "provocar a ira" a nuestros hijos, sino tratarlos con gentileza y evitar desalentarlos[375]. Debemos amarlos, pero también disciplinarlos[376]. En resumen, hemos de "criarlos según la disciplina e instrucción del Señor"[377].

Los hijos no nacen completamente formados. En primer lugar, aún tienen por delante mucho desarrollo físico, incluido el desarrollo cerebral.

La ciencia moderna nos ha enseñado mucho al respecto. El desarrollo del cerebro es un proceso largo que comienza dos semanas después de la concepción y continúa hasta bien entrada la tercera década de vida. En el vientre, dicho desarrollo es en gran parte genético, pero después es influido significativamente por nuestra experiencia como seres sociales. Las interacciones con el mundo exterior durante los primeros años de vida cuando el cerebro es especialmente "plástico" son particularmente importantes, pues moldean el "fundamento" sobre el cual se edificarán luego funciones cerebrales de mayor nivel. Pero el cerebro conserva también una amplia capacidad de "reconfigurarse" en respuesta a experiencias mucho más tardías.

De manera paralela al desarrollo *físico*, los niños atraviesan también un proceso de crecimiento *emocional, moral y espiritual*. Un niño no nace plenamente formado en ninguno de estos aspectos. Y por eso admitimos a los niños en la sociedad adulta solo cuando alcanzan etapas de desarrollo en las que confiamos que pueden asumir responsabilidades de adultos. Por ejemplo, en mi país, Canadá, no se puede conducir un vehículo ni consentir relaciones sexuales antes de los dieciséis años, y la edad legal para consumir bebidas alcohólicas es diecinueve.

El punto es que los hijos necesitan ser "criados" activamente por los padres a quienes Dios se los ha confiado. Necesitan ser educados con intención—formados en todos los aspectos "en el camino que deben seguir"[378]. Esto es de suma importancia: los hijos no pueden criarse solos con éxito. Y las Sagradas Escrituras los exhortan, de hecho, a reconocer esto por *sí mismos*, y, por lo tanto, a cooperar con el proceso de formación, que solo puede traerles bien: "Hijo mío, escucha las correcciones de tu padre y no abandones las enseñanzas de tu madre"[379]. En ningún caso la Escritura anima a los jóvenes a abandonar este proyecto a favor, por ejemplo, de "mirar dentro de sí mismos" para descubrir "quiénes son".

De hecho, en el corazón de este proceso formativo, bíblicamente hablando, se encuentra la *enseñanza* de una verdadera comprensión de quién es el niño. Los autores bíblicos ponen gran énfasis en la importancia de este aspecto de la tarea de los padres. Ellos ya sabían que la naturaleza del ser humano siempre ha sido una cuestión *disputada* en medio de la "guerra de mitos" en la que el pueblo de Dios está permanentemente involucrado (véase el capítulo 1). Por eso, ya sabían que los hijos no van a absorber automáticamente una visión correcta de sí mismos solo por estar inmersos en una determinada cultura. Necesitan ser *enseñados* con claridad, y esa enseñanza debe ser *reforzada* constantemente. Al mismo tiempo, deben ser recordados de manera continua acerca de las ideas equivocadas sobre sí mismos que no deben aceptar, y por qué.

Por eso el pueblo de Dios en el Antiguo Testamento no solo fue instruido como adultos a recordar los eventos del éxodo (por ejemplo), resistiéndose activamente a "olvidar" su verdadera identidad; también se les mandó hacer que esos eventos fueran "conocidos por tus hijos y los hijos de tus hijos"[380]. Por eso los niños participaban del rito pascual, para que pudieran hacer preguntas sobre su significado y recibir las respuestas correctas[381]. Por eso los israelitas enseñaban con diligencia los mandamientos de Dios "a sus hijos", a lo largo de todo el día y en todas las circunstancias de la vida[382]. Claro está, los padres de la antigüedad también instruían a sus hijos en otras áreas importantes, como el ejercicio de un oficio—,[383] pero era mucho más importante que los jóvenes supieran quiénes *eran* que saber, qué debían *hacer* para ganarse la vida. Eran hijos de Abraham y Sara. No eran egipcios ni babilonios.

La sexta implicación de nuestra antropología cristiana, entonces, es que debemos acoger con gozo a los hijos como un regalo de Dios para el mundo, y debemos esforzarnos con todas nuestras fuerzas para criarlos conforme a la verdad bíblica. Esto incluye, fundamentalmente, la verdad sobre su propia naturaleza humana. Debemos esforzarnos por inculcarles la antropología cristiana que creemos verdadera, y al mismo tiempo, procurar disuadirlos con firmeza de otras opiniones que creemos falsas. Es natural que queramos tener éxito en ello, si de verdad creemos que es importante (y bueno) que nuestros hijos *abracen* lo verdadero y rechacen lo falso.

¿Cuál es, entonces, el contenido de este "currículum" que hemos delineado hasta ahora en este libro? Debemos enseñarles a nuestros hijos que el mundo en el que han nacido es, en todos sus aspectos, creación de un Dios personal. Debemos exhortarlos a adorar a este único Dios vivo y verdadero con todo su ser integrado y a lo largo de toda su experiencia vivida. Debemos explorar con ellos la integridad de la creación, su belleza, y enseñarles su responsabilidad hacia ella. Debemos animarlos a verse a *sí mismos* como portadores de la imagen de Dios, integrados, hermosos y valiosos. Debemos instruirlos sobre lo que esto significa en relación, por ejemplo, con el sexo y el género. Debemos enseñarles sobre los derechos humanos bajo el gobierno de Dios, y sobre nuestro deber hacia los demás, desde el vientre hasta la tumba. Debemos guiarlos respecto a su condición caída y cómo enfrentarla; debemos enseñarles la gloriosa verdad de nuestra salvación en Cristo y su significado, y debemos exhortarlos a vivir con esperanza cristiana.

Sin embargo, este currículum no puede limitarse al "qué". Debe incluir también el "cómo". El objetivo es criar a nuestros hijos como personas cristianas *integradas*, en línea con una comprensión verdaderamente cristiana de la persona. Nos equivocaremos desde el principio si tratamos de impartir esta verdad de manera *fragmentada*. Porque siempre enseñamos a nuestros hijos lo que realmente creemos, teológica y antropológicamente, tanto por el *cómo* y el *qué* enseñamos. Si solo apelamos a su mente, comunicamos que su imaginación no es importante. Si enseñamos solo mediante imágenes, les decimos que las imágenes valen más que las palabras. Si enfatizamos solo los hechos y nunca los introducimos a la belleza; si nos enfocamos en la ciencia y nunca los iniciamos en las maravillas del arte; si les enseñamos a defender sus opiniones con eficacia, pero nunca a orar—en todos esos casos les fallamos, como portadores de la imagen del Dios viviente.

Aun si cubrimos todos estos aspectos, pero no les ayudamos a ver cómo todo está orgánicamente relacionado en el mundo asombroso de Dios como una sola Verdad gloriosa, entonces los estaremos defraudando. De hecho, los estaremos desviando de la Verdad. Y dado que sus cerebros se están formando a lo largo de todo nuestro proceso formativo, al cometer tales errores, estamos haciendo cada vez más difícil que puedan corregir el rumbo más adelante, cuando sean adultos plenamente formados. No es imposible, por supuesto. Los cristianos no somos deterministas, y la ciencia del cerebro misma confirma que no debemos serlo. El cerebro no es una entidad fija[384]. Aun así, es cierto en general que, si se "instruye al niño en el camino correcto y aun en su vejez no lo abandonará"[385]. Esto es válido tanto para bien como para mal, lamentablemente. Por eso es imperativo que, como padres, tengamos plena conciencia, durante toda la infancia y adolescencia de nuestros hijos, de cuál creemos que es el camino que deben seguir, y de *cómo* vamos a procurar, con la ayuda de Dios, que lleguen a él.

27

La educación

"Podía hablar [Salomón] con autoridad acerca de todo tipo de plantas, desde el gran cedro del Líbano hasta el diminuto hisopo que crece en las grietas de las paredes. También era versado en materia de animales, aves, reptiles y peces". (1 Reyes 4:33)

EN EL CAPÍTULO ANTERIOR reflexionamos sobre el deber cristiano de los padres de criar a sus hijos conforme a la verdad bíblica[386]. Quiero comenzar el presente capítulo desarrollando este punto: que en verdad es responsabilidad de *los padres* realizar esta noble y necesaria tarea. Nuestros hijos son un regalo de Dios para *nosotros*. Es *nuestra* responsabilidad, y de nadie más, asegurarnos de que sean criados "con la disciplina e instrucción que proviene del Señor"[387]. Esta es la séptima implicación de nuestra antropología cristiana, estrechamente relacionada con la sexta.

No es, por ejemplo, responsabilidad de ningún *gobierno* encargarse de la crianza de nuestros hijos. Tal como afirma acertadamente (¡y bíblicamente!) la Declaración Universal de los Derechos Humanos, es *la familia*, no el Estado, la que constituye "la unidad natural y fundamental del grupo social"[388]. En ese sentido, las familias han buscado frecuentemente la "protección" del Estado—una protección a la que en verdad tienen "derecho"[389]. Pues "nadie será objeto de injerencias arbitrarias en su vida privada, su familia, su domicilio"[390]. Esto incluye específicamente la interferencia en la educación: "los padres tienen un derecho preferente a escoger el tipo de educación que habrá de darse a sus hijos"[391].

Ahora bien, los padres cristianos necesitarán, por supuesto, apoyarse en la ayuda de otras personas para educar a sus hijos. Todos tenemos límites en cuanto a nuestro conocimiento. Por ejemplo, al explorar con nuestros hijos la integridad y la belleza de la creación (como se recomienda en el capítulo 26), pocos de nosotros seremos capaces de hacerlo bien en toda la amplitud de las ciencias y a lo largo de los años de formación de un niño. Igualmente, pocos padres están capacitados para introducir a sus hijos profundamente en el mundo del arte, la literatura y la música. Sin embargo, para tener una comprensión completa del mundo de Dios, se requiere atención a todos estos temas y más. Por tanto, los padres cristianos necesitarán ayuda. La pregunta es: ¿*de quién*? Y la respuesta, en términos ideales, tiene dos partes. En primer lugar, se trata de personas que compartan con nosotros una misma visión del "qué" y el "cómo" de criar a los hijos "en la disciplina y amonestación del Señor". En segundo lugar, serán personas que puedan aportar su propia experiencia y conocimiento a este gran proyecto integrador.

Una escuela cristiana idealmente concebida, por ejemplo, es un grupo de personas reunidas con el compromiso de llevar a cabo precisamente este tipo de tarea. Y este sería un gran entorno para la educación continua de tus hijos fuera del hogar . . . si logras encontrar una escuela que realmente se asemeje a este ideal. Desafortunadamente, la educación cristiana real que se ofrece en muchos lugares varía mucho respecto a este modelo. Por ejemplo, su currículo podría no ser genuinamente integral de una manera cristiana, y quizá no se enseñe de forma verdaderamente integradora. En los extremos, puede que por un lado sea "cristiana" pero sumamente limitada en su perspectiva, o que por el otro sea prácticamente indistinguible de una educación secular, al menos en el aula—es decir, que no sea realmente cristiana en absoluto. Porque no basta con anteponer el adjetivo "cristiana" a la palabra "educación" y luego realizar algunas actividades religiosas durante el ciclo escolar. Tampoco se logra una educación cristiana simplemente porque los profesores sean creyentes, si lo que enseñan sigue siendo un currículo moderno esencialmente fragmentado.

Hay al menos dos formas fiables de discernir si una escuela determinada se acerca más al ideal. La primera es observar qué tan bien o qué tan mal responde como institución a las presiones culturales y políticas del momento. ¿Hay evidencia de una mentalidad institucional robusta y cristiana que dé forma a posturas y comportamientos institucionales distintivamente cristianos—por ejemplo, respecto a los derechos humanos o al tema del transgenerismo? La segunda forma de discernimiento es observar qué tipo de egresados produce esa escuela. ¿Son jóvenes que poseen una mente cristiana sólida y crítica, combinada con un corazón cristiano cálido, capaces de llevar una fe cristiana viva a todas las áreas del pensamiento y la vida? ¿O egresan con una mentalidad casi idéntica a la de los graduados de escuelas secundarias seculares? ¿Son, por ejemplo—como el rey Salomón—eruditos al hablar "de las bestias, de las aves, de los reptiles y de los peces", pero carentes de la sabiduría bíblica que sostiene una obediencia prolongada en la misma dirección bajo el gobierno de Dios?[392].

Como padres, necesitamos saber en manos de quién estamos poniendo a nuestros hijos cuando están fuera de nuestra vista, y qué podemos esperar como resultado. Incluso si decidimos elegir una escuela cristiana para apoyarnos en la crianza, necesitamos saber esto. Pero lo necesitamos saber aún más si optamos por una escuela estatal o privada de carácter secular—y la realidad es que muchos padres no tienen opciones realistas fuera de esas alternativas. Dado que la opción más común es la escuela estatal gratuita, centraré mis comentarios en esa realidad.

Lo que los padres cristianos descubran sobre las escuelas estatales dependerá en gran medida de dónde y cuándo estén criando a sus hijos. Hasta hace muy poco, en gran parte del mundo cristianizado, el ambiente y el currículo de estas escuelas estaban aun marcadamente informados por la fe cristiana. Por lo tanto, la noción de que la familia es en efecto "la unidad natural y fundamental de la sociedad" era ampliamente aceptada. También lo era la idea de que los maestros actuaban *in loco parentis* (en lugar de los padres) solo para *fines específicos*. Por ejemplo, asumían esa función al enseñar matemáticas, pero no al educar en ética sexual. Por eso, la enseñanza religiosa y moral en las escuelas estatales era deliberadamente mínima, en respeto a los límites apropiados entre la escuela y el hogar. Así, los padres cristianos podían enviar a sus hijos a escuelas públicas con bastante confianza en que recibirían una educación decente en materias generales, la cual luego podría integrarse sin demasiada dificultad al currículo cristiano que se vivía y enseñaba en casa. Mis propios hijos pasaron por este tipo de educación estatal en nuestra ciudad tan recientemente como a inicios de los años 2000, y mi esposa y yo no recordamos haber tenido que "desprogramarlos" demasiado al final de cada día para integrar su fe con su aprendizaje.

Es posible que tú aún vivas en un entorno sustancialmente parecido a este. Sin embargo, en el mundo occidental en general, la situación de nuestros sistemas públicos de educación ha cambiado de forma radical y sorprendentemente rápida en la última década. Las escuelas estatales ahora están pobladas (al parecer) por un número creciente de adultos seguros, incluso dogmáticos, con ideas muy claras sobre cómo desean moldear las vidas jóvenes que se les han encomendado. No se consideran a sí mismos como actuando *in loco parentis* en ningún sentido significativo. Muchos de ellos han heredado (quizás sin saberlo) las ideas de filósofos como Platón y Karl Marx (1818–1883). Consideran, por tanto, que los niños bajo su cuidado son ante todo responsabilidad *del Estado*, y solo en segundo lugar (y con complicaciones) hijos de sus padres. De hecho, los padres son vistos como obstáculos para alcanzar los objetivos "justos" del sistema educativo. El maestro "sabe más" en prácticamente todo.

Esta mentalidad se ilustró claramente (en el contexto estadounidense) durante una polémica campaña para gobernador en Virginia, en 2021. En un debate, uno de los candidatos dijo: "No creo que los padres deban decirles a las escuelas lo que deben enseñar". Si estamos hablando del contenido específico de un módulo de matemáticas, como no-matemático, ciertamente estoy de acuerdo. El problema, sin embargo, es que lo que hoy se "enseña" en las escuelas estatales es con frecuencia altamente ideológico. El adoctrinamiento abierto se ha vuelto tan parte del currículo estatal como la educación misma. Considera, por ejemplo, el programa de "Orientación Sexual e Identidad de Género" (SOGI 123), recientemente introducido en las escuelas donde vivo[393]. Este programa propone explícitamente que los niños deben decidir por sí mismos su orientación sexual e identidad de género, y que el único papel de los padres es "abrir el diálogo y mantenerlo abierto, permitiendo que [los niños] cuestionen, expresen y exploren su individualidad como lo deseen"[394]. En línea con esta misma postura, muchas juntas escolares en Canadá tienen como política ocultar esta información a los padres, *a menos que el niño les dé su consentimiento*, cuando se identifica como transgénero en la escuela[395]. Esto se aplica a niños de tan solo ocho o nueve años de edad.

En resumen: es algo bueno contar con la ayuda de otros en la crianza de nuestros hijos. Pero debemos tener cuidado de no perder el hilo de nuestra narrativa cristiana al hacerlo. Y debemos asegurarnos de que nuestros hijos, bajo influencias extensas y a veces nefastas durante su larga semana escolar, tampoco lo pierdan. En cuanto involucramos al mundo *secularizado* en la crianza, corremos el riesgo de sufrir la "injerencia en la familia" que advierte la Declaración de la ONU. Especialmente porque muchas personas en ese mundo secularizado *desprecian* la institución familiar, y están activamente comprometidas en socavarla. Debemos entender que la educación nunca es "solo educación". Siempre ocurre en medio de una batalla entre "partes interesadas" por los corazones y las mentes de nuestros hijos. No es algo que debamos tomar a la ligera.

28

La Iglesia

"Pensemos en maneras de motivarnos unos a otros a realizar actos de amor y buenas acciones. Y no dejemos de congregarnos, como lo hacen algunos." (Hebreos 10:24–25)

EN VARIOS MOMENTOS DE este libro he mencionado la profunda idea cristiana de que los seres humanos hemos sido creados por Dios como seres *sociales*[396]. Precisamente porque esto es cierto, lo que las personas a nuestro alrededor piensan y cómo se comportan tiene un impacto considerable en nosotros—por ejemplo, al interactuar con los sistemas escolares (capítulo 27). Los experimentos psicológicos han demostrado que esto es así incluso cuando está en juego algo aparentemente "objetivo", como la longitud de una línea en una prueba de visión. Aun en un caso que involucra la percepción directa, "el contar con apoyo social es una herramienta importante para combatir el conformismo"[397].

La filósofa Hannah Arendt desarrolló esta idea en sus escritos sobre la sociedad en un sentido más amplio[398]. Ella afirma que la identidad es siempre de naturaleza social, y no algo que un individuo pueda crear de manera aislada. Pero ante la complejidad del mundo moderno, las personas han tendido cada vez más a privilegiar "el mundo privado de la introspección y la búsqueda personal de intereses económicos" por encima de "la esfera pública de la acción y la palabra"[399]. Aislados en espacios privados, acompañados solo por personas íntimas, y enfocados en preocupaciones puramente personales con la falsa creencia de que así experimentaremos de forma más intensa nuestra identidad individual, sufrimos irónica pero inevitablemente una crisis de identidad—la pérdida del sentido del yo.

Esto, dice Arendt, nos vuelve susceptibles a los extremos de la ideología y la práctica totalitarias, tanto de izquierda como de derecha. "El sujeto moderno, aislado, es vulnerable a los cantos de sirena" de este tipo de ideologías extremas y de las nuevas formas de comunidad que estas ofrecen[400]. Por qué? Porque abandonar la esfera pública en favor de la privada—replegarnos dentro de nuestra mente o de nuestro hogar—no elimina en realidad la necesidad humana de una comunidad más amplia, ni la necesidad de identidad personal que esa comunidad moldea. Esa necesidad sigue exigiendo ser satisfecha. La atracción de la "comunidad" totalitaria en este contexto es que ofrece simplicidad y claridad en esta búsqueda. Ofrece una comunidad amplia (el Estado) compuesta únicamente por personas "como yo", según la clase, raza u otro criterio. Más allá de esos límites, entonces, puede desatarse legítimamente el terror tiránico sobre quienes no "encajan".

Mi punto es que no fuimos diseñados por Dios para "valernos por nosotros mismos". Estamos hechos para la comunidad. Y nuestro profundo anhelo humano de comunidad, incluso en culturas altamente individualistas, es tan grande que, cuando la encontramos, tendemos a aferrarnos a ella con fuerza. Esto inevitablemente implica "encajar"—y que los demás vean que encajamos—en un grupo. Esto puede derivar en direcciones muy positivas, pero también muy negativas. Todo depende de la naturaleza del grupo. En el extremo más oscuro del espectro, "el grupo" puede arrastrarnos no solo al error, sino incluso a la locura. Al hablar de esta realidad, Doris Lessing escribe con agudeza:

> el efecto que tienen sobre nosotros las emociones colectivas y las condiciones sociales de las cuales es casi imposible desligarse. A menudo, las emociones colectivas son aquellas que parecen las más nobles, buenas y hermosas. Y sin embargo, al cabo de un año, cinco años, una década, cinco décadas, la gente se preguntará: "¿Cómo pudieron creer eso?"[401].

La realidad es que no podemos vivir sin "grupos". Las únicas preguntas relevantes son: "¿Cuáles serán esos grupos?" y "¿Cuál es el efecto probable de su inevitable influencia social?".

Esto nos lleva más allá de la cuestión de la familia cristiana—el grupo social primario que puede mantenernos en el camino correcto, incluso cuando el error, la locura y la oscuridad nos rodean por todos lados—y nos conduce al tema de la iglesia. Una iglesia es una comunidad cristiana local a una escala mayor que la familia cristiana. Para las personas que no están arraigadas en una familia cristiana, la iglesia es de hecho su comunidad o "familia" primaria. En todo caso, todos los cristianos están llamados, como seguidores de Cristo, a ser miembros activos de una comunidad así, para su propio bien y para el bien común. La iglesia es el medio público principal por el cual los cristianos reciben apoyo social con miras a resistir el conformismo al que Pablo llama "este mundo" al escribir a los cristianos en Roma. Dios nos da la iglesia como un regalo que nos ayuda a no conformarnos, sino a "ser transformados mediante la renovación de nuestra mente"[402]. Usando el lenguaje de Arendt en lugar del de Pablo, la iglesia es el contexto social necesario para la formación de la identidad cristiana, que solo puede tener lugar en compañía de otros y "solo tiene sentido cuando se vive en medio de los demás"[403]. Si esto es así, no debemos dejar de reunirnos como iglesia, "como algunos tienen por costumbre". Más bien, debemos congregarnos en una comunidad cristiana significativa para recordarnos mutuamente cómo se muestran el "amor y las buenas obras" y para "motivarnos unos a otros" a practicarlas[404].

¿Cuáles serán las características de una iglesia que pueda brindar este tipo de apoyo a los seguidores de Cristo? Quisiera proponer tres en este capítulo, posponiendo para el capítulo 29 una reflexión más profunda sobre nuestra vida "en Cristo".

Primero, una buena iglesia será una comunidad cristiana que enseña con total sinceridad que la adoración cristiana es un estilo de vida, y cuyas reuniones de adoración refuerzan esta idea bíblica fundamental (como se describe en el capítulo 21). Participar en una iglesia que piensa y actúa de otra manera no nos ayudará en nuestra determinación de "presentar nuestros cuerpos como sacrificio vivo"[405]. Por tanto, las reuniones de una buena iglesia buscarán involucrar a la persona íntegra en la adoración, sin descuidar la belleza y la imaginación en favor del intelecto, ni al intelecto en favor de la emoción, ni promoviendo cualquier otra dicotomía no bíblica. Porque si no logran comprometer a la persona completa de estas maneras, tales reuniones reducirán continuamente nuestra visión de la fe cristiana en lugar de ampliarla. Limitarán, en lugar de expandir, nuestra capacidad de vivir una vida de adoración en nuestras familias y en otros ámbitos.

Ya implícita en estos comentarios sobre la adoración está una segunda idea: que la buena iglesia estará comprometida con la educación de las personas que la conforman. Y esta educación, para ser verdaderamente útil, no puede tener un alcance menor ni un enfoque menos integral que el que los padres cristianos se esfuerzan por ofrecer a sus propios hijos (como se describe en los capítulos 26 y 27). El currículo, por tanto, debe ir mucho más allá de la mera "instrucción religiosa". Debe ser amplio—diseñado para equipar a sus miembros a pensar y vivir cristianamente en toda la extensión de su vida diaria. También debe ser profundo—al menos tan profundo como la educación que los miembros han recibido en el mundo fuera de la comunidad eclesial. De lo contrario, esta supuesta educación "cristiana" volverá a reducir continuamente la visión de sus miembros en lugar de expandirla. Estos creyentes no tendrán nada que decir, en términos cristianos, sobre amplias e importantes áreas de la existencia humana, y terminarán adoptando las ideas del "mundo" sobre cómo vivir en esos ámbitos.

Mi última propuesta sobre una buena iglesia es que ésta es una comunidad que se reúne en persona. Quienes sostienen una antropología cristiana auténtica creen que los seres humanos, como portadores de la imagen de Dios, somos irremediablemente seres corporales. No somos mentes, ni almas, ni corazones que simplemente habitan cuerpos y que pueden prescindir de ellos con facilidad. Es como criaturas corporales que los seres humanos somos criaturas sociales. Desde una perspectiva cristiana, entonces, referirse a una "comunidad virtual" es una contradicción en términos teológicos. Una "comunidad virtual" no es una comunidad real, y solo alguien que no ha experimentado la comunidad verdadera puede confundir ambas. Conocí a bastantes personas así, lamentablemente, durante la crisis del COVID-19. Me decían que su iglesia había hecho una transición sin problemas del modo "presencial" al "virtual", y que nadie había notado mucha diferencia. De hecho, afirmaban que la "iglesia virtual" había ofrecido una "mejor comunidad" que antes. Me temo que mi respuesta, en cada caso, fue que la calidad de su comunión antes de 2019 debía haber sido extremadamente pobre.

En el mejor de los casos, la "comunidad virtual" es un remedio temporal mientras la comunidad real resulta imposible. Yo mismo recurriría a tales remedios de vez en cuando, cuando me comunicaba por Zoom con mis nietos, que en ese entonces vivían en otra parte del país; pero no es en absoluto lo mismo que estar con ellos. De igual manera, "iglesia" no puede ser "virtual", del mismo modo que la educación real no puede llevarse a cabo "a distancia" (ver capítulo 45). Una buena iglesia es aquella que se reúne en persona—y al hacerlo, refuerza en la mente y el corazón de sus miembros una antropología cristiana, y no una ajena a la fe.

Esto es especialmente cierto si la iglesia se reúne con regularidad—y no solo una vez por semana, por ejemplo (como si eso representara alguna respuesta racional al tsunami cultural que ahora amenaza con arrasar a la iglesia occidental, en particular). Aún peor es la iglesia que casi no se reúne, o no se reúne en absoluto, durante las temporadas de vacaciones seculares. Porque una iglesia así revela con ello que su comprensión operativa de sí misma (su "eclesiología" o "doctrina de la iglesia") es la de un equivalente religioso de una organización secular, que ofrece "actividades" religiosas en ciertos momentos del año. Una vez asistí a un servicio de iglesia en agosto, en mi ciudad natal, durante el cual se anunció que la iglesia "recomenzaría" sus actividades tras el verano, al igual que las escuelas locales, a inicios de septiembre. Esto no refuerza, en la práctica, una visión bíblica de lo que realmente es la "iglesia". Desafortunadamente, refuerza, también en la práctica, una falsa conciencia.

Para resumir hasta aquí sobre la "iglesia": la octava implicación de una antropología cristiana es que necesitamos comprometernos con una comunidad cristiana local que nos ayude (a nosotros y a nuestros hijos) a mantener y desarrollar nuestra identidad cristiana, incluso bajo fuerte presión cultural.

29

En Cristo

"Ya no hay judío ni no judío, esclavo ni libre, hombre ni mujer, sino que todos ustedes son uno solo en Cristo Jesús."
(Gálatas 3:27–28)

UNA BUENA IGLESIA SE reúne en persona. ¿Pero quiénes son las "personas" involucradas? Son seguidores de Cristo: personas que están "en Cristo Jesús"[406]. Necesitamos detenernos en este punto más de lo que quizá pienses que es necesario. ¿No es obvio? Tal vez alguna vez lo fue. Pero especialmente en este momento cultural, en muchas partes del mundo, donde los temas de "diversidad" e "inclusión" dominan el discurso público, es muy fácil que los cristianos, al pensar en la comunidad cristiana, pierdan el hilo de su propia historia y comiencen a operar desde una narrativa ajena.

La comunidad cristiana que es la iglesia (a nivel global) es, sin duda, diversa desde una perspectiva bíblica, y lo es en muchos aspectos importantes. También lo son, muchas veces, las iglesias locales, aunque no todas se encuentran en entornos locales marcadamente diversos desde el principio. Pero más allá de las circunstancias locales, lo que está absolutamente claro en el Nuevo Testamento es que características como la raza, el sexo o la clase social no representan ningún obstáculo para la plena pertenencia de una persona a la iglesia universal ni a una expresión local de ella. No importa si uno es judío o griego, esclavo o libre, hombre o mujer; si es romano o bárbaro, rico o pobre[407]. Todo portador de la imagen de Dios, redimido por Cristo y bautizado en él, es igual en su "ser" (es decir, "ontológicamente igual", como dicen los teólogos) a cualquier otro[408]. Y estos portadores de la imagen de Dios no solo deben creer esta verdad, según los escritos del NT, sino también vivirla en su vida comunitaria. Sin importar quiénes hayan sido antes, en su vida dentro de la sociedad antes de encontrarse con Cristo, ahora todos son "hermanos" y "hermanas" en una nueva "familia" (la iglesia). Por eso Pablo, por ejemplo, insta a su amigo

Filemón a recibir de nuevo a su esclavo fugitivo Onésimo "ya no como esclavo, sino . . . como hermano amado"[409].

El punto de origen de esta diversidad está en la "Gran Comisión" de Jesús en Mateo 28: "Por lo tanto, vayan y hagan discípulos de todas las naciones, bautizándolos . . . Enseñándoles a obedecer todos lo que les he mandado"[410]. Al obedecer estas instrucciones, los seguidores de Cristo han abrazado, además del "mandato de la creación" dado a todos los portadores de su imagen en Génesis 1–2 ("Sean fecundos y multiplíquense", y más), este otro "mandato evangelístico". ¿Cómo se relacionan ambos mandatos? El primero (el de Génesis) describe la vida que todo ser humano debe vivir mientras adora al único Dios verdadero. El segundo (el evangelístico) exige que esos adoradores llamen a todos los demás seres humanos a arrepentirse de sus pecados, a dejar los ídolos y adorar al Dios vivo, y a seguir el plan de Dios para sus vidas en vez del propio.

Desafortunadamente, esta conexión necesaria entre los dos mandatos a veces se ha oscurecido en la teología cristiana. Por ejemplo, a veces nuestra proclamación del evangelio ha explicado muy bien de qué *nos* salva Cristo (principalmente del juicio de Dios), pero no ha sido igual de clara al mostrar *para qué* nos salva. "Arrepiéntete de tus pecados y sé salvo", hemos insistido. Pero ¿qué *significa* arrepentirse de los pecados? *Significa que*, al dejar los ídolos para adorar al Dios vivo, uno debe abandonar una forma de vida que no se ajusta al plan de Dios para la creación, y abrazar en cambio una vida diferente, enraizada en ese plan divino. Los dos mandatos bíblicos están *intrínsecamente* conectados. El propósito del evangelismo es precisamente llamar a las personas de vuelta a la piedad en *todas las áreas* de la vida para las que fueron creadas. Si nunca hubiéramos pecado, el evangelismo no sería necesario; si todos fueran salvos, volvería a no ser necesario. En algunas versiones de la teología cristiana, los seguidores de Cristo llegan a un punto en que no saben qué hacer, porque "hacer crecer la iglesia" se ha convertido en el *propósito* principal. Estas no tienen una teología de la creación suficientemente robusta que dé contexto a su teología de la *redención*.

De una u otra manera, el resultado de la obediencia cristiana a la Gran Comisión es que la iglesia siempre ha sido un cuerpo increíblemente diverso: "una multitud tomada de todas las naciones, tribus, pueblos y lenguas; era tan grande que nadie podía contarla"[411]. Nadie es excluido de esta familia si acepta ser incluido bajo los términos de Cristo. Y cada persona que es incluida en esos términos debe ser tratada con equidad, justicia y amor, como hermano o hermana, sin distinción de raza, sexo, clase social, etc. Hay diversidad, y hay inclusión.

Pero ¿qué significa ser "incluido bajo los *términos de Cristo*"? Significa, precisamente, que uno ha abandonado un estilo de vida que no estaba sometido a su señorío, y ha abrazado su reinado. Esta inclusión implica haber sido "bautizado en Cristo" y "revestido", lo cual conlleva obedecer "todo lo que les he mandado"[412]. Es decir, no se trata solo de una confesión de fe, sino de un compromiso con el discipulado. Implica un compromiso personal con la "sana doctrina" en todos los aspectos del pensamiento y la vida[413]. Estar "en Cristo" es comprometerse a hacer morir "la inmoralidad sexual, la impureza, las pasiones, los malos deseos y la avaricia, que es idolatría", junto con "la ira, el enojo, la malicia, la calumnia y el lenguaje obsceno, y la mentira"[414]. De hecho, en este contexto Pablo habla sobre la diversidad en la iglesia y exhorta a los cristianos de Colosas a "despojarse del viejo yo" y a "revestirse del nuevo, que se va renovando en conocimiento a imagen de su Creador", en este contexto[415]. Y claramente no se refiere a diversidad de creencias o de conductas. *Ese* tipo de diversidad no es buena desde una perspectiva bíblica.

La iglesia sana que se reúne en persona es, entonces, necesariamente una comunidad con límites bien definidos. Sin esos límites no puede ser útil para los seguidores de Cristo (y sus hijos) que desean conservar y desarrollar su identidad cristiana en medio de una fuerte presión cultural. Estas personas necesitan una comunidad en la que, dondequiera que miren, y con quienquiera que se encuentren sus hijos, encuentren los mismos compromisos fundamentales de fe y conducta, ya sea en la adoración, en la educación o en la vida diaria. Es precisamente en este contexto que la fe cristiana se vuelve más "plausible" en todas direcciones. Los miembros de la comunidad se refuerzan mutuamente, una y otra vez, recordándose entre sí que "esta forma de pensar y vivir es verdadera, y es buena". Nuestros hijos, en particular, necesitan experimentar una comunidad cristiana coherente. Es una gran bendición (y lo digo como padre) cuando la familia más amplia está compuesta por adultos carismáticos, de carácter cristiano firme, que refuerzan en lugar de debilitar la fe de sus hijos adolescentes. Es aún más especial cuando logran hacerlo incluso mientras escuchan al adolescente quejarse con ellos sobre lo absolutamente irracionales que son sus padres. Nuestros hijos *necesitan* este tipo de experiencia consistente de comunidad cristiana. Y esto es cierto ya sea que lo que está en duda sea algo de gran peso (como una visión verdaderamente cristiana del sexo y el género) o algo de menor importancia (como las reglas familiares sobre el uso del celular). La comunidad cristiana funcional ayuda a los jóvenes, entre otras cosas, a ver que sus familias no son tan extrañas (ni tan "raras") como al principio les parecía.

Tal vez la mayor amenaza contemporánea contra este tipo de comunidad cristiana funcional proviene del aparentemente inocente énfasis, en ciertos círculos cristianos, sobre la "hospitalidad". El peligro está precisamente en que la Escritura misma promueve la hospitalidad, tanto hacia otros creyentes como hacia los "extranjeros"[416]. ¿Quién podría estar en contra? El problema es que esta idea ha sido desarrollada recientemente en direcciones marcadamente no bíblicas, especialmente en lo que respecta a la hospitalidad hacia "los marginados". Desde esta perspectiva, la hospitalidad se interpreta como la imposibilidad de trazar límites en nuestras comunidades que excluyan a personas que se definen (o se autodefinen) como marginadas o desfavorecidas. Y esto incluye a personas que adoptan creencias y prácticas (por ejemplo, sobre el sexo y el género) que son irreconciliables con la "sana doctrina". Es decir, no son creyentes cristianos ortodoxos.

Este desarrollo, tanto intelectual como moral, ha sido desastroso. Ha comprometido a iglesia tras iglesia, debilitando su capacidad de ser verdaderamente *cristianas*. Nuestra primera responsabilidad como padres y líderes cristianos no es encontrar un espacio dentro de las comunidades cristianas para los "marginados" incrédulos. Nuestra primera responsabilidad es crear y sostener comunidades dentro de las cuales los creyentes cristianos, jóvenes y mayores, y diversos en muchos otros aspectos, puedan crecer y florecer en una fe sólidamente fundada en la Biblia. Es edificar comunidades que apoyen a estas personas en su búsqueda de la santidad[417]. Por eso, cuando Pablo se enfrenta a la inmoralidad sexual dentro de la iglesia de Corinto, les instruye que "expulsen al malvado de entre ustedes"[418]. Él reconoce el peligro que representa para toda la comunidad la tolerancia de diferencias fundamentales en doctrina y conducta dentro de sus límites. Y, en consecuencia, definitivamente no recomienda practicar la "hospitalidad". Nada en la fe bíblica justifica ese *tipo* de "hospitalidad", ya que una comunidad cristiana saludable no puede coexistir con ella. Por eso también, en su carta a la iglesia de Roma, en medio de extensos saludos a sus compañeros cristianos que siguen el camino correcto, Pablo les instruye que "eviten" a aquellos que no lo siguen[419].

Así que la novena implicación de una antropología cristiana, estrechamente relacionada con la octava, es esta: debemos comprometernos con una comunidad cristiana local que se tome muy en serio el mantener límites firmes y apropiados, basados en la sana doctrina. En el capítulo 33 volveremos a la cuestión de cómo debe relacionarse esta comunidad cristiana con sus vecinos no creyentes.

30

El trabajo

"Así que tengo razón de estar entusiasmado por todo lo que Cristo Jesús ha hecho por medio de mí al servir a Dios."
(Romanos 15:17)

SI LA GRAN COMISIÓN tiene como propósito llamar a los portadores de la imagen de Dios de regreso al Dios viviente y al cumplimiento de su mandato creador, ¿qué exige exactamente ese mandato de los cristianos en su participación, no solo en la familia y en la iglesia, sino también en la "sociedad en general"? Los próximos cinco capítulos de la Parte III explorarán varios aspectos de esta pregunta. ¿Cuáles son las implicaciones de una antropología cristiana para nuestra manera de pensar sobre el trabajo en general (capítulo 30) y sobre la creación de riqueza en particular (capítulo 31), en el contexto de nuestro cuidado del "medio ambiente" (capítulo 32)? Si nuestra primera responsabilidad como padres y líderes cristianos no es simplemente encontrar un lugar dentro de nuestras comunidades cristianas para los vecinos no creyentes (ver capítulo 29), ¿cuál es entonces nuestra responsabilidad hacia ellos, tanto en lo personal (capítulo 33) como en lo político (capítulo 34)?

Como vimos en los capítulos 12 y 13, los seres humanos fueron creados para trabajar. El trabajo es intrínseco al plan creador de Dios. Es una expresión de nuestra adoración al Creador. Fuimos diseñados para tener dominio sobre la tierra y someterla. Y, como vimos en esos capítulos, la manera en que leemos este lenguaje es crucial. No justifica una actitud humana de explotación hacia la creación, ya que somos *representantes* de Dios como portadores de su imagen. No fuimos creados para ejercer poder sin restricciones morales—es decir, sin referencia al carácter y la ley de Dios. Más bien, debemos gobernar y someter la creación en adoración, recordando que las demás criaturas de Dios son nuestros compañeros de adoración. Debemos tener presente que somos tanto sacerdotes como reyes, llamados a servir y proteger tanto como a gobernar. Dicho todo esto, sin embargo, *estamos* llamados a actuar en el mundo—es decir, a trabajar. En varios sentidos, la creación *requiere* ser "sometida" por nosotros, mientras llevamos a cabo nuestro encargo divino de crear y mantener el "shalom". Y todo esto es verdad incluso antes de considerar las complicaciones introducidas por la entrada del mal en nuestras vidas. La caída ciertamente complica nuestro trabajo, al igual que todo lo demás en nuestra existencia (incluyendo nuestro "juego"). Pero, bíblicamente hablando, el trabajo no forma parte de la vida humana solo como resultado de la caída.

El trabajo es, más bien, algo intrínseco a la existencia del varón y la mujer en el mundo de Dios. Desde el comienzo del relato bíblico, el trabajo se define de manera muy amplia. No se entiende en primer lugar como ciertos "empleos" en zonas específicas de la vida llamadas "lugares de trabajo". Más bien, el trabajo forma parte de la vocación humana general. Y a medida que asumimos esa vocación general, el trabajo toma forma en una multitud de tareas particulares. Génesis 3 anticipa algunas de esas tareas—dentro del hogar (criar hijos) y fuera de él (trabajar el campo)[420]. Ambas son *formas* de trabajo, cada una de las cuales implica—en un mundo caído—nuevas formas de *dolor*. Pero en todas las áreas de la vida, no solo en estas, los seres humanos estamos llamados a ejercer nuestras responsabilidades reales y sacerdotales.

Más adelante en el relato bíblico, leemos acerca de personas que ocupan "puestos" específicos llamados "rey" y "sacerdote". Ellos desempeñan estas funciones políticas y religiosas—pero solo como casos particulares del trabajo asignado a toda la humanidad. Ya vimos en el capítulo 13 cómo el lenguaje de Números 3 sobre el trabajo de los sacerdotes en el tabernáculo refleja directamente lo que dice Génesis 2 sobre la vocación sacerdotal de todos los seres humanos. Tanto los seres humanos en general como los sacerdotes en particular son llamados a "trabajar" y a "guardar" el templo de Dios. Los sacerdotes son (naturalmente) solo algunos de los israelitas, quienes como pueblo completo son llamados a ejercer el sacerdocio—ser "un reino de sacerdotes".[421] De forma quizá menos obvia, notamos también que en Deuteronomio 17 la "descripción del trabajo" del rey israelita busca asegurar que este se mantenga como un "hermano" entre los muchos portadores de la imagen de Dios llamados a gobernar, recordando siempre el carácter de Dios y obedeciendo su ley. Comparado con las normas de las culturas del Antiguo Cercano Oriente, el rey de Deuteronomio 17 apenas parece un rey. Lo que realmente se describe en este pasaje es el liderazgo bajo Dios de un portador de la imagen entre iguales[422].

Desde la perspectiva bíblica, entonces, el trabajo no consiste en primer lugar en un conjunto de actividades específicas llevadas a cabo en "lugares de trabajo". El trabajo forma parte de nuestra vocación humana general, que luego toma forma en múltiples tareas particulares—en el hogar, en el campo, en contextos políticos y religiosos, y demás. Y ningún aspecto de este trabajo—que debe ser ofrecido como adoración "en sacrificio vivo" a Dios—puede considerarse más o menos espiritual, más o menos importante que otro. Nuestra tendencia humana en esta área, como en otras, es hacia la dicotomía y la jerarquía. Decimos: "Esto es trabajo y aquello no", o "este trabajo es mucho más importante que aquel". En cuanto a *dicotomía*, dirigir una empresa es trabajo (por ejemplo), mientras que estar en casa criando hijos no es trabajo, sino "familia". Pasar el día fabricando automóviles es trabajo, pero dedicar el día a crear arte es "juego". En cuanto a *jerarquía*, se dice que el trabajo manual es mucho más importante que el intelectual, que una carrera en profesiones de cuidado es moralmente superior a una en negocios, y que lo mejor de todo es estar en el ministerio pastoral a tiempo completo.

Detrás de este tipo de cosmovisión está el mismo enfoque desintegrador y no bíblico del mundo de Dios en general, y de la persona humana en particular, que ya hemos abordado varias veces en este libro. Al menos parte de esta visión descansa sobre una marcada distinción entre lo sagrado y lo secular, del tipo al que me opuse en el capítulo 21, aunque en el mundo fuera de la iglesia esta distinción sobrevive en formas tan mutadas que resultan irreconocibles. De cualquier forma, se trata precisamente del tipo de distinción—ya sea que aparezca en nuestro pensamiento sobre la adoración, sobre el trabajo, o sobre cualquier otra cosa—que los cristianos deben resistir. Después de todo, habitamos una historia bíblica en la que no solo el trabajo de los funcionarios religiosos a tiempo completo (los sacerdotes) es "espiritual", sino también el trabajo de alguien como Bezalel. Este hombre fue "lleno del Espíritu de Dios, con sabiduría, inteligencia, conocimiento y toda clase de habilidades, para hacer diseños artísticos, trabajar en oro, plata y bronce, cortar piedras para engastar, tallar madera y realizar toda clase de trabajos artísticos"[423]. Junto a este artesano lleno del Espíritu, trabajaban muchos otros a quienes Dios también "dio habilidad e inteligencia para realizar toda clase de trabajos en la construcción del santuario"[424]. Fue Dios mismo quien los capacitó para realizar precisamente esta tarea tan importante—el trabajo del artesano y del artista.

Y estos no son los únicos tipos de tareas ordenadas por Dios que, a nivel de "empleo" individual, aparecen en las Escrituras como ejemplos específicos del "trabajo en general" al que está llamada la humanidad en la búsqueda del bien de la creación. La décima implicación de una antropología cristiana es que debemos comprometernos a realizar ese buen "trabajo en general", abrazando con entusiasmo todas las muchas tareas que este implicará. ¿Descubriremos en el camino tareas que sean "no espirituales" y que no debamos realizar? ¡Sí! Pero no serán "no espirituales" porque se centran en la vida material ordinaria en la creación en lugar de en "cosas espirituales". No serán "no espirituales" porque se enfocan en lo pequeño y cotidiano, en lugar de lo grande y glorioso. No serán no espirituales porque implican trabajo manual (o porque no lo hacen), o porque representan empresas "mundanas" en lugar de "eclesiásticas". El trabajo de un evangelista no es más espiritual, en sí mismo, que el de un plomero. El trabajo es "no espiritual" en el buen mundo de Dios solo cuando implica actividades que están en conflicto con el carácter y las leyes de Dios, y que por tanto no pueden ser ofrecidas con justicia a Dios como adoración. Se trata de trabajo realizado *en* la creación, pero en desafío al plan de Dios *para* la creación, en lugar de en apoyo a dicho plan. En cuanto a ese *tipo* de trabajo, debemos atender la exhortación de Efesios 5: "No participen en las obras infructuosas de las tinieblas"[425].

Hay muchos ejemplos que podríamos considerar de ese tipo de "trabajo oscuro". Pensemos, por ejemplo, en algunas iniciativas tecnológicas impulsadas por la ideología del transhumanismo. No hay nada intrínsecamente malo con la tecnología, bíblicamente hablando. Desde el principio, los seres humanos han utilizado "herramientas" para ayudarse en su tarea de gobernar y someter la creación, muchas veces con evidente beneficio tanto para la humanidad como para el resto de la creación. Pero ¿qué decir del desarrollo tecnológico financiado hoy por personas decididas a deconstruir la creación misma en su forma actual? ¿Qué decir de aquellas investigaciones tecnológicas específicamente orientadas a producir una "poshumanidad", poblada por seres humanos radicalmente mejorados o por inteligencias artificiales superiores al ser humano? Ese es un esfuerzo fundamentalmente antihumano, y es imposible describirlo como "trabajo para Dios"[426]. Pero el punto importante es este: es un trabajo no espiritual precisamente porque representa un ataque contra la materia personal. No es un trabajo no espiritual porque *involucre* materialidad. Pensaremos más sobre esto en los capítulos 44 y 45.

31

La riqueza

"Te amará y te bendecirá y te dará muchos hijos. Hará fértil a tu tierra y a tus animales." (Deuteronomio 7:13)

LA VISIÓN BÍBLICA DEL trabajo (capítulo 30) es mucho más amplia que la que muchos sostienen hoy en día. En el mundo moderno, solemos pensar en el "trabajo" principalmente como "una actividad que mejora nuestra situación económica". Al trabajar, generamos lo que llamamos "riqueza", la cual nos permite adquirir bienes y servicios que otros también han producido con su trabajo. Esta concepción puramente económica del trabajo, sin embargo, está lejos del entendimiento bíblico. En las Escrituras, como hemos visto, el trabajo forma parte integral de nuestra vocación humana. Se extiende a todas las áreas de la creación de Dios: el hogar, el campo, la política, la vida religiosa, etc. El intercambio económico y la acumulación de riqueza no son elementos esenciales del concepto bíblico de trabajo.

Vale la pena desarrollar esta idea en relación con el "trabajo en la iglesia" según el Nuevo Testamento, habiendo considerado en el capítulo anterior la vida comunitaria del pueblo de Dios en el AT. ¿Qué tipo de trabajo se espera del cristiano en Efesios 4, por ejemplo? Se trata de la "obra del ministerio" o "servicio" (del griego *diakonía*), con el propósito de edificar el cuerpo de Cristo[427]. Esta misma palabra aparece en otros textos del NT para describir el trabajo del apóstol Pablo en las iglesias, así como el esfuerzo de sus colaboradores[428]. Es una labor exigente, realizada "con gran perseverancia, en sufrimientos, privaciones, calamidades, azotes, cárceles", y demás[429]. Sin embargo, es una obra de enorme valor, ya que permite que otros creyentes también den fruto "en toda buena obra"[430]. Este "trabajo de fe, labor de amor y firme esperanza en nuestro Señor Jesucristo" no tiene como objetivo el beneficio económico[431]. Pablo insiste en que los tesalonicenses comprendan que él mismo no se comportó como un aprovechador: "No vivimos ociosamente entre ustedes, ni comimos el pan de nadie sin pagarlo; al contrario, trabajamos con esfuerzo y fatiga día y noche, para no ser carga a ninguno"[432].

El intercambio económico que conduce a la riqueza no es intrínseco al concepto bíblico de trabajo. Sin embargo, ese recordatorio paulino a los tesalonicenses deja claro que trabajar para obtener un beneficio material sí forma *parte* de hacer "la obra de Dios" en su mundo. Pablo y sus compañeros se dedicaban a los *negocios* mientras trabajaban de otras formas, acumulando riquezas que posteriormente gastaban en bienes que otras personas les vendían[433]. Esto ocurría en ciudades como Tesalónica, Corinto, Éfeso y otros lugares, estos primeros líderes cristianos realizaban intercambios económicos. En el caso de Pablo, se basaba en su propio oficio de fabricante de tiendas (o quizá, de forma más general, en el trabajo del cuero)[434].

El deber cristiano de participar en este tipo de actividad económica está respaldado por muchos otros textos del NT. El ladrón reformado, por ejemplo, debe ahora hacer "trabajo honrado con sus manos", dice Pablo a los efesios[435]. Y a los cristianos ociosos de Tesalónica les ordena: "En el nombre del Señor Jesucristo . . . trabajen y ganen su propio pan"[436]. La ociosidad había sido un problema persistente en esa comunidad, motivo por el cual ya les había instruido antes: "El que no quiera trabajar, que no coma"[437]. Mantenerse a uno mismo y a la familia, sin ser carga para los demás, es parte de nuestro discipulado cristiano[438]. Y cumplir con esta responsabilidad nos pone en condiciones de "compartir con el que tiene necesidad" y de participar más ampliamente en "la obra de Dios" en el mundo[439]. Nadie debe evadir esta responsabilidad. Esta perspectiva apostólica también se ve reflejada en el texto cristiano antiguo conocido como la *Didaché* (mencionado en el capítulo 23). Allí se advierte contra la tentación de vivir a costa de otros: si un viajero quiere integrarse a una comunidad cristiana y tiene un oficio, "que trabaje por su pan. Si no lo tiene, que reciba ayuda según el buen juicio de ustedes, pero que nadie viva entre ustedes en ociosidad como cristiano. Si se niega a trabajar, está mercadeando con Cristo: cuídense de personas así"[440].

Este tipo de trabajo que genera riqueza forma parte de nuestra vocación cristiana, y debe verse como una forma de adoración. Esto es cierto incluso cuando se trata de un trabajo no elegido ni remunerado. Por eso, Pablo exhorta a los esclavos cristianos: "Hagan lo que hagan, trabajen de buena gana, como para el Señor y no como para nadie en este mundo, conscientes de que el Señor los recompensará con la herencia. Ustedes sirven a Cristo el Señor"[441].

A lo largo de la historia, la función del trabajo económico ha sido mal entendida entre los cristianos. Muchos no han podido aceptar la creación de riqueza como un aspecto legítimo de su vocación. Algunos han desconfiado de la riqueza simplemente por ser material, y por tanto (supuestamente) poco *espiritual*. Aun entre los que no llegan tan lejos, los numerosos textos bíblicos que advierten sobre los *peligros espirituales* del exceso de riqueza han llevado a muchos a renunciar a posesiones materiales, retirarse al desierto o unirse a comunidades monásticas, evitando así la generación de riqueza[442].

En los tiempos modernos, este mismo enfoque negativo de la riqueza ha tendido a revelarse en sus formas más débiles en la preferencia mencionada en el capítulo 30 por las profesiones del cuidado por encima de las carreras empresariales. Se ha manifestado con más fuerza y de forma más explícita en los ataques a los ricos, a los sistemas que ayudan a crear riqueza y a las empresas que utilizan con éxito esos sistemas. En esta forma de enfocar la vida, por tanto, la creación de riqueza o bien es mala—algo a lo que todos los verdaderos cristianos deben renunciar—o bien no es *necesariamente* mala, pero sin embargo es probable que produzca problemas a los creyentes. Por lo tanto, los cristianos deberían al menos ser cautelosos al respecto. Pero probablemente deberían evitarlo en la medida de lo posible, entregándose a los "negocios" sólo como una especie de subproducto accidental de seguir una profesión que se centra en cosas más elevadas. Y quizás, más radicalmente, deberían incluso participar en derribar todo el "sistema capitalista".

El problema con estas posturas más radicales es que todo lo que hemos venido explorando en este libro, incluido este mismo capítulo, nos impide adoptar una actitud hostil hacia la creación de riqueza en sí misma. Ya desde el Antiguo Testamento sabemos que el trabajo económico es parte del llamado del ser humano como portador de la imagen de Dios en la creación. Y que Dios recompensa ese trabajo. Proverbios 28 afirma: "El que labra su tierra tendrá abundancia de pan"[443]. Y Deuteronomio 7 promete que Dios bendecirá "el fruto de tu vientre, el fruto de tu tierra, tu grano, tu vino y tu aceite, el aumento de tus vacas y las crías de tus ovejas"[444]. A la luz de estos textos, los cristianos no podemos considerar la creación de riqueza como algo ajeno a la vocación cristiana, ni tampoco como una vocación inferior a otras. Deberíamos reflexionar cuidadosamente sobre esto antes de comprometernos con formas de activismo social y político (como las del capítulo 48), que a menudo se inspiran más en Karl Marx que en las Escrituras.

Dicho esto, ¿debemos rechazar ciertas formas de creación de riqueza? ¡Sin duda! No toda generación de riqueza es compatible con nuestro llamado a cuidar del prójimo y de la creación. Hay riqueza basada en la avaricia y el engaño, en la explotación de los más pobres, en acumular para accionistas que ya poseen más de lo que necesitan. Esa no es una riqueza que honre a Dios. No toda la generación de riqueza se produce dentro de los límites que Dios ha establecido para la creación en general. Hay riquezas que *se* basan en la deshonestidad y la codicia. Hay creación de riqueza que *es* rapaz por naturaleza, "creando riqueza para los accionistas, a pesar de que ya tienen más riqueza de la que saben qué hacer con ella, robando los recursos de los pobres y los indefensos..."[445].

¿Y una vez generada, debe la *posesión* de riqueza ser vista como obstáculo para la vida cristiana? ¡Sí! La Biblia advierte muchas veces sobre este peligro. La riqueza no es para acumular, sino para compartir. Viene de Dios y le pertenece a Él, no a nosotros. Somos administradores, no dueños. Recordamos aquí aquella enseñanza atribuida a John Wesley: "Gana todo lo que puedas, ahorra todo lo que puedas, da todo lo que puedas". Nuestra relación con el dinero *puede* convertirse en un estorbo para la fe, pero no es inevitable. El dinero no es la raíz de todos los males: el *amor* al dinero sí lo es[446].

Así llegamos a una undécima implicación de una antropología cristiana: la participación en la buena obra de Dios en el mundo incluye necesariamente una creación de riqueza justa, que se mantenga en línea con la gran narrativa bíblica de la cual formamos parte.

32

El cuidado de la creación

"Por eso la tierra está de luto y todos desfallecen. Hasta los animales salvajes y las aves de los cielos y los peces del mar desaparecen." (Oseas 4:3)

La historia bíblica más amplia en la que nos encontramos, en toda su dimensión, es una narrativa no solo sobre los seres humanos, sino sobre toda la creación[447]. Al reflexionar sobre el trabajo y la creación de riqueza, entonces, debemos al mismo tiempo pensar en lo que las personas no creyentes llaman "el medio ambiente" y los "problemas ambientales". Trabajamos y creamos riqueza en este "medio ambiente", impactándolo de diversas maneras que los (otros) animales no pueden, y siendo a su vez impactados por él. Como criaturas con "dominio", que viven en un mundo sujeto al cambio, no podría ser de otra manera. Pero ¿qué diferencia hace en nuestra forma de pensar sobre estas realidades el hecho de que los cristianos vean el "medio ambiente" como, en realidad, la "creación"? ¿Qué exige de nosotros una antropología cristiana al pensar en el "cuidado de la creación" y luego vivirlo?

Desde hace ya un tiempo, un número considerable de personas ha estado seriamente preocupado por nuestra relación actual con el entorno planetario. En la época moderna, es evidente que la humanidad ha estado cambiando este entorno de manera mucho más significativa que nunca antes. La preocupación actual es que hemos ido demasiado lejos y que—por el bien de todas las criaturas—debemos restringir nuestras actividades y cambiar nuestros hábitos. Un aspecto de esta preocupación tiene que ver con el impacto de la creación de riqueza humana sobre el clima de la tierra. Pero ese es solo uno de muchos problemas.

Las respuestas de los cristianos ante este conjunto de temas ambientales han sido a menudo profundamente inconsistentes con la enseñanza bíblica, y lamentablemente estas respuestas tienen raíces históricas profundas en la teología cristiana. El influyente pensador medieval Tomás de Aquino, por ejemplo, creía que "todo el universo mutable existe finalmente para el bien del ser humano y su especie"[448]. El reformador protestante Juan Calvino—aunque lo elogié por encima de Francis Bacon en el capítulo 13—escribió sin lugar a dudas que el "fin por el cual todas las cosas fueron creadas . . . [fue] que a los hombres no les faltara ninguna de las comodidades y necesidades de la vida"[449]. Esta es una teología de la creación que ya ha colocado a la humanidad en el centro de la creación de un modo que, en distintos grados, es antibíblico—especialmente al proponer que las demás criaturas existen únicamente para beneficio del ser humano. Esta clase de teología de la *creación* ha sido a menudo unida a una visión de la redención centrada totalmente o casi exclusivamente en la *salvación humana*, que dice poco o nada sobre el cosmos en su conjunto. En su forma más *radicalmente* antibíblica, la salvación se convierte en una cuestión de que las *almas* humanas escapen de su prisión en la materia malvada—de su encarcelamiento en los *cuerpos*.

De una u otra forma, en todo esto, la creación material en sí misma llega a tener poca o ninguna importancia—ni siquiera nuestra forma material *humana*. En palabras de una canción relativamente contemporánea mencionada en el capítulo 8, somos almas atrapadas momentáneamente en un cuerpo, esperando ser rescatadas[450]. Ese rescate ocurrirá cuando, como escribe Pedro, "los cielos desaparecerán con gran estruendo, los elementos serán destruidos por el fuego, y la tierra, con todo lo que hay en ella, será quemada"[451]. Nuestras almas (según esta versión de la historia) entrarán entonces en una eternidad mucho mejor y espiritual. Incluso en sus formas menos antibíblicas, el punto central de esta clase de antropología es que ofrece muy poca razón para cuidar de la creación. "Todo se va a quemar de todos modos", como algunos han dicho, "¿por qué preocuparnos demasiado?". ¿Por qué interesarse por el calentamiento global salvo como presunto indicio del fin de los tiempos? ¿Para qué molestarse en aprobar leyes diseñadas para proteger el medio ambiente? Estas son preguntas razonables si la tierra es "meramente una estación temporal en el camino hacia la vida eterna . . . sin importancia salvo como lugar de prueba para entrar al cielo". Es difícil sostener una visión diferente si la tierra fue creada solo para que los fieles la "usen con fines provechosos en su camino hacia el más allá"[452].

Sin embargo, la antropología cristiana que se presenta en este libro tiene implicaciones muy distintas. En esta antropología *bíblica*, los seres humanos son llamados a cuidar de toda la creación mientras esta espera su redención final. Dios se preocupa por todo, y nosotros también deberíamos hacerlo. Los seres humanos esperan una redención venidera que incluye la resurrección del cuerpo. La creación no humana, que actualmente "gime como con dolores de parto", también espera esa misma "manifestación de los hijos de Dios" en el camino hacia el nacimiento de un nuevo cielo y una nueva tierra[453]. Los seres humanos no "escapan" del resto de la creación durante estos eventos. "Así como la esperanza de la resurrección es la esperanza de un cuerpo resucitado, también la vida resucitada forma parte de una creación completa", y esta nueva creación mantiene una continuidad significativa con la presente[454]. Un texto como 2 Pedro 3 puede parecer, a primera vista, hablarnos de una completa discontinuidad entre ambas. Pero eso lo pondría en seria tensión con otros textos bíblicos que claramente niegan esa ruptura. Nuestros cuerpos resucitados, por ejemplo (si son como el cuerpo de Jesús), serán similares y diferentes a los actuales. Hay continuidad. El mundo presente puede estar destinado al "fuego", pero solo para convertirse en una versión más pura de sí mismo[455]. Obsérvese que los cielos nuevos y la tierra nueva son *eso* cielos nuevos y tierra nueva—y no algo completamente distinto[456]. Obsérvese también que en esa nueva creación los seres humanos seguirán siendo "un reino de sacerdotes", como lo somos ahora[457].

Una auténtica antropología cristiana, entonces, requiere que amemos no solo a nuestros prójimos portadores de la imagen de Dios, sino también al resto de lo que justamente consideramos como la creación de Dios—y no meramente como "el medio ambiente". Por eso, "el justo", bíblicamente, "se preocupa por la vida de su bestia" (o, "el justo cuida de las necesidades de sus animales")[458]. En esta antropología bíblica, el bienestar del resto de la creación está intrínsecamente ligado a nuestro propio bienestar y al de nuestros prójimos. Tanto la Sagrada Escritura como nuestra experiencia nos enseñan esto. Porque evidentemente, y de manera especial, son las personas más pobres de la creación quienes sufren más rápida y devastadoramente los desarrollos "ecológicos" negativos[459].

Todo esto significa, necesariamente, que debemos considerar cuidadosamente si alguna vez hemos cometido errores (y/o los estamos cometiendo ahora) en nuestro ejercicio del "dominio" sobre la tierra. ¿Hemos cometido errores que han dañado y siguen dañando a la creación en general—y con ello también a nuestros prójimos humanos? No podemos simplemente descartar estas preguntas como si no importaran—por ejemplo, la pregunta de si ciertos enfoques modernos de creación de riqueza han contribuido al calentamiento global inusual y peligroso. Solo necesitamos revisar las primeras líneas de Oseas 4 para descubrir el carácter genuinamente bíblico de esta idea: que los fracasos humanos pueden causar daño al resto de la creación de Dios. Las únicas preguntas, *entonces*, son si nuestros fracasos han producido tales resultados en nuestro caso, y qué podemos *hacer* al respecto.

Aquí solo quiero comentar un par de asuntos importantes. El primero se refiere a la cuestión de la "confianza en la ciencia", que abordé en el capítulo 4. La evidencia científica sobre la cuestión de "si hemos contribuido al cambio climático" parece apoyar abrumadoramente una respuesta afirmativa[460]. Sí, hemos contribuido. Sin embargo, encuestas recientes en EE.UU., por ejemplo, sugieren que muchos cristianos ni siquiera creen que el calentamiento global sea un problema serio, y mucho menos que sea, en alguna medida, "culpa nuestra"[461]. Por supuesto, podemos optar por adoptar una postura escéptica frente a la comunidad científica en un asunto como este. No obstante, debemos reconocer el riesgo de hacerlo sin una razón de mucho peso (véase nuevamente el capítulo 4). ¿Cómo sabremos si hemos cometido errores como portadores de la imagen de Dios si no estamos abiertos a la evidencia que aborda esa pregunta? ¿Acaso no *querríamos* saberlo, para poder arrepentirnos?

Por supuesto, incluso si hubiera dudas sobre la magnitud del calentamiento global y sus causas principales (en segundo lugar), aún estaríamos obligados por la Sagrada Escritura a responder de forma creativa y constructiva a sus efectos negativos, en la medida que podamos identificarlos. Como personas que sostenemos una antropología cristiana, esa es parte de nuestra tarea. El calentamiento global, *en la medida en que esté ocurriendo, y sin importar la naturaleza exacta de sus causas*, debería importarles a los cristianos bíblicos. *Deberíamos* estar plenamente comprometidos con otros en responder a sus desafíos, en la mejor manera posible. Y esto significa que, en el ámbito del discurso público, por ejemplo, deberíamos instar a nuestros políticos a considerar, en todas sus decisiones, el bien común no solo de todas las personas, sino de todas las criaturas. Al mismo tiempo, deberíamos insistir—como quienes hemos sido llamados a ser cuidadores de las *personas* y también de todas las *criaturas*—en que nuestros líderes deben seguir considerando el bien de todos los seres humanos *junto con* el de la creación no humana. Este imperativo *también* es uno que debemos meditar cuidadosamente cuando nos sentimos tentados a involucrarnos en los tipos de activismo social y político descritos en el capítulo 48, los cuales tienden a exigir de manera unilateral y con imprudencia.

La duodécima implicación de una antropología cristiana es precisamente que debemos pensar en la creación de riqueza en el contexto de toda la creación, así como en la importancia de la creación de riqueza para toda la creación—y luego hacer un buen trabajo para la gloria del Creador.

33

El amor

*"Hacen muy bien cuando obedecen la ley suprema de la Escritura:
Ama a tu prójimo como a ti mismo." (Santiago 2:8)*

Espero que ahora esté más claro lo que significa ser una "persona trabajadora" desde una perspectiva bíblica. Puede que no siempre sea fácil discernir la labor específica que uno debe realizar en el mundo de Dios. Sin embargo, el marco expuesto en los tres capítulos anteriores debería ayudarle a reflexionar sobre cómo encaja su trabajo en el plan divino y cómo realizarlo para la gloria de Dios. En mi experiencia, esa lucha interior acaba por llevarnos al lugar correcto, aunque el proceso sea desafiante. Recuerdo una historia que me contó un amigo pastor sobre una mujer de su comunidad que había comprendido profundamente la idea de que su fe cristiana debía influir en todos los aspectos de su vida, incluyendo su forma de entender el trabajo. Sin embargo, luchaba con una pregunta específica: ¿cómo interpretar de forma "cristiana" su "trabajo con fines de lucro" como contadora? Un día, emocionada, le dijo a su pastor que había encontrado la respuesta: "Mi trabajo como contadora es imitar al Dios Creador al traer orden del caos".

En este capítulo desarrollaré la idea del trabajo cristiano en el mundo de Dios específicamente desde la perspectiva de nuestra responsabilidad social hacia las personas fuera de la comunidad cristiana creyente. En el capítulo 29 propuse lo que ciertamente *no* implica esa responsabilidad. Pero, ¿qué es lo que sí implica? Aquí debemos profundizar en el mandato de "amar al prójimo". Hablé por primera vez de esta obligación en el capítulo 15, relacionándola con el llamado a "guardar" a las personas, introducido en Génesis 4. Debemos tratar a todos nuestros prójimos—las personas cercanas, incluyendo a nuestros enemigos—como portadores de la imagen de Dios, tal como nosotros. Pero ¿qué significa esto en la práctica?

Puede que para usted sea algo "obvio". Sin duda, cada uno de nosotros ya tiene en mente una variedad de actitudes y acciones que considera que entran (o no) dentro del ámbito del amor. La pregunta es: ¿qué tan *acertada* es nuestra evaluación de lo que el amor al prójimo exige de nosotros? ¿Nuestra comprensión del amor proviene realmente de la enseñanza bíblica, o al menos parte de ella tiene otras fuentes? Muchos cristianos contemporáneos parecen creer que amar al prójimo siempre exige "incluirlo en" y nunca "excluirlo de" las comunidades cristianas. Pero ya hemos visto que, bíblicamente, esto no es cierto. Como nos muestra 1 Corintios 5, la verdad es que amar a ciertos prójimos puede requerir, al menos temporalmente, la exclusión de otros. Esa exclusión, de hecho, puede ser el acto más amoroso posible a largo plazo para el excluido: "para que su espíritu sea salvo en el día del Señor"[462]. Así que este asunto de amar al prójimo no es tan sencillo como a veces pensamos. Como toda implicación que fluye de una antropología cristiana, requiere una cuidadosa reflexión.

Al comenzar, lo más importante que debemos notar sobre el amor bíblico al prójimo es su estrecha relación con el amor a Dios: "Ama al Señor tu Dios con todo tu corazón . . . y ama a tu prójimo como a ti mismo"[463]. Siempre debemos evaluar qué cuenta como "amor al prójimo" en función de nuestra relación y compromiso con Dios. Debemos "leer" el mandamiento de amar al prójimo dentro del contexto de la gran historia de Dios, en la cual toda la humanidad está inmersa. Lo que importa no es lo que *asumimos* que es el amor, ni si *sentimos* que estamos siendo amorosos al tomar cierta decisión, ni si la sociedad que nos rodea está de *acuerdo* con que nuestro actuar es amoroso. Lo que realmente importa es si nuestro *trato* hacia los demás constituye, de hecho, amor verdadero, a la luz de todo lo que creemos sobre Dios, sobre nosotros mismos y sobre la creación en general. Solo al considerar el consejo aparentemente severo de Pablo a los corintios dentro de este contexto podemos comprenderlo correctamente como un acto de amor al prójimo, y no como otra cosa. Pablo ama tanto a la comunidad como al individuo que debe ser excluido. Ama a todo el mundo lo suficiente como para abogar por medidas (sin duda emocionalmente difíciles) *por* parte de la comunidad *en busca* del bien de todos a corto y largo plazo.

El amor bíblico no es indulgente; tiene límites firmes. No se trata de una sentimentalidad empapada de lágrimas que nos ciega a la realidad y nos incapacita para enfrentarla adecuadamente. En el corazón del amor bíblico se encuentra, más bien, la capacidad de ver las cosas como realmente son y luego actuar moralmente en consecuencia. El amor bíblico es "astuto como serpiente y sencillo como paloma" al navegar un mundo habitado por una buena cantidad de "lobos" que también son nuestros prójimos[464]. Es astuto. No se caracteriza por la debilidad, sino por la fortaleza—una fortaleza de carácter que busca el bien de los demás, cueste lo que cueste. Ciertamente, el amor bíblico está ligado a la compasión—lo que *Merriam-Webster* define como una "conciencia compasiva del sufrimiento ajeno, junto con el deseo de aliviarlo". Se dice que el buen samaritano experimentó esta profunda simpatía interior al encontrarse con la víctima en el camino a Jericó. Esa compasión lo llevó a atender sus necesidades hasta que el hombre pudo, literalmente, ponerse de pie. Pero la compasión bíblica lleva a acciones *bíblicas*—no simplemente a cualquier acción que "parezca compasiva" (como, por ejemplo, matar al hombre para que no sufra más).

Nuestra responsabilidad social hacia quienes están fuera de la comunidad cristiana creyente es amarlos con este tipo de amor—con un amor justo y compasivo. Para aclarar lo que esto significa, contrastaré brevemente esta visión con un par de perspectivas presentes en la sociedad contemporánea acerca de lo que exige la "compasión".

La primera se relaciona con el caso del samaritano ya mencionado. La "compasión" contemporánea, cuando no está informada por la fe bíblica, exige que adoptemos un enfoque muy liberal respecto a los temas del final de la vida, ya que se dice que nadie debería soportar lo que considera un sufrimiento intolerable. Se argumenta que todos deberían tener derecho a tomar medidas (y recibir ayuda) para poner fin a ese sufrimiento. Los acusados en juicios por eutanasia, antes de que la legislación cambiara en varios países para legalizar algunos casos de "muerte piadosa", solían apelar a la "compasión" como defensa. En cambio, el amor cristiano exige que ayudemos a nuestros prójimos a ver sus vidas como dones preciosos del Dios que, solo Él, tiene derecho a dar y quitar la vida. También exige que los apoyemos, de manera tangible, para que sigan el camino correcto en este aspecto. Nos llama a brindarles el cuidado necesario para completar su trayecto hasta el final.

La "compasión" contemporánea, también sin fundamento bíblico, exige en segundo lugar que cuidemos de forma constante a los "marginalizados" de la sociedad. Debemos servir a quienes están en clara desventaja o en condiciones extremas—quienes carecen de alimento y techo, quienes son adictos al alcohol o a las drogas, y así sucesivamente. Pues bien, el amor cristiano coincide en que tenemos el deber de ayudar al necesitado mientras esté en necesidad. Pero también resiste, necesariamente, la idea de que su identidad esencial consiste en ser "víctimas indefensas" que no son portadoras de la imagen de Dios. El amor cristiano empatiza con su situación y, por ejemplo, los alimenta cuando no tienen qué comer. Pero también los llama—y los apoya—en una vida de discipulado cristiano. En esta vida, ellos pueden volver a alimentar a otros, con sus propios recursos, en lugar de ser siempre alimentados. Por tanto, el amor cristiano se opone firmemente a organizaciones codependientes (incluyendo, tristemente, algunas iglesias) que perpetúan la marginación de estas personas, incluso mientras afirman buscar su bienestar. A veces existen intereses financieros claros en mantener esta situación. Después de todo, esos "clientes" son la razón por la cual muchos de estos programas siguen recibiendo fondos.

En estos dos casos, y en muchos otros relacionados con el "prójimo", lo que la gente cree que implica la "compasión" está intrínsecamente ligado a la historia más amplia que creen estar viviendo. Esto es inevitable, aunque muchas corrientes modernas lo nieguen. He escrito en otros lugares, por ejemplo, sobre cómo algunos entusiastas de la llamada "hipótesis de la Edad Axial", como la autora Karen Armstrong, han intentado argumentar que todas las religiones enseñan esencialmente lo mismo: la virtud de la compasión[465]. Me temo que esto es un disparate. Las distintas religiones y filosofías dan respuestas muy diferentes a muchas preguntas importantes. Una de ellas es: "¿Qué es la compasión?" Como cristianos, debemos asegurarnos de que nuestras creencias sobre estas cuestiones surjan realmente de nuestra historia bíblica, y no de otra parte.

Así que la decimotercera implicación de una antropología cristiana es que debemos "amar" a nuestros prójimos fuera de la iglesia. Pero, ¿qué significa eso? ¿Realmente los estamos amando en nuestros programas sociales si, en esencia, están diseñados para dejarlos en la calle en vez de ayudarles a avanzar? ¿Los amamos de verdad cuando tranquilizamos nuestras conciencias dándoles dinero a personas que viven en la calle, aunque lo usen para comprar drogas? ¿O al alimentarlos, permitiendo que así puedan usar otros ingresos en lo mismo? ¿Son buena idea los comedores comunitarios? ¿Y por qué? ¿Y cómo deben equilibrarse nuestros programas sociales con nuestra tarea evangelizadora? Porque, al final del día, lo que los portadores caídos de la imagen de Dios *realmente necesitan* es volverse a Cristo. ¿Estamos amando de verdad a nuestro prójimo si no priorizamos *ese* llamado? ¿Si les damos pan en lugar del evangelio? Por supuesto que la cultura contemporánea nos aplaudirá si elegimos ese camino; de hecho, ya lo hace. Pero, ¿en qué sentido fluye *esa* elección de una visión verdaderamente cristiana del ser humano?

34

La política

"Y vi la ciudad santa, la nueva Jerusalén, que descendía del cielo desde la presencia de Dios, como una novia hermosamente vestida para su esposo." (Apocalipsis 21:2)

AL ACERCARNOS AL FINAL de la Parte III, quiero decir unas palabras sobre la política[466]. La Gran Comisión de Jesús tiene como objetivo llamar a los portadores de la imagen de Dios de regreso a Él y a su mandato creacional (capítulo 29). ¿Qué exige exactamente ese mandato a los cristianos en su participación en la "sociedad en general"? No solo en las relaciones uno a uno con el prójimo, sino también a nivel de las estructuras comunitarias más amplias.

Muchos cristianos parecen tener la opinión de que deberían mantenerse completamente al margen de la política. Si con esto quieren decir que la iglesia cristiana no debe aspirar a ser el gobierno federal de un estado (por ejemplo), entonces estoy de acuerdo. Si quieren decir que la lealtad principal de un cristiano debe ser a Cristo y no a ningún movimiento o partido político, también estoy de acuerdo. El deber principal del cristiano es ser cristiano, y no otra cosa. La primera responsabilidad de la iglesia es ser iglesia, y no otra cosa.

Pero ¿qué pasa si la política no quiere mantenerse al margen de la iglesia? Por ejemplo, ¿qué pasa si el gobierno federal de mi país (o cualquier nivel de gobierno, en realidad) anuncia su intención de aprobar leyes que, en efecto, imponen a los cristianos un conjunto de creencias y valores que deben necesariamente rechazar? ¿Y si la política en sí misma se ha convertido en una especie de religión intolerante, decidida a reprimir a sus competidores? Se dice que el revolucionario bolchevique León Trotsky afirmó: "Puede que tú no estés interesado en la guerra, pero la guerra está interesada en ti". De manera similar, puede que no estés interesado en la política— pero ¿y si la política está interesada en *ti*, en tu familia, en tu iglesia? ¿Y si la política está tocando a tu puerta y exige entrar a tu casa, e incluso a tu iglesia? ¿Y si pretende interferir con la manera en que crías a tus hijos, o pastoreas a tu congregación? No se puede permanecer "al margen" de algo en lo que ya estás *inmerso*—y menos aun cuando eso busca ahogarte a ti y a los que te rodean. El amor cristiano por el prójimo, si no otra cosa—incluyendo a los hijos—prohíbe la pasividad en un caso así. La preocupación por nuestros intereses legítimos como cristianos, a la que alude el apóstol Pablo en su carta a los filipenses, también la prohíbe[467]. Necesitamos participar activamente en la política—en el debate con otros sobre cómo debe ser una "buena ciudad" (del griego *polis*), y en su construcción.

Pero este compromiso no debe basarse únicamente en nuestro legítimo interés propio. El texto completo de Pablo dice: "*No se ocupen solo de sus propios intereses, sino también procuren interesarse en los demás*" (énfasis añadido). De hecho, nuestro deber de amor hacia los vecinos que están fuera de la iglesia *también* exige que nos interesemos activamente en la política. Ayudar sinceramente a nuestros vecinos sin hogar en las calles de la ciudad es una gran obra cristiana. Pero ¿no implica también nuestro deber hacia los vecinos no cristianos investigar todas las disfunciones sociales que pudieron haber contribuido a que llegaran a las calles, o que los mantienen allí ahora? ¿No implica el amor cristiano no solo atender con compasión las consecuencias de una mala planificación social, por ejemplo, sino también tratar de reemplazarla por una buena? Jeremías fue llamado, en medio del exilio, a "procurar el bienestar de la ciudad a la que los he deportado"[468]. El libro de Daniel nos ofrece un ejemplo narrativo extenso de alguien que respondió a ese llamado. ¿Acaso no estamos llamados los cristianos, como pueblo en "exilio," a vivir no solo para nosotros mismos, sino también para los demás, en el ámbito público?[469].

Las Sagradas Escrituras, en efecto, nos dan razones más que suficientes para comprometernos con esta "política del exilio". El fundamento de esta política se halla en lo que la Biblia nos enseña sobre cómo Dios interactúa con un mundo que aún no es plenamente su reino—el mundo tal como existe ahora, antes de que llegue la nueva Jerusalén. Es un mundo, por supuesto, profundamente corrompido por el mal. Pero Dios, que es incomparablemente bueno, se compromete a obrar en él para su bien. Y lo hace, en gran medida, de formas no coercitivas, respetando la libertad moral de sus portadores de imagen, muchas veces malvados. Desde el inicio del Génesis en adelante, Dios encuentra una y otra vez formas de convertir el mal que encuentra en el mundo—y en su propio pueblo—en bien.

Por ejemplo, Abraham y Sara están lejos de ser portadores ideales de la promesa del pacto, moralmente hablando. Pero la promesa sobrevive, porque es la promesa *de Dios*, no de ellos. Más adelante, en el relato de

Génesis, Dios trabaja con Jacob, Lea y Raquel, aunque su "sociedad" también es notablemente disfuncional. La sociedad de *los hijos de Jacob* presenta problemas similares, pues las cargas familiares se transmiten de generación en generación. Pero José finalmente reconoce explícitamente lo que Dios ha estado haciendo con todos ellos. Al dirigirse a sus hermanos asesinos, les dice: "Ustedes pensaron hacerme mal, pero Dios lo encaminó para bien, para lograr que mucha gente fuera preservada con vida"[470]. La historia de José comienza en el caos, pero debido a lo que "Dios quiso" en todo ello, el relato termina en *shalom*. Es una divina comedia (capítulo 19).

Así continúa también la historia bíblica en Éxodo y más allá—especialmente en el marco social que Dios edifica alrededor de su pueblo escogido, Israel. La ley que está en el centro de estas provisiones no fue diseñada para personas justas, sino para pecadores. Dios teje un marco legal ordenado alrededor de su pueblo pecador, con el objetivo principal de contener su caos moral mientras la historia redentora sigue avanzando. Hay un notable pragmatismo en sus acciones. Dios no intenta instaurar su reino de forma inmediata y total mediante la ley. En cambio, consciente del material humano con el que cuenta, guía a los israelitas gentilmente en la dirección de la nueva Jerusalén. Lo hace mientras crea para ellos un marco social que, mientras tanto, impide que se autodestruyan por completo. Esta es una política pragmática, no utópica.

Todo esto es instructivo para nosotros. Los seres humanos son portadores de la imagen de Dios, llamados a trabajar en toda la creación de Dios para su bien. Esto incluye lo que a veces llamamos con descuido "sociedad secular" (como si Dios estuviera en otro lugar). Como portadores de la imagen, la tradición bíblica nos exhorta constantemente a "ser como Dios" precisamente al involucrarnos en el mundo[471]. Esto implica compromiso en el ámbito político tanto como en cualquier otro. De hecho, implica un *tipo* particular de compromiso político. Desde el inicio del relato bíblico, Dios no se relaciona con el mundo de una manera total o nula, sino de forma *realista*. Evalúa lo que se puede lograr realmente en una sociedad compuesta mayoritariamente por personas que no siguen sus caminos. Este es un paradigma sugerente para nosotros como portadores de su imagen. Sugiere una política inspirada e informada por nuestra visión del reino de Dios, pero también realista respecto a lo que puede lograrse en entornos sociales actualmente "plurales". Y también nos enseña a no abandonar el ámbito político simplemente porque está marcado inevitablemente por el compromiso.

La decimocuarta implicación de una antropología cristiana, entonces, es que los cristianos deben ejercer el "dominio" que puedan en el ámbito público y político—tanto como en cualquier otro ámbito de la vida—mientras procuran "el bienestar de la ciudad". Al hacerlo, buscaremos, "como Dios," guiar a la sociedad hacia la justicia tanto como sea posible, frenar y minimizar el mal en la medida en que podamos, y (cuando sea posible) encaminar el mal hacia el bien. Lo haremos con perseverancia, y por el bien de *todos* nuestros prójimos, no solo de los cristianos.

No debemos pensar—*ni debemos* permitirnos pensar—que esta "política" se limita a grandes gestos políticos de los que salen en las noticias. Para la mayoría de nosotros, el compromiso en el ámbito público será mucho menos espectacular, pero no por eso menos importante. En muchas partes del mundo, lograr un puesto en los consejos escolares, por ejemplo, es uno de los objetivos más importantes que un padre de familia puede aspirar a alcanzar. De hecho, en muchos contextos sería francamente imprudente seguir enviando a nuestros hijos a la escuela pública si *no* estamos dispuestos a involucrarnos en "la política" de ese sistema. Debemos asegurarnos de que nuestros hijos y otros estén moralmente más seguros en esos entornos de lo que estarían si no lo hiciéramos. Jamás debemos subestimar ninguna de las "pequeñas cosas" que hacemos para Dios, en este ámbito o en cualquier otro. Me viene a la mente, en este sentido, la sección final de la novela *Middlemarch* de George Eliot. Dorothea, el personaje principal, ha sufrido muchas decepciones en su vida, pero su impacto, al perseverar con las "pequeñas cosas," es significativo:

> Su naturaleza completa . . . se vertía en canales que no llevaban nombre alguno en la tierra. Pero el efecto de su ser sobre los que la rodeaban fue incalculablemente difusivo: porque el crecimiento del bien en el mundo depende en parte de actos no registrados en la historia; y que las cosas no estén peor para ti y para mí de lo que podrían haber estado, se debe en gran medida a quienes vivieron fielmente una vida escondida, y reposan en tumbas no visitadas[472].

Esta no es la política mal concebida, romántica y utópica que pretende derribar sistemas económicos enteros en nombre de la "libertad," sin pensar seriamente en lo que viene después (capítulos 31 y 48). Tampoco es la política utópica imprudente que no toma en cuenta las consecuencias de una ideología radical para "salvar el planeta" sobre nuestros prójimos humanos más vulnerables (capítulos 32 y 49). No es el tipo de política que insiste, por ejemplo, en que "hay que cambiarlo todo porque nuestro sistema actual va en rumbo de colisión con el futuro de la humanidad y de la civilización," sin tener ni una sola idea coherente sobre lo que reemplazaría al sistema capitalista supuestamente "opresivo y racista"[473]. La política arraigada en la Biblia es diferente. Es la política sobria de quienes entienden que el Reino de Dios aún "no ha llegado del todo," pero que, *en ese contexto*, y de maneras coherentes con el estado caído y complejo del mundo actual, buscan ciertamente los ideales del Reino tanto como sea posible.

35

El compromiso

"Porque quien duda es como las olas del mar, agitadas y llevadas de un lado a otro por el viento . . . es indeciso e inconstante en todo lo que hace." (Santiago 1:6–8)

AHORA HEMOS LLEGADO AL final de la Parte III, la cual ha expuesto algunas implicaciones importantes de abrazar una visión verdaderamente bíblica de "los fundamentos de la humanidad" (como se describió en la Parte II). Al final de la Parte II, hice hincapié en la importancia de *adoptar* activamente una comprensión cristiana de estos fundamentos. Sugerí que estos no llegarán al centro de nuestro ser sin cierto esfuerzo de nuestra parte. Lo mismo se aplica a las *implicaciones* de dichos fundamentos.

Esto se debe (una vez más) a que todos vivimos en sociedades caídas que, de una manera u otra, están construidas no sobre la roca de la verdad de Dios acerca de nuestra humanidad, sino sobre las arenas movedizas de la mera opinión humana. Estas sociedades están edificadas de muchas formas sobre entendimientos de lo humano que son distintos al nuestro. Todo esto es cierto, aunque nuestros vecinos no puedan articular con claridad cuál es su propia antropología ni por qué creen en ella. Sin embargo, siempre hay una "filosofía" que informa sus creencias y su comportamiento—y esta puede estar significativamente desalineada con una cosmovisión cristiana. Así que, en tales sociedades caídas, puede que la gente no tenga ninguna razón de peso para defender los derechos de los bebés en el vientre, ni para oponerse a la liberalización de la opinión y las leyes sobre los temas del final de la vida. Puede parecerles lo más natural del mundo que sus vecinos participen en todo tipo de actividades sexuales fuera de los límites del matrimonio entre hombre y mujer, e incluso que las personas elijan si quieren ser "hombre" o "mujer". Y así sucesivamente. En el fondo de todo esto, pueden vivir sus vidas siendo indiferentes u hostiles a la idea de que hay un solo Dios vivo y trino, y considerar ridícula la idea de que la vida humana deba concebirse como "adoración" a este Dios.

Los cristianos vivimos en culturas caídas así, y estas culturas nos "gritan" a diario el siguiente mensaje: "Tu visión de la persona humana es absurda; ¿por qué no adoptas la nuestra?". Cómo hacen esto depende, en cierta medida, de la cultura *particular* que estemos considerando, pero por supuesto también hay realidades *globales* más allá de las locales: televisión por cable o satélite, internet y redes sociales. Las investigaciones indican que a muchas personas les gusta escuchar estos gritos culturales en sus formas virtuales, y que lo hacen *con frecuencia*. Por ejemplo, en Canadá, más del 93% de los adultos tiene al menos un televisor en su hogar, en el cual ven un promedio de casi cuatro horas de "contenido" al día[474]. Además, el 75% de los canadienses navega por internet mientras ve televisión. Y el 73% pasa al menos entre tres y cuatro horas diarias en línea, mientras que el 66% dedica al menos una hora diaria a ver televisión o películas en línea. El poder formativo de toda esta interacción con el mundo digital es *enorme*. El entorno cultural general se filtra incluso en nuestros espacios "privados" por estos medios, moldeando imperceptiblemente, con el tiempo, nuestra comprensión de la realidad, nuestra imaginación y nuestros deseos. En ese proceso, nos conduce inexorablemente hacia conclusiones (quizá subliminales) sobre lo que es "normal" en el mundo.

Todo esto no necesita ser intencional para tener efectos profundos en las personas, llevándolas a formar opiniones firmes acerca de "lo que todos creen" y lo que todos *deberían* creer. Pero también hay una clara intención consciente. Los políticos quieren que veamos el mundo de maneras que les beneficien. Los empresarios esperan lograr que compremos sus productos. Los activistas sociales desean transformar nuestros corazones y mentes de modos que les faciliten cambiar el mundo en la dirección que han elegido. Ninguno de ellos necesita ya que salgamos físicamente de nuestras casas para vendernos sus ideas o productos. Somos sus audiencias y clientes cautivos en nuestros propios hogares. Desde el principio, la intención de empresas como Facebook fue cautivarnos de esta manera. Como admitió Sean Parker (primer presidente de la compañía), su objetivo era consumir "tanto de tu tiempo y atención consciente como fuera posible", explotando en el proceso una "vulnerabilidad evidente en la psicología humana"[475].

Es posible que subestimemos el alcance de nuestra vulnerabilidad, como criaturas intrínsecamente sociales, frente a estas estrategias evangelísticas—el grado de control que ejercen sobre nosotros. Como señaló el autor y activista mediático Duane Elgin en 2008: "Para controlar una sociedad, no necesitas controlar sus tribunales, no necesitas controlar sus ejércitos; todo lo que necesitas es controlar sus historias. Y es la televisión y Madison Avenue quienes nos cuentan la mayoría de las historias, la mayor parte del tiempo, a la mayoría de las personas"[476]. Es posible que subestimemos el poder de estos gritos culturales.

Es posible subestimar, en particular, hasta qué punto la exposición constante a estos gritos puede hacer que el evangelio parezca inverosímil, incluso para quienes afirman haberlo recibido, llevándonos, en palabras de Santiago, a ser "como la onda del mar, arrastrada por el viento y echada de una parte a otra"—una persona "de doble ánimo"[477]. A juzgar por lo que ocurre en muchos de nuestros hogares, *ciertamente* es posible que los padres no comprendan hasta qué punto la exposición a estos gritos culturales puede volver el evangelio inverosímil para nuestros *hijos*, reconfigurando sus cerebros de maneras que amenazan con inmunizarlos, poco a poco, contra la verdad bíblica. En el capítulo 27, propuse que es *nuestra* responsabilidad como padres—y de nadie más—asegurar que nuestros hijos sean criados "en la disciplina y amonestación del Señor". No podemos simplemente delegar esa responsabilidad en otros. En ese capítulo pensaba, específicamente, en los maestros de escuela. Pero también es cierto que no podemos—y no *debemos*—delegar esa responsabilidad parental en *pantallas* que hablan, de ningún tipo. De hecho, necesitamos limitar el acceso de nuestros hijos a dichas pantallas con rigor y por el mayor tiempo posible.

Cuando mis propios hijos eran pequeños, teníamos un televisor en una sola habitación de la casa, y veíamos (juntos) un solo programa por semana (*Star Trek*). Por supuesto, *Star Trek* tenía su propia carga propagandística—pero era *relativamente* inofensiva. Y su mensaje era, en todo caso, contrarrestado por todos los buenos libros que leíamos, juntos y por separado, en aquel entonces. Hoy en día, los padres se enfrentan a un entorno mucho más desafiante con respecto a las pantallas, pero el principio sigue siendo el mismo. Si no tomamos este asunto en serio, nos encontraremos *creyendo* que somos *nosotros* quienes estamos criando a nuestros hijos, cuando en *realidad* están siendo formados por las personas que encuentran en sus teléfonos móviles.

Esta es la versión familiar de un problema mayor en muchas de nuestras comunidades eclesiales: que los pastores creen que es la iglesia la que está enseñando al rebaño, cuando en realidad es Netflix. Difícilmente puede ser de otra manera en iglesias cuyos líderes aparentemente creen que, frente a las muchas, muchísimas horas que incluso los cristianos pasan absorbidos en el mundo digital, todavía tiene sentido "hacer iglesia" de manera tradicional, con una reunión de adoración semanal para todos (tal vez), y una reunión entre semana para los más entusiastas.

Lo repito: los cristianos vivimos en culturas caídas que nos gritan a cada hora de cada día: "Tu visión de la persona humana es absurda."

Necesitamos, por tanto, limitar nuestra exposición a esos gritos tanto como sea posible—comprendiéndolos por lo que realmente son—y, al mismo tiempo, trabajar activamente y *de manera contracultural* las implicaciones de nuestra antropología cristiana en nuestras vidas. En lugar de permitir que nuestras mentes se llenen con perspectivas ajenas sobre la humanidad, conformándonos a este mundo, debemos comprometernos a llenarlas con la verdad cristiana. Debemos reflexionar sobre esto y conversarlo "cuando te sientes en tu casa, cuando andes por el camino, cuando te acuestes y cuando te levantes"—a lo largo del día en todos sus aspectos[478]. Y debemos enseñarlo "diligentemente a nuestros hijos", buscando su transformación "mediante la renovación de su entendimiento", y también su discernimiento de "la voluntad de Dios, buena, agradable y perfecta"[479]

Será útil, en esta búsqueda de permanecer firmes y contraculturales en nuestra fe cristiana, no solo reconocer los elementos de antropología ajena en nuestro pensamiento, sino también ubicarlos en su lugar correspondiente dentro del mundo intelectual. Nos ayudará si podemos "ponerlos en su sitio". Esto nos lleva a la Parte IV del libro, que añade a la proclamación de la verdad sobre la condición humana—ya tratada en las Partes II y III—un análisis de muchas de las mentiras contemporáneas que prevalecen sobre este tema, y de dónde provienen. ¡Es aquí donde los cucos tienen su momento bajo los reflectores! Las personas cristianas, como criaturas comprometidas con proteger la integridad de nuestro "nido" cristiano, debemos procurar que sus verdaderos habitantes florezcan. Por este motivo, necesitamos conocer lo más posible acerca de los cucos que lo amenazan, incluyendo sus "hábitats naturales". Todo esto forma parte del proceso mediante el cual llegamos a ver con claridad qué aves antropológicas en nuestro nido no nos pertenecen, aunque se parezcan mucho a las nuestras. Y esto nos ayudará a hacer un mejor trabajo al remover dichos cucos de nuestro pensamiento. Por lo tanto, en la Parte IV de este libro, dedicaremos algo de tiempo a realizar un desfile de identificación. Profundizaremos en el análisis de algunos de los "cuerpos extraños" que aparecen de diversas maneras en nuestro nido cristiano cuando se trata de antropología, y haremos un trabajo enfocado en descubrir de dónde vienen.

PARTE IV

Cuerpos ajenos

36

Seguir a la ciencia

*"Son para enseñarte a ser honesto y hablar con la verdad,
para que respondas con la verdad a quien te pregunte."*
(Proverbios 22:21)

AL COMENZAR LA PARTE IV, quiero decir algo similar a lo que mencioné justo antes de la Parte II, que para muchos lectores (en el lenguaje de *Star Wars*) puede parecer "hace mucho tiempo en una galaxia muy, muy lejana". Algunos encontrarán esta sección bastante desafiante. Esto se debe a que, en su caminar cristiano hasta ahora, han tenido poca o ninguna exposición a la historia de las ideas. Si ese es *su* caso, le animo encarecidamente a que "se mantenga firme" en estos capítulos finales, aunque sean difíciles, y llegue con paciencia hasta el final. Porque, si queremos combatir eficazmente a los "cucos" que se han metido en nuestro nido, necesitamos entender de dónde vienen y cómo han evolucionado. Así que, si el contenido se le hace complicado, ¡no entre en pánico![480]. Vaya lentamente, con constancia. Una vez más, avanzar acompañado de un grupo de amigos podría ser mejor que hacerlo solo, ya que podrán ayudarse mutuamente con dudas y preguntas. Pero por encima de todo, *no se detenga*. Si algo no logra resolver, póngalo "en pausa": guárdelo en un estante mental con una etiqueta que diga "para revisar más adelante", y vuelva a ello cuando sea el momento. Si persevera en estos capítulos, se alegrará de haberlo hecho. Y, con suerte, esta vez te será más fácil confiar en mí cuando se lo digo sobre la Parte IV, ya que ha comprobado que tenía razón con la Parte II.

Quiero comenzar volviendo a la Parte I y a la idea del ser humano como una persona que "conoce"[481]. Así que, si en su primera lectura se saltó los capítulos 3 al 6, este es un buen momento para volver a ellos. Representan un excelente punto de partida para lo que sigue, porque una de las razones por las que muchos cristianos hoy tienen dificultades para comprometerse con la visión bíblica del ser humano, es que (sin necesariamente saberlo) han sido profundamente moldeados por ciertas ideas modernas sobre cómo adquirimos conocimiento confiable. Pero estas ideas modernas *no surgieron de la nada*. Tienen un "hábitat natural". Sin embargo, esto no siempre es evidente para quienes están acostumbrados a verlas "por todos lados". Somos criaturas sociales: formamos nuestras opiniones siguiendo lo que otros piensan. Y en nuestra sociedad contemporánea, lo que "todo el mundo sabe" sobre cómo obtener conocimiento confiable como "autoridades legítimas" no incluyen la Biblia. En su interacción diaria con el impresionante cuerpo de conocimiento que ha producido especialmente la ciencia moderna, los cristianos pueden empezar a sentir que recurrir a las Escrituras para hablar de temas como la naturaleza humana es un recurso "débil". Y este no es un buen punto de partida para desarrollar una antropología cristiana sólida.

Pero no siempre fue así. La Biblia solía ser considerada (al menos en la "cristiandad") como una especie de enciclopedia del conocimiento verdadero. Sin embargo, cuando la ciencia moderna empezó a desafiar esta percepción establecida, algunos cristianos reaccionaron de manera desafortunada. En lugar de acoger los nuevos descubrimientos científicos sobre el mundo y tratar de integrarlos dentro de su más amplia concepción cristiana de la verdad, se pusieron en contra de ellos. Esto, sin duda, aceleró una tendencia que ya venía dándose en la Europa posterior a la Reforma: la de concebir a la Escritura y a la ciencia emergente como enemigos irreconciliables. Fue la era de la "Ilustración", que para Immanuel Kant (1784) significaba la "salida del ser humano de su autoimpuesta minoría de edad ante la autoridad externa y su disposición a usar su razón independiente"[482]. Las personas ilustradas llegaron a creer que el método científico debía convertirse en la autoridad legítima por excelencia en cuanto al conocimiento. El saber debía basarse en la investigación empírica (es decir, en la observación y la experiencia) que reuniera "hechos" y los organizara dentro de un sistema de "leyes" científicas. La "Naturaleza", en el sentido secular, pasó entonces a ser el marco dentro del cual debían evaluarse las afirmaciones bíblicas para determinar si eran útiles o no.

Este es el hábitat del que han surgido algunas de las "verdades comunes" que muchos de nuestros contemporáneos dan por sentadas. Por un lado, "saben" que la Biblia es en su mayoría o en su totalidad falsa. Por otro, creen que solo la razón humana, trabajando con hechos empíricamente comprobados, puede ofrecernos conocimiento confiable. En su forma más extrema, esta visión se conoce como "cientificismo", una postura que desprecia casi por completo cualquier afirmación de verdad que no pueda ser verificada por métodos empíricos, y que profesa una fe cuasi religiosa en la ciencia como único camino al verdadero conocimiento. Cuando nos encontramos con este "pájaro filosófico", impulsado por los vientos poderosos de los "hechos", ya sea sobrevolando nuestras costas cristianas o incluso anidando dentro de nuestro propio nido cristiano, es precisamente su desbordante autoconfianza lo que puede llevarnos a dudar de la validez de nuestras convicciones basadas en la fe. "La ciencia ha hablado", dicen con tanta seguridad; ¿qué podría aportar la fe?

En esos momentos, es vital recordar lo que discutimos en los capítulos 4 y 5 sobre física y metafísica. La física, a pesar de las pretensiones imperialistas del cientificismo, solo puede ofrecernos ciertos tipos de conocimiento importante. La ciencia nos dice mucho sobre el mundo físico, y debemos estar agradecidos por ello. Pero no puede hacer lo que muchos modernos, engañados por el cientificismo, *creen* que sí puede: no puede decirnos lo que está bien, lo que es correcto, cómo *deberíamos* vivir. Sin embargo, muchos asumen lo contrario, y creen que pueden prescindir de realidades "incómodas" como la religión. Suponen que lo correcto se puede deducir de lo que es "normal"—es decir, lo que es "natural" en ciertos grupos pequeños de personas, y eventualmente en la humanidad en su conjunto. Pero esto no es cierto.

Basta un momento de pensamiento crítico para darnos cuenta de ello aunque, como dijo un hombre sabio y bromista, un momento es mucho tiempo y pensar duele[483]. Abracemos, sin embargo, este breve dolor con alegría. Imaginemos, por ejemplo, que la investigación científica concluye que es "natural" para ciertos grupos practicar el canibalismo. ¿Eso haría que el canibalismo fuera *correcto*, incluso para ellos? ¿Cómo pasamos del "es" al *"debería"*? Pero supongamos también que la ciencia descubriera que *todos* los seres humanos tienen una tendencia natural al canibalismo . . . o que somos egoístas por naturaleza. Si tanto el canibalismo como el egoísmo son intrínsecos a la naturaleza *humana*, ¿eso los convierte en correctos? ¿Y vuelve incorrectos el vegetarianismo y la generosidad? Eso carece de coherencia moral y lógica. Además, ¿cómo podríamos siquiera descubrir empíricamente lo que es "natural" a *toda* la humanidad? ¿Qué tipo de investigación lograría eso?

La ciencia, en su pasión por descubrir lo que es, no puede emitir declaraciones autoritativas sobre cómo el ser humano *debe* ser. Por eso, cuando analizamos con cuidado afirmaciones modernas que apelan a la "Naturaleza" para respaldar lo que supuestamente está bien, descubrimos que no están realmente fundamentadas en la física, sino en la metafísica. Es decir, estas afirmaciones modernas sobre la "naturaleza de la Naturaleza" no son lo que aparentan ser. Tal vez no se basen abiertamente en la fe cristiana, pero sí en algún tipo de filosofía no empírica.

Consideremos, por ejemplo, la Declaración de Independencia de Estados Unidos (1776). En sus primeras líneas se habla de "las leyes de la

Naturaleza y del Dios de la Naturaleza", que "otorgan" a un grupo de personas el derecho a ocupar un lugar "separado e igual" entre las naciones. Pero ¿cómo, exactamente, las leyes de la Naturaleza otorgan derechos a alguien? El uso del término "Naturaleza" da la impresión de que estas afirmaciones están fundamentadas científicamente, pero en realidad no lo están *ni podrían* estarlo. Las "verdades" proclamadas en este documento se declaran como "evidentes por sí mismas", entre ellas que "todos los hombres son creados iguales" y que están "dotados . . . de ciertos derechos inalienables". Y ahí queda claro que la ciencia no lleva las riendas. Porque en realidad, la mayoría de las personas a lo largo de la historia no han creído que todos los seres humanos sean iguales ni que tengan derechos inalienables.

Ahora bien, yo sí creo que los seres humanos tienen derechos, y argumenté ese punto en el capítulo 22. Pero allí recurrí a las Sagradas Escrituras como fundamento de esos derechos, y para discernir cuáles son realmente. Por ejemplo, el "derecho a morir" no es uno de ellos (como vimos en el capítulo 24), sin importar lo que se afirme al respecto. Los autores de la Declaración, influidos por los desarrollos europeos mencionados, no quisieron seguir el camino de la Escritura. Buscaban una autoridad que consideraban más fuerte: las leyes de la Naturaleza (con el "Dios de la Naturaleza" como nota al pie). Pero lo que realmente hacen al invocar estas "leyes de la Naturaleza" es *pretender* que están haciendo afirmaciones científicas sobre los derechos, cuando en realidad están apelando a convicciones metafísicas, esperando que nadie lo note. Lamentablemente, esto sentó un precedente, y hoy muchas personas simplemente *declaran* que algo es un "derecho", desafiando a los demás a contradecirlos—una especie de farol filosófico.

Así es como opera necesariamente el cientificismo. Y no debemos dejarnos intimidar pensando que nuestras apelaciones a la Escritura, en los ámbitos que a ella le corresponden, son débiles. Todos—lo sepan o no—interpretan la física dentro de un marco metafísico. Pueden hacerlo bien o mal, pero todos lo hacen. Traer nuestra fe *cristiana* a la conversación científica no es más problemático que hacerlo desde cualquier otra filosofía o cosmovisión. Y, por supuesto, creemos tener razones especialmente *sólidas* para afirmar que nuestra metafísica cristiana es *verdadera*. Muchos científicos destacados han creído lo mismo.

Mi propósito al escribir de este modo no es solo alertarle sobre un "cuco filosófico" (el Cuco de "Sigue a la Ciencia") que a menudo aparece en el nido cristiano con respecto a cómo accedemos al conocimiento confiable. Eso ya es importante. La próxima vez que alguien en su comunidad cristiana sugiera creer o actuar basándose en lo que la ciencia ha "demostrado" sobre la naturaleza humana, usted debería cuestionar esa afirmación. Se ha manifestado un cuco que debe ser expulsado. Para los cristianos, lo que es "natural" en la humanidad—incluso si pudiéramos descubrirlo (como el egoísmo)—no puede guiarnos de manera segura sobre cómo debemos vivir.

Pero más aún: quiero mostrarle cuán lógicamente incoherente es el cientificismo, incluso en sus *propios* términos, y por qué no hay nada que temer de él. Así que, la próxima vez que alguien *fuera* de su comunidad cristiana le diga que simplemente debe "seguir la ciencia" en cierto asunto, podría responder, primero, que como principio usted toma muy en serio lo que dicen los científicos dentro de sus respectivas áreas de experiencia. *Pero luego*, (y se lo sugiero con fuerza), añada algo como esto: "Pero no tengo intención de aceptar sin discusión la metafísica (por ejemplo, la ética o la política) que parece estar introduciendo en esta conversación junto con la ciencia". Esto o bien terminará la conversación rápidamente, o la hará mucho más interesante.

37

Sentimientos viscerales

"Esto lo hizo Dios para que todos lo busquen y, aunque sea a tientas, lo encuentren. En verdad, él no está lejos de ninguno de nosotros." (Hechos 17:27)

Cuando la gente moderna entró en el siglo XIX, muchos se sintieron satisfechos de que el nuevo método científico y las tecnologías que derivaban de él estaban "dando resultados". Pero cuando todo en el mundo está gobernado por la razón, los hechos, la ley y el cálculo, ¿qué se pierde? Charles Dickens explora esta pregunta en su novela *Tiempos difíciles*. El mal orientado maestro Mr. Gradgrind, que vive en el norte industrial de Inglaterra, tiene una confianza absoluta en los hechos y el cálculo; esto es todo lo que *existe*. Aquí encontramos el cientificismo llevado al extremo. Al descubrir que sus hijos han asistido a un ensayo en el circo cercano, se muestra consternado. "Tan pronto habría esperado encontrar a mis hijos leyendo poesía", se queja a su esposa[484]. No es de sorprender que la historia de su familia no termine bien.

Este es el trasfondo sobre el cual, al continuar nuestras reflexiones sobre la persona que "conoce", debemos tratar de entender lo que se llama "Romanticismo". Este fue un movimiento influyente, en gran parte del siglo XIX, que tocó diversos aspectos de la cultura, incluyendo la literatura, el arte y la música. Los románticos se enfocaron en *lo* que creían que se había perdido con la modernidad, enfatizando, en contraste con la mentalidad científica, el espíritu individual, lo subjetivo, lo irracional, lo imaginativo, lo espontáneo y lo emocional.

Por ejemplo, el artista alemán Caspar David Friedrich (1774-1840) produjo una de las pinturas románticas más icónicas: *Caminante sobre un mar de niebla* (1818). Él captura el impulso del movimiento en estas palabras famosas: "El artista no debe solo pintar lo que ve ante él, sino también lo que ve dentro de sí. Si, sin embargo, no ve nada en su interior, entonces también debe abstenerse de pintar lo que ve ante él"[485]. El sujeto en *Caminante* está solo en la cima de una de las extrañas formaciones rocosas de la hermosa Sajonia suiza. Está al aire libre, lejos de la vida mecanizada y urbana. No está *analizando* la Naturaleza, sino que se encuentra *dentro* de ella, como *parte* de ella, maravillado por la bruma que tiene delante. Su espalda está vuelta hacia nosotros, no para excluirnos de la experiencia espiritual que está teniendo, sino para que podamos compartirla viendo el mundo a través de sus ojos.

Románticos como Friedrich eran escépticos respecto a la capacidad de la razón para proveer muchos bienes humanos importantes, y no apelaban a ella como autoridad. El tipo de comprensión del mundo que promovían no era racional, sino empática. Tenía que ver más con el sentimiento que con el pensamiento. Como dijo una vez el autor alemán "proto-romántico" Johann Gottfried von Herder (1744-1803): "El sentimiento es el camino hacia la comprensión"[486]. El poema "Las mesas vueltas", del inglés William Wordsworth, sigue la misma línea. Se exhorta al lector a "abandonar los libros" y salir afuera, permitiendo que "la Naturaleza sea tu maestra", ya que ella otorga "sabiduría espontánea". "Un solo impulso de un bosque primaveral", afirma el poeta, "puede enseñarte más sobre el ser humano, el mal moral y el bien, que todos los sabios juntos". Solo necesitamos refrenar "nuestro intelecto entrometido" y fomentar en su lugar "un corazón que observa y recibe"[487].

Este es el hábitat natural para la segunda gran idea que ha moldeado nuestra mentalidad contemporánea sobre cómo adquirimos conocimiento confiable: el Cuco del "Mírate por dentro". La "autoridad legítima" en este caso ya no es la Naturaleza diseccionada por la razón en forma de ciencia—lo que Wordsworth llama "asesinato" por disección—, sino la Naturaleza aprehendida por la intuición, la imaginación y la emoción. Y es (en palabras de Friedrich) no solo la Naturaleza tal como *se presenta* ante la persona que la contempla, sino también como ésta la descubre en su *interior*. Esta ave romántica ha realizado un largo vuelo hasta llegar a nuestras costas, y ha cambiado un poco sus colores en el camino, como veremos, pero sigue siendo reconocible por lo que es.

El problema con el Romanticismo desde una perspectiva cristiana no es que nos recuerde que somos más que simples "mentes en cuerpos". Esa es una intervención adecuada. Necesitamos recordar que la belleza es importante y que es bueno salir y aprender cosas de la creación. Además, estaríamos profundamente empobrecidos si careciéramos de todos los dones que los músicos, autores, artistas y demás románticos nos han legado. En estos aspectos, el Romanticismo no es problemático. El problema con el Romanticismo radica, como con el cientificismo, en su desmesura. El "método" romántico, como el método científico, tiene un lugar adecuado en el mundo. Pero el problema con ambos "métodos", en sus formas (habitualmente) poscristianas, es que no respetan los límites de esos dominios.

En la medida en que el Romanticismo se toma en serio conservar una *conexión* entre los mundos "exterior" e "interior", el poema de Wordsworth nos ofrece un gran ejemplo del problema del romanticismo. Él propone que pasar tiempo en un bosque en primavera nos enseñará más sobre nuestra naturaleza humana, y sobre el bien y el mal, que todas nuestras interacciones con sabios autores humanos a través de los siglos. Pero ¿cómo podría la Naturaleza comunicar tales verdades? Ya discutimos este problema general en el capítulo anterior. Lo nuevo en Wordsworth es que ahora retrata a la Naturaleza como una especie de divinidad personal. Pero esto no nos ayuda a resolver el problema, especialmente porque no se molesta en explicar por qué deberíamos aceptar su nueva religión. Tampoco es útil que sugiera que, al escuchar a esta supuesta diosa, la Naturaleza, debamos vaciar nuestras mentes—que suprimamos nuestros "intelectos entrometidos". ¿Se llenarán de nuevo estas mentes vacías por arte de magia? ¿Cómo, y quién será el que las llene?

Así que, incluso cuando el Romanticismo se toma en serio mantener la conexión entre los mundos exterior e interior, sigue siendo problemático. Pero en la práctica, este enfoque de la realidad a menudo *no* ha permanecido serio en esa línea. El resultado es que *todo* se convierte en lo que encuentro "dentro de mí". En la cultura contemporánea, es precisamente el testimonio subjetivo de una persona respecto a esta realidad interior el que tiene más peso. Es la declaración personal de la "naturaleza" humana que descubro al mirar dentro de mí. Notemos aquí la evolución de las ideas. Ya no se trata de verdades que se hacen evidentes por sí mismas para los muchos ("nosotros") que se conectan intelectualmente (capítulo 36) o intuitivamente con el *cosmos*. Estas verdades ahora se hacen evidentes solo para la persona individual ("yo") que contempla el *yo*.

En este Cuco Romántico evolucionado y de diferente color, seguimos tratando, no obstante, con *sentimientos marcadamente religiosos*. Sus colores más brillantes y chillones se encuentran en su forma contemporánea más extrema (pero común), conocida como narcisismo: "una condición mental en la cual las personas tienen un sentido inflado de su propia importancia [y] una profunda necesidad de atención y admiración excesivas"[488]. Es un momento *sagrado* en la cultura contemporánea cuando un individuo, tras haber mirado hacia dentro, revela a otros la verdad sobre su naturaleza humana individual. Por eso, cuestionar hoy el relato subjetivo de una persona sobre "quién es realmente" es, en muchos sectores, prácticamente equivalente a una blasfemia (es decir, un delito de tipo religioso). En varios países, de hecho, se ha *prohibido* esencialmente a los ciudadanos cuestionar este testimonio personal mediante nuevas leyes promulgadas en nombre de la libertad de esta clase contemporánea de religión. Así que existe una fuerte presión social, e incluso legal, para considerar como evidentemente correctas las afirmaciones que hacen las personas sobre su "yo natural". Y dado que muchos de nuestros contemporáneos están tan profundamente convencidos de que la introspección personal es la mejor y quizás la única vía para descubrir "quién soy realmente", no sorprende (otra vez) que los cristianos fácilmente sientan que apelar a las Escrituras sobre este tema parezca "débil".

Una vez más, sin embargo, no debemos dejarnos intimidar. La debilidad está completamente del otro lado. Porque la "naturaleza humana interior" es simplemente parte de la Naturaleza en general, y al igual que ella, no puede ayudarnos a responder a toda una gama de preguntas importantes sobre nuestra humanidad. Porque lo que *es* no prescribe por sí mismo lo que *debería ser*. Así que, cuando se trata de deseos "naturales", por ejemplo, nuestra pregunta cristiana debería ser la misma de siempre: ¿por qué deberíamos creer que estos deseos nos ofrecen una guía confiable para la vida? Puede ser muy natural que quiera hacer todo tipo de cosas. Pero, ¿cuáles de estas cosas naturales *debo* hacer y cuáles no, y por qué?

Esta es una distinción importante que la mayoría de los seres humanos (cristianos o no) hacen al menos en algunas áreas de sus vidas. La mayoría de las personas tiene convicciones firmes sobre qué deseos no deben ser actuados—de hecho, qué tipos de acciones no solo son poco éticas, sino que también deberían ser ilegales. ¿Realmente existen personas dispuestas a sostener de manera coherente que lo bueno es simplemente lo que un individuo siente como natural? Si existen, y si están decididos a vivir de manera coherente con esa filosofía, lo único que puedo decir es que el resto de nosotros haríamos bien en evitarlos. Solo pueden hacernos daño.

De todos modos, sin importar lo que crean *otras personas*, está claro que los verdaderos cristianos no pueden basar su comprensión de sí mismos en los resultados de una búsqueda introspectiva de lo "natural". Desde un punto de vista cristiano, lo que sentimos como natural es completamente irrelevante cuando se trata de decidir cómo debemos entender nuestra identidad humana y vivirla delante de Dios. Así que, cuando las comunidades cristianas hacen espacio para esta idea romántica ajena—cuando imitan a la cultura que las rodea al atribuir estatus de revelación al testimonio propio de los vecinos acerca de "su verdad"—, han perdido gravemente el hilo del evangelio. Han permitido que un gigantesco Cuco del Mírate por Dentro no solo haga nido en su casa cristiana, sino que prospere allí. Y si se le deja allí sin estorbo, inevitablemente se producirán consecuencias profundamente negativas para la fe y la vida de los verdaderos habitantes del nido que están comprometidos con seguir la Verdad. Los cucos hacen mucho daño.

38

El poder de la elección

"Te he dado a elegir entre la vida y la muerte, entre la bendición y la maldición. Elige, pues, la vida." (Deuteronomio 30:19)

LOS DOS CUCOS FILOSÓFICOS modernos que analizamos en los capítulos 36 y 37 fracasan en su intento de fundamentar en la "Naturaleza" el conocimiento de lo que significa ser humano y de cómo debe vivirse la vida humana. Justo en el momento de ese fracaso aparece un tercer cuco, igualmente significativo. Este no tiene nada que decir sobre cómo obtenemos un conocimiento seguro. Sin embargo, es importante que reconozcamos su conexión con los otros dos, así como el efecto que ha tendido en la sociedad.

Este cuco comienza con la misma melodía que sus parientes: la certeza de que no podemos depender de las Sagradas Escrituras para recibir una instrucción confiable sobre asuntos como la ética o la política. Pero luego su melodía y su letra toman una dirección diferente, porque en esta canción tampoco podemos depender de la Naturaleza. Lo único que nos queda es la *elección*. Debemos abandonar nuestra búsqueda de un conocimiento objetivo y aceptar la necesidad de simplemente ejercer nuestra capacidad de elección y seguir adelante con nuestras vidas. El Bien es aquello que los seres humanos *deciden* que sea. Estamos solos y debemos *construir* nuestra propia realidad. No nos ha sido "dada."

El primer hábitat natural de esta idea fue la antigua Grecia, alrededor del siglo V a.C. Allí, unos maestros itinerantes conocidos como sofistas—hombres como Protágoras y Trasímaco—recorrían las ciudades enseñando a jóvenes, a cambio de pago, cómo debatir eficazmente. Ellos creían que no existe una distinción definitiva entre las cosas tal como son en realidad (la "naturaleza", *phýsis*) y la mera convención (la "ley", *nómos*). Para los maestros y estudiantes de retórica, esto implicaba que no era necesario preocuparse por si nuestras palabras correspondían o no con una realidad externa. Los sofistas enseñaban la retórica como una técnica, un conjunto de habilidades que permitían al orador alcanzar los objetivos que deseara. El propósito era simplemente ganar los debates—sin importar si el orador tenía conocimiento del tema, si decía la verdad o si mostraba virtud. Como dijo Protágoras (según se cita en el *Teeteto* de Platón): "El hombre es la medida de todas las cosas"—el ser humano que decide, habla y elige.

En estas actividades no hay una Naturaleza a la cual el ser humano deba rendir cuentas, aunque como debatiente obviamente funciona dentro de una sociedad de seres humanos que también eligen, hablan y deciden. De este proceso surge, como expresión de la voluntad de un grupo en particular, la convención social—lo que denominamos "ley". Pero no hay nada *más allá* de esta "voluntad del pueblo", sea quien sea ese pueblo. Por tanto, no puede apelarse a ninguna autoridad superior, como una "justicia" trascendental—porque no existe. La voluntad del pueblo lo es todo. Como entendía Trasímaco, en este escenario la justicia no es otra cosa que obedecer las leyes de la sociedad, que han sido impuestas por los poderosos simplemente porque *podían* hacerlo. La fuerza es el derecho. Esta misma idea básica aparece más tarde en el pensamiento marxista. En él, la "ley" se entiende simplemente como un instrumento al servicio de quienes ejercen la dictadura dentro de una sociedad mediante el control de los medios de producción. El *Manifiesto Comunista* (1848) es explícito al respecto: ataca las "nociones burguesas de libertad, cultura, ley", y demás, como simples "emanaciones de las condiciones de vuestra producción burguesa y vuestra propiedad burguesa, así como vuestra jurisprudencia no es más que la voluntad de vuestra clase convertida en ley para todos"[489].

Fue precisamente esta atención a la técnica retórica, desligada del conocimiento, la verdad y la virtud, lo que Platón (siguiendo a Sócrates) aborrecía profundamente en los sofistas. Esto lo condujo a un intento decisivo por volver a fundamentar dichas realidades en lo trascendente—como veremos en el capítulo 41. Esfuerzos platónicos que más tarde fueron sintetizados con una fe cristiana que también se anclaba en la trascendencia. El resultado fue que, durante mucho tiempo en la cristiandad, las ideas sofísticas sobre "naturaleza" y "ley" no lograron echar raíces.

Sin embargo, reaparecieron de forma muy notoria en el siglo XVI, en el pensamiento del político italiano Nicolás Maquiavelo (1469-1527). En su libro *El Príncipe* (1513), Maquiavelo aboga por un enfoque realista o pragmático de la política. El príncipe debe hacer lo que sea necesario para tomar control de su destino, dejando de lado las ideas filosóficas y teológicas que le estorban. Maquiavelo consideraba que la fe cristiana, en particular, debilitaba la energía que ese príncipe necesitaba para triunfar. Concentrándose en cómo *son* las cosas en el mundo, y no en cómo *deberían ser*, el príncipe debe simplemente hacer lo que haga falta para establecer su posición.

Las ideas sofísticas y maquiavélicas revolotearon luego por una Europa cada vez más poscristiana, posándose aquí y allá, hasta que encontraron un hogar estable en el filósofo alemán Friedrich Nietzsche (1844-1900). Nietzsche proclamó famosamente en 1882 que Dios había muerto. En un mundo moldeado por la Ilustración y el pensamiento científico, ya no había lugar para Él. Y con la muerte de Dios vino el colapso de todos los fundamentos metafísicos y teológicos de la cultura occidental. La "verdad" pasó a ser lo que ahora podíamos reconocer claramente como meras "convenciones" inventadas con fines prácticos; ya no existía una moralidad válida para todos los seres humanos. Solo existía una pluralidad de moralidades, cada una adecuada a cierto rol social.

Este colapso de los fundamentos de la cultura occidental, según Nietzsche, fue algo positivo. Porque en el corazón de toda la vida se encuentra una "voluntad de poder", que el cristianismo—con su promoción de la caridad, la humildad y la obediencia—había reprimido durante demasiado tiempo. Desde el punto de vista cristiano, estas son virtudes. Pero para Nietzsche eran los síntomas de una vida en decadencia. Por eso, el héroe de Nietzsche no es Jesús, sino Zaratustra: un sabio de voluntad fuerte y autodominio, que encarna al "nuevo hombre" en tiempos poscristianos. Este nuevo hombre es llamado por Nietzsche *sobrehumano* (*übermenschlich* en alemán). El superhombre ejerce su propia voluntad de poder para elevarse por encima de las masas, que están atadas por la religión tradicional y las convenciones. Él, en cambio, *elige* libremente vivir una vida noble.

La filosofía de Nietzsche, con su visión muy particular de lo que significa ser humano, ha demostrado ser extraordinariamente influyente, especialmente en el mundo occidental. Muchas personas que han perdido confianza en "el proyecto del conocimiento", y que por tanto corren el riesgo de caer en el nihilismo que Nietzsche predijo como consecuencia de esa pérdida. Estas han encontrado en "el proyecto de la voluntad" una alternativa atractiva, el cual ofrece, a su manera, cierto tipo de sentido y realización. Sus adeptos han hecho las paces con la ausencia de una Verdad absoluta: solo hay verdades; no hay hechos, solo interpretaciones; no hay bien ni mal más allá de lo que el individuo o el grupo *afirman* como tal. El vacío se compensa mediante la autoexpresión, la autorrealización y la autosatisfacción—en muchos aspectos, estos son los "valores" que están en el corazón de la agenda cultural contemporánea.

Nuestro enorme énfasis cultural en la santidad de la "elección personal", por ejemplo (como se describe en los capítulos 23-24), da testimonio de la influencia de las ideas de Nietzsche. A menudo no se trata de una "elección conforme a los mandamientos de Dios" (Deuteronomio 30:19), ni de una "elección conforme a la Naturaleza", ni siquiera de una "elección conforme a mi *propia* naturaleza". Se trata más bien de lo que podríamos llamar una elección personal *desnuda*. Es allí adonde la gente suele recurrir hoy en día cuando fracasan todos los argumentos sobre el bien y el mal basados en una realidad objetiva—o cuando simplemente no tienen interés en buscarlos: "bueno, es mi decisión". También recurrimos a eso cuando no queremos responsabilizar *a otro por su* comportamiento: "bueno, es su decisión". El hecho de que tales afirmaciones suenen como verdades evidentes—que, en el lenguaje de Génesis 2, haya desnudez sin vergüenza—tiene mucho que ver con nuestra aceptación cultural de la filosofía de Nietzsche.

Afortunadamente, no creo que la mayoría de las personas sea capaz de ver el mundo de manera sostenida desde esta perspectiva sofística/nietzscheana. Es posible que promuevan un enfoque "constructivista" de la realidad mientras cenan con amigos sofisticados. Puede incluso que les agrade la libertad que esta filosofía les ofrece en diversas áreas de su vida, cuando todo va bien. Pero basta con que sufran a manos de alguien que opera según esa misma ética, y por lo general usted oirá una historia muy distinta. Entonces, el lenguaje de la realidad objetiva, incluido el bien y el mal objetivos, reaparece con fuerza: "¡Eso es mentira!", "¡Lo que hiciste estuvo mal!".

Y es muy bueno que sigamos siendo llamados de regreso a la realidad de estas maneras. Porque en la medida en que las personas realmente *han* seguido la línea sofística/nietzscheana, o han permitido que otros tomen el poder con un *compromiso real* con esa línea—, en esa medida el mundo solo ha llegado a ser un lugar muy oscuro. Esto es cierto tanto en regímenes marxistas de izquierda como en regímenes fascistas de derecha. La voluntad de poder favorece inevitablemente, al final, a quienes tienen más poder. Y esas personas rara vez son tan ingenuas acerca de las implicaciones de esta filosofía como la mayoría, que está concentrada, a un nivel mucho más superficial, en su autoconstrucción personal—y que por ello se distrae de lo que realmente está ocurriendo en el mundo. Esta es *precisamente* una de las razones por las que el superhombre de Nietzsche puede elevarse por encima de los "últimos hombres": esa gran masa de la población, en la representación nietzscheana de la realidad, que está cansada de vivir, que evita los riesgos y que es adicta a la comodidad y la seguridad.

Nosotros, como cristianos, tampoco estamos exentos de ser influenciados por elementos de este pensamiento sofístico/nietzscheano. Por ejemplo, la próxima vez que alguien en su comunidad cristiana proponga una votación entre los "actores involucrados" para que "el pueblo" determine la postura a adoptar ante tal o cual asunto moral urgente, tenga presente que hay un cuco cantando, y actúa con firmeza para expulsarlo del nido. Reconocerá al Cuco de la Libertad de Elegir, al menos en su forma específicamente nietzscheana, por su prominente bigote y su oscura y melancólica expresión.

39

Un espejismo intelectual

"A pesar de haber conocido a Dios, no lo glorificaron como a Dios ni le dieron gracias, sino que se extraviaron en sus inútiles razonamientos, y se les oscureció su insensato corazón."
(Romanos 1:21)

Dejando de lado por un momento la infiltración en nuestro propio "nido cristiano", una de las razones por las que resulta tan desafiante identificar a los tres cucos filosóficos descritos en los capítulos 36 al 38 es que, aun cuando se observan "a la distancia" en el nido cultural contemporáneo, resultan difíciles de distinguir entre sí. ¿*Ese* es el Cuco de Sigue a la Ciencia? Eso pensé... pero su canto ahora suena más como el del Cuco de Mírate por Dentro. Y al escucharlo otra vez, la melodía se parece mucho a la del Cuco de la Libertad de Elegir.

El mundo moderno, en este sentido, parece ser "a mare's nest" (como lo llamamos en inglés)—es decir, "un lugar, condición o situación de gran desorden o confusión" (*Merriam-Webster*). Marcada por lo que Pablo llama en Romanos 1 "futilidad de pensamiento", la cultura contemporánea dista mucho de ofrecer algún tipo de coherencia intelectual ante cualquier pregunta. Por el contrario, parece que simplemente estamos tratando con distintos modos de *deseo* que, según convenga, eligen entre las "autoridades legítimas" disponibles aquella que mejor sirva a sus fines del momento. Pero en el siguiente instante, ese mismo deseo opta por otra autoridad completamente distinta, sin detenerse a ofrecer razón alguna que justifique el cambio.

Permítame ilustrar esta confusa realidad de "collage ideológico" describiendo algunos aspectos recientes de la política federal en mi país, Canadá. Mi pregunta es la siguiente: según lo que podemos observar del actuar del gobierno canadiense en los últimos años, ¿algo es "correcto" en mi país porque está en armonía con la Naturaleza, porque responde a una intuición visceral, o porque expresa la voluntad individual o colectiva?

La respuesta es: "depende". Durante la crisis del COVID entre 2019 y 2022, por ejemplo, el gobierno repetía constantemente que sus decisiones se basaban en que simplemente estaban "siguiendo la ciencia". *Pero*, por supuesto, nunca fue tan sencillo, como ya se expuso en el capítulo 36. La ciencia puede decirnos mucho sobre la "naturaleza", incluido cómo funciona un coronavirus. Pero incluso cuando no hay desacuerdos importantes entre los científicos—lo cual no fue el caso con el COVID-19—, las decisiones éticas y políticas que se toman a partir del conocimiento científico no surgen automáticamente de él. Y es deshonesto sugerir que así es.

No obstante, reconozcamos que, al menos en este caso, el gobierno canadiense sí declaró con claridad a qué "autoridad" estaba apelando. Pero si realmente cree que "seguir la ciencia" es un principio fundamental, cabría esperar razonablemente que este principio también informe su enfoque legislativo en otras áreas de la vida canadiense. Sin embargo, esas expectativas razonables se frustran rápidamente. Consideremos la legislación aprobada a inicios de 2022 sobre la llamada "terapia de conversión". Esta ley (Proyecto C-4) criminalizó, entre otras actividades, aquellas dirigidas a "cambiar la identidad de género de una persona a cisgénero". El término "cisgénero" se refiere a una identidad de género que corresponde al sexo al nacer. La suposición implícita en esta legislación es que *existe*, objetivamente, algo llamado "identidad de género" que puede *no* coincidir con el sexo biológico. Pero ¿se llegó a esa conclusión "siguiendo la ciencia"? No fue así. No existe ni una pizca de evidencia científica que respalde esa afirmación. De hecho, científicos reconocidos estuvieron entre los numerosos profesionales que, durante la fase de comité del proyecto de ley C-4, instaron al gobierno a no aprobar la legislación en su forma actual. La ciencia real sobre la disforia de género fue presentada con claridad en ese contexto, y el gobierno la ignoró[490]. Los "sentimientos viscerales" de ciertos canadienses pesaron más. Esa fue la "autoridad legítima" que el deseo eligió en este caso, en el que el delito de "terapia de conversión", se definió tan ampliamente que potencialmente criminaliza a ciudadanos comunes en el ejercicio ordinario de su vida.

Entonces, "sigue a la ciencia" cuando te conviene, pero deja de seguirla cuando estorba, y mejor apóyate en los "sentimientos" de aquellos con quienes simpatizas, aunque la ciencia indique que esos sentimientos, para la mayoría, son temporales[491]. Luego, en tercer lugar, apela a la "libertad de elección", pero solo de manera selectiva. Por ejemplo, en 2021 el gobierno canadiense aprobó una nueva legislación sobre la Asistencia Médica para Morir (MAID). Al presentar este "servicio" al público, aseguró a los ciudadanos que estaba "comprometido a garantizar que nuestras leyes apoyen [la] *autonomía y libertad de elección*" (cursivas añadidas)[492]. Pero ¿de *quién*?

En 2022, una parlamentaria preocupada por las implicaciones de esta nueva legislación propuso un proyecto de ley muy centrado precisamente en la autonomía y libertad de elección: buscaba proteger legalmente a los profesionales de la salud para que no tuvieran que participar, directa o indirectamente, en MAID, apelando a que se respetaran sus "derechos de conciencia". El proyecto fue rechazado en el Parlamento—porque el gobierno actual solo está interesado en proteger la autonomía y libertad de elección de algunos canadienses, y no de otros. Esto, a pesar de que la Carta Canadiense de Derechos y Libertades menciona explícitamente la libertad de conciencia como una de las "libertades fundamentales" de los ciudadanos.

El actual gobierno canadiense también ha mostrado una actitud notablemente laxa respecto a otras libertades protegidas por la Carta. Por ejemplo, la Carta garantiza a los ciudadanos canadienses la libertad de "entrar, permanecer y salir de Canadá". En la práctica reciente, sin embargo, esta libertad solo se aplicó a quienes aceptaban la interpretación gubernamental de lo que significaba "seguir la ciencia" respecto al COVID-19. Igualmente, solo cuando el gobierno aprobó las causas promovidas por canadienses que ejercían su libertad de "reunión pacífica" se mostró entusiasta con dicha libertad. Por ejemplo, antes siquiera de que llegaran a la capital los muchos canadienses comunes que participaron en la protesta del Convoy de Camioneros de 2022, el primer ministro Justin Trudeau los desestimó con desdén como:

> la pequeña minoría marginal de personas que se dirigen a Ottawa, que sostienen puntos de vista inaceptables que están expresando, [y que] no representan las opiniones de los canadienses que han estado ahí apoyándose mutuamente, que saben que seguir la ciencia y actuar para protegerse mutuamente es la mejor manera de asegurar nuestros derechos, nuestras libertades, nuestros valores como país[493].

En otras palabras, los canadienses "verdaderos" no piensan así, ni expresan su libertad de esa manera. Al parecer, el primer ministro sabe quiénes son "los suyos"; encarna sus creencias y valores, y finalmente los representa y expresa su "voluntad", con todas las acciones de poder que eso conlleva. Esta apelación a una "voluntad del pueblo" en abstracto, que inevitablemente se impone sobre las voluntades de personas o grupos reales y concretos, es común en la política contemporánea, y no solo en Canadá. A menudo, incluso, se presenta de forma más explícita que en el caso descrito. ¿Por qué? Porque si de algún modo se logra establecer que la voluntad del pueblo apoya cierta política—y para eso la industria de encuestas de opinión se ha vuelto un actor clave en Occidente—, entonces es "obvio" (¿no es así?) que esa política es "correcta". Porque lo correcto *es* cuestión de voluntad, ¿no?

He tomado este ejemplo del ámbito político canadiense, pero mi intención es evocar una realidad social más amplia. Hay muy poca coherencia o consistencia en la manera en que la sociedad contemporánea aborda las preguntas sobre la verdad y la mentira, lo correcto y lo incorrecto—la cuestión del "Bien". Solo hay desorden y confusión en el nido social. Por eso, es de suma importancia que los cristianos desarrollemos mayor habilidad para diferenciar entre los tres cucos que hemos estado analizando, y para discernir qué están haciendo en cada momento. Todo esto es parte de prevenir proactivamente su migración e intrusión, bajo cualquier disfraz, en nuestro propio nido cristiano.

Y necesitamos enseñar a nuestros hijos a desarrollar la misma habilidad. Debemos enseñarles, como una habilidad básica para la vida, a pensar críticamente. ¿Saben hasta qué punto pueden "seguir la ciencia" cuando esta pretende hablar con autoridad sobre su identidad humana, y pueden detectar cuándo sobrepasa sus límites? ¿Entienden lo inútil e incluso peligroso para su salud que resulta consultar sus "sentimientos viscerales" para responder a preguntas de identidad? ¿Comprenden por qué deben rechazar la alternativa construccionista y nietzscheana, y toda la oscuridad que conlleva ese camino? En suma, ¿son capaces nuestros hijos de ver con claridad que ninguno de estos tres cucos puede cumplir lo que promete en su canto? ¿Perciben que ninguno de ellos ofrece una alternativa viable a la revelación bíblica como fundamento para entenderse a sí mismos como seres humanos?

Si nuestros hijos pueden comprender todo esto, entonces estarán mucho más capacitados para resistir estos cantos de sirena y de cuco. Porque resistirán, entonces, *no* sólo porque los mayores les han aconsejado que la fe cristiana *requiere* resistencia, sino también porque pueden ver por sí mismos que es lo racional, *lo bueno que hay que hacer*. Comprenderán que resistir resulta en su propio beneficio y que sería absurdo no hacerlo. Porque nadie en su sano juicio se uniría al canto seductor de estos cucos disfrazados de verdad.

Cuando los jóvenes, equipados con estas herramientas críticas, comienzan a "entenderlo"—a comprender verdaderamente por qué no tienen que "rendirse a los cucos" que les cantan cada día sobre su identidad—, eso puede ser transformador. Recuerdo a un adolescente, después de una de mis charlas, a quien se le pidió compartir lo más importante que había aprendido. Respondió: "Aprendí que, no importa lo que diga la gente, no necesito mirar dentro de mí para descubrir quién soy", respondió. "Es un gran alivio".

40

La ilusión de Dios

"También sabemos que el Hijo de Dios ha venido y nos ha dado entendimiento para que conozcamos al Dios verdadero. Y estamos con el Verdadero, con su Hijo Jesucristo. Éste es el Dios verdadero y la vida eterna. Queridos hijos, apártense de los ídolos."
(1 Juan 5:20–21)

EN LOS CAPÍTULOS RESTANTES dejaremos atrás los "cuerpos extraños" que influyen en nuestro pensamiento cristiano sobre el conocimiento confiable, para centrarnos en aquellos que buscan infiltrarse en nuestro nido cristiano con otros fines. Comenzamos en este capítulo retomando el tema de Dios, especialmente a partir de lo discutido en los capítulos 14 y 21. Y por sorprendente que suene al principio, "Dios" puede ser un cuco en nuestro nido. O para ser más precisos: *un dios* puede ser un cuco en nuestro nido. Lo que quiero decir es que el "dios" a quien adoramos puede resultar, tras un examen crítico, no ser el Dios vivo revelado en las Escrituras encarnado en Jesucristo. Nuestra idea operativa de Dios podría provenir de "otro lugar".

Después de todo, las personas pueden referirse a muchas cosas distintas cuando dicen que creen en "Dios". Este es un problema frecuente en las encuestas de opinión que simplemente preguntan: "¿Cree usted en Dios?". Una gran cantidad de personas en países profundamente cristianizados como Estados Unidos, por ejemplo, responderán afirmativamente. Pero ¿qué significa realmente eso? Una encuesta publicada en 2006 por la Universidad de Baylor trató de averiguarlo, preguntando más a fondo qué *tipo de Dios* era en el que creían los encuestados. El resultado mostró que alrededor del 41% de la población estadounidense creía en ese momento en un dios significativamente *distinto* al Dios revelado en Cristo y en la Sagrada Escritura. Ya había un cuco en el nido supuestamente cristiano. Y sigue allí.

Su hábitat natural se encuentra, en primer lugar, en la antigua Grecia, entre los seguidores de un filósofo llamado Epicuro (341-270 a.C.). Epicuro heredó una tradición filosófica "revolucionaria" que rechazaba la visión tradicional de los dioses griegos como la que presentaban Homero y Hesíodo. Los epicúreos creían que *existían* dioses, pero que no estaban interesados en nosotros. No "actúan" en nuestro mundo. Para los epicúreos, esto era una buena noticia, porque significaba que los seres humanos, al igual que los dioses, podían dedicarse libremente a la búsqueda de la felicidad, sin verse obstaculizados por las preocupaciones y necesidades del mundo, ni temer a los dioses, ni ahora ni en el futuro. Según ellos, los dioses mismos nos mostraban que debemos vivir una vida desprendida del mundo, buscando la "tranquilidad" (en griego, *ataraxía*).

En el mundo moderno hemos recibido esta forma general de pensar sobre una divinidad "lejana" a través del deísmo. El deísmo fue un sistema religioso desarrollado durante la Ilustración para adaptar la fe cristiana a la perspectiva racionalista emergente de esa época. El deísmo conservó algunos aspectos de la enseñanza cristiana tradicional que parecían compatibles con esta nueva visión, y rechazó otros. Por ejemplo, en el deísmo existe una deidad suprema que debe ser adorada, y se espera que las personas se arrepientan de sus pecados, creyendo que habrá recompensa y castigo tanto en esta vida como después de la muerte. Así que, en algunos aspectos, esta filosofía ilustrada es claramente *distinta* del epicureísmo precristiano. Sin embargo, la idea central de Epicuro de una divinidad "distante" es también fundamental en el deísmo. El dios del deísmo es una inteligencia suprema que tiene un plan general para la creación, pero no "interfiere" con el intrincado mecanismo del universo, como si fuera un reloj con leyes naturales. Como causa trascendente del universo, Dios le da cuerda al comienzo, pero luego lo deja funcionar por sí solo.

Este es el dios en quien realmente creen muchos de esos estadounidenses "cristianizados" que mencionamos antes: un dios lejano, ajeno, indiferente a los asuntos humanos. Una etiqueta popular que hoy se le da a esta forma de pensar es "Deísmo Moralista Terapéutico" (DMT). El autor de un estudio más reciente sobre el DMT (2021) sugiere que su atractivo reside en que "exige poco de sus seguidores, mientras les proporciona el consuelo, la comodidad y la comunidad que anhelan"[494]. Este dios lejano solo pide que seamos felices, que nos sintamos bien con nosotros mismos, y que, en términos generales, "seamos buenos" con los demás—en cuyo caso se nos permitirá entrar al cielo. Un dato clave de esta investigación, para nuestros fines, es el siguiente: el 74 % de quienes adhieren al DMT se consideran a sí mismos cristianos. Lo hacen a pesar de que el DMT y la verdadera fe cristiana apenas se superponen. En particular, un sorprendente 91 % de los adeptos al DMT no cree que sea pecador ni que necesite la salvación por medio de Cristo. Así que estas personas dicen que creen en "Dios", pero en realidad están adorando a un ídolo.

Este no es el único tipo de Cuco Divino que existe en el nido cristiano. Permítame mencionar otro más, a modo de ilustración. En esta segunda forma de pensar, la divinidad no es lejana, sino cercana. Pero es una cercanía "impersonal". "Dios" es una especie de "fuerza" cósmica que *nos rodea* y también habita en *nuestro interior*, de modo que, al final, no hay distinción entre nosotros y "dios". Esta idea también fue explorada en la antigua Grecia, y se asocia con un hombre llamado Zenón (335–265 a.C.), fundador del estoicismo. Los estoicos creían que el universo es una unidad ordenada gobernada por un poder cósmico supremo llamado *Logos*—la "Razón Divina" (RD). Esta RD es el principio organizador, integrador y dinamizador de todo el universo. Según ellos, cada alma humana es un fragmento de esa RD, alojada en un cuerpo. Por lo tanto, la esencia del ser humano es razonar, y vivir en armonía tanto con su propia naturaleza como con la del cosmos. Evidentemente, la salvación para los estoicos consistía en alejarse de lo irracional—de las pasiones y emociones—y alcanzar un estado de indiferencia ante el placer y el dolor, la riqueza y la pobreza, la fortuna y la desgracia.

El estoicismo es una filosofía occidental con conexiones evidentes con muchas filosofías orientales, que también proporcionan "hábitats naturales" para este tipo de cuco. Su canto puede oírse en el nido cristiano cada vez que Dios es concebido y adorado no como una Trinidad de personas, sino (por ejemplo) como un gran Océano del Ser destinado a absorber todas las gotas dispersas que somos los seres humanos. Este canto de cuco también está presente, quizá inadvertidamente, cuando en círculos cristianos se practica la "meditación" en formas propias de religiones orientales, en lugar de, o junto con, la oración cristiana. Quienes hacen esto pueden afirmar que están adorando a Dios, pero en realidad están adorando a un ídolo.

Quizá le parezca extraño que me esté enfocando en la teología—en la naturaleza de Dios—a esta altura de un libro sobre la humanidad. Pero tengo una buena razón para hacerlo. En todos los sistemas de pensamiento, la teología y la antropología están íntimamente relacionadas. Lo que creemos sobre *la* divinidad y sobre cómo *actúa* determina lo que creemos sobre *nosotros* mismos y sobre cómo *debemos* vivir. Esto ya ha quedado claro en lo que hemos discutido, pero permíteme desarrollarlo un poco más.

Primero: si tu dios no es el Dios trino, sino un dios "distante" al estilo epicúreo, tu creencia tendrá consecuencias prácticas inmediatas. Inevitablemente te verás a ti mismo como un ser autónomo, no responsable ante ninguna autoridad superior, y entenderás que el objetivo de tu vida es la búsqueda personal de la felicidad. Para asegurar tu "tranquilidad", te apartarás deliberadamente de toda persona y de todo aspecto del mundo que altere tu serenidad. Vivirás una vida fundamentalmente centrada en ti mismo, diseñada para asegurar "liberación del miedo y la ansiedad"[495]. El mismo Epicuro solo valoraba aquellas virtudes "necesarias para una vida sin perturbaciones"[496]. Incluso la amistad era importante para él principalmente por la seguridad que *le* proporcionaba. Estamos aquí muy lejos del amor bíblico al prójimo, que brota del carácter del Dios trino y viviente. Y la versión cristianizada de este pensamiento (el DMT) no mejora mucho a su antecesor pagano. En este sistema cristianizado sí hay, al menos, cierta noción de responsabilidad ante una autoridad superior, ya que se espera "ser bueno" para poder entrar al "cielo". Pero, aun así, la ética sigue siendo fundamentalmente egocéntrica.

Segundo: si tu dios no es el Dios trino, sino una divinidad estoica, también aquí hay consecuencias prácticas. Los estoicos creían que la razón desapasionada debía guiar todas nuestras relaciones—con RD, con otros seres humanos y con las demás criaturas. Por eso consideraban que emociones como la compasión, el duelo o la tristeza eran deformaciones del alma. Esta visión es completamente opuesta a la fe bíblica. Además, mientras que quienes creen en el Dios trino y viviente—por su convicción sobre la imagen de Dios en el ser humano—han mirado tradicionalmente con horror prácticas como el aborto y el infanticidio, los estoicos las aprobaban como "razonables". Una visión distinta de la divinidad lleva inevitablemente a una visión distinta de la vida humana.

Por eso es tan importante saber si hay Cucos Divinos en nuestro nido cristiano. Son difíciles de identificar, especialmente cuando llevan mucho tiempo ahí. Se ven como parte de la familia. Tal vez la mejor manera de detectarlos sea prestar atención a cómo vivimos. ¿Qué revela nuestra vida sobre la naturaleza del dios que realmente estamos adorando?

41

La materia no importa

"Dios miró todo lo que había hecho, y consideró que era muy bueno. Y vino la noche, y llegó la mañana: ése fue el sexto día."
(Génesis 1:31)

EN ESTE CAPÍTULO, DEJAMOS de lado a los cucos que cantan acerca de Dios y comenzamos a considerar a aquellos cuyo canto trata sobre la creación[497]. Para ello, primero vamos a retomar a los sofistas griegos que *discutimos* en el capítulo 38. Usted recordará que ya en el siglo V a.C. ellos estaban *cuestionando* la existencia de una base trascendental para las convenciones o leyes de la sociedad. Ahora necesitamos familiarizarnos más profundamente con el principal crítico y precursor tanto de Epicuro como de Zenón. Se trata del filósofo griego Platón, quien, siguiendo a otros filósofos presocráticos, buscaba *establecer* la existencia de un fundamento trascendental para las leyes y convenciones sociales.

Platón creía en un mundo eterno e inmutable poblado por "Formas". Estas son los originales perfectos de las diversas realidades imperfectas que vemos en el mundo visible. Por ejemplo, en nuestro mundo vemos muchos tipos de perros; todos ellos son representaciones de la Forma perfecta y divina del Perro. Estas y otras Formas pueden ser concebidas en nuestra mente, pero no podemos percibirlas con los sentidos (como la vista o el olfato); cualquier intento de "ver" la Forma del Perro fracasaría, porque nuestros sentidos no tienen acceso a las Formas. Solo la contemplación racional (*el pensamiento*) nos permite acceder a ellas, siendo la más importante la "Forma del Bien". Esta es la causa última de todas las demás Formas y de que podamos conocerlas. La Forma del Bien es la realidad suprema: la idea más elevada de lo bueno, lo bello y lo verdadero.

¿Cómo llegamos a esta situación? Según la historia de Platón, nuestro mundo sensible (aquel accesible a nuestros sentidos) surgió cuando un "artesano" se puso a trabajar. Usando los planos representados por las

Formas, creó el mundo material. Este mundo es tan bueno como él pudo hacerlo, pero ciertamente no es perfecto, porque la materia resistió sus intentos de imponerle un orden perfecto. Siendo recalcitrante o terca, la materia "no cooperó".

¿Y qué es el ser humano, específicamente, según Platón? Es una criatura hecha por dioses menores, a quienes el artesano delegó esta tarea. En un tiempo, todas las almas humanas existían como entidades eternas y divinas en el mundo de las Formas. Luego, los dioses tomaron estas almas individuales preexistentes y las colocaron en cuerpos físicos. ¿Cuáles son las implicaciones de esto? Pues bien, la fusión del alma con el cuerpo creó un problema para el alma. Ahora el alma es como un hombre sentado en una cueva junto a una fogata, mirando hacia la pared. Solo puede contemplar la realidad exterior a la cueva observando las sombras proyectadas por el fuego en la pared. Es decir: cargada por la fisicalidad del mundo de sombras que vemos, tocamos y olemos (la cueva), el alma humana solo recuerda tenuemente su verdadero hogar (el mundo de las Formas). Recordamos vagamente ese "mundo real" cuando vemos algo en el mundo de sombras que nos lo recuerda—por ejemplo, un gato nos recuerda la Forma del Gato—pero nada más. Para Platón, la filosofía consiste en el intento de elevarnos, por medio del pensamiento puro, desde *opiniones* sobre las apariencias de las cosas (en este mundo de sombras) hacia el *conocimiento* de la realidad misma (que se encuentra fuera de la cueva). La filosofía es el camino mediante el cual el alma alcanza la iluminación, recuperando su comprensión de la verdadera naturaleza de las cosas. Si seguimos este camino hasta el final, finalmente el alma escapará de su encierro corporal. Según Platón, esto sucederá al término de una larga serie de reencarnaciones.

Este es el "hábitat natural" de la idea central que mencioné y rechacé en los capítulos 8 y 9: la idea de que los seres humanos son esencialmente almas eternas e inmortales que actualmente habitan dentro de cuerpos. De aquí proviene, en última instancia, la noción de que los seres humanos poseen una especie de "chispa trascendental"—actualmente atrapada en una isla de piel y huesos—que sobrevive a la muerte física y vuela (esperemos) al cielo para estar con Dios. Platón fue, en muchos sentidos, un interlocutor natural para los primeros cristianos, fundamentalmente porque, a diferencia de otros griegos, sí creía en una realidad divina, objetiva y trascendente, ontológicamente distinta de la nuestra. Por eso fue útil a los primeros apologistas cristianos al tratar de explicar la fe cristiana a sus vecinos paganos. Claro está, cuando la fe tiende un puente hacia la cultura de esta manera, el tráfico circula en ambos sentidos—y siempre existe el peligro de que ideas regresen por ese mismo puente y deformen nuestro pensamiento cristiano. Esto ha sucedido ciertamente con la comprensión platónica del alma. Con frecuencia, escondido en el nido cristiano y disfrazado de ave cristiana, el Cuco Platónico ha deformado seriamente nuestra antropología cristiana.

El escritor cristiano del siglo III, Orígenes, por ejemplo, ciertamente era capaz de disentir de Platón. Pero considera esto: creía que la primera creación de Dios consistía en mentes desencarnadas que luego se convirtieron en almas, destinadas a la contemplación eterna de lo divino. El cansancio de esta tarea llevó a su "caída" y, en consecuencia, a su encarnación. Ahora el alma salvada debe ascender de nuevo, gradualmente, hasta un estado de mente pura—un ascenso hacia Dios. En otras palabras, Orígenes sostenía una comprensión profundamente platónica del camino humano. Inevitablemente, entonces, aunque en ciertos pasajes afirma la doctrina de la resurrección del cuerpo, no parece referirse a lo mismo que enseñaban los apóstoles. Porque la doctrina apostólica, en este punto, es en última instancia incompatible con el cristianismo platónico, en el cual no *puede* haber lugar verdadero y duradero para un cuerpo resucitado, tal como lo describe la enseñanza apostólica. ¿Para qué necesitarías uno?

Una versión aún más problemática de esta síntesis entre cristianismo y platonismo fue la variedad de ideas que hoy los estudiosos llaman gnosticismo. Aquí también, el ámbito espiritual se separa del material, y el alma—que es buena—se separa tanto como sea posible del cuerpo. Pero en los sistemas gnósticos, la materia no solo es terca (como en Platón), sino esencialmente mala. De hecho, los gnósticos veían el mundo material entero como resultado de un error cometido por el artesano. En estas filosofías, el artesano ha sido degradado a una divinidad menor dentro de una jerarquía de seres, muy por debajo del Dios absoluto y trascendente—el "Dios Desconocido". Este Dios en realidad desaprobaba totalmente el proyecto de creación. Los gnósticos tendían a creer que ese Dios desaprobador era el Dios de amor y misericordia revelado en el NT, mientras que el artesano era el dios inferior, airado y violento del AT. Naturalmente, dentro de esta ideología no hay una caída posterior a la creación. La creación misma es la caída—una caída desde la pureza espiritual hacia la realidad material. Las visiones gnósticas de la salvación, por lo tanto, son radicalmente distintas de las enseñadas por los apóstoles. La salvación, para el gnosticismo, consiste usualmente en que el alma inmortal escape del mundo material y regrese al reino espiritual del Dios supremo. El mecanismo de escape es el "conocimiento" (en griego, *gnōsis*), o la iluminación. La salvación es liberar al espíritu de la prisión de la materia. Vale la pena subrayar que este entorno gnóstico no solo generó una evolución particular del Cuco Platónico, sino también otros cucos que han perturbado el nido cristiano desde entonces. Por ejemplo, piensa en la insistencia pseudo cristiana bastante común—en distintas épocas de la historia—de que el Dios del AT es completamente distinto al del NT, acompañada de la idea de que el NT es Escritura cristiana propiamente dicha, mientras que el AT no lo es.

Aunque expresaban la idea de maneras distintas, los epicúreos y los estoicos coincidían con Platón (y con los gnósticos) en que la materia, en última instancia, no importaba. En particular, tampoco ellos tenían lugar para cuerpos individuales en ningún tipo de vida futura. Y por eso, cuando el apóstol Pablo intentaba comunicar en Atenas su mensaje sobre Jesús y la resurrección, los oyentes (incluidos filósofos epicúreos y estoicos) no podían comprender de qué hablaba[498]. No es sorprendente que, incluso después de aclarar su mensaje, "algunos se burlaban"[499]. De hecho, es sorprendente que *no* se burlaran más de él, dada su forma de entender el mundo.

A lo largo de este libro ya he mencionado diversos problemas que surgen en el pensamiento y la vida cristiana cuando no se identifica y expulsa al Cuco Platónico—especialmente en su forma gnóstica—del nido cristiano. Cuando la materia realmente importa, esto lleva a una forma muy distinta de abordar toda *la existencia humana*, en comparación con cuando la materia, en esencia, no importa. Quiero terminar este capítulo llamando tu atención sobre un peligro particular que conlleva no actuar con decisión en esta área. Para ello, cambiaré momentáneamente mi metáfora del "nido" por la del "puente". Esta es mi observación: cuando la idea platónica/gnóstica del alma logra cruzar el puente doctrinal y establecerse firmemente de nuestro lado, crea un punto de entrada que facilita el cruce de otras ideas similares detrás de ella. Una vez que la primera idea equivocada se instala en nuestra comunidad, otras ideas ya no nos parecen tan extrañas—ni tan absurdas—como nos parecerían de otro modo.

Por un lado, esto facilita que personas con inclinaciones gnósticas dentro de comunidades cristianas abracen ideas religiosas orientales. Por ejemplo, el hinduismo también considera el cuerpo simplemente como una cáscara dentro de la cual reside el alma durante su camino hacia la salvación. Aquí también, la salvación se concibe como escapar del mundo material. En verdad, tal religión concibe el mundo en términos *radicalmente* distintos de la fe cristiana auténtica. Pero para alguien que ya ha bebido profundamente del pozo de la síntesis cristiano-platónico-gnóstica, las ideas orientales pueden parecer extrañamente familiares. Así es como algunas personas llegan a la conclusión mortal y completamente errónea de que "todas las religiones son esencialmente iguales", y comienzan a adoptar prácticas espirituales orientales junto con, o en lugar de, las cristianas (capítulo 33).

Pero por el lado occidental de la ecuación, considere finalmente cómo la creencia profundamente arraigada y heredada de Platón que postula que "mi verdadero yo está dentro de mi cuerpo", facilita mucho más de lo que normalmente sería aceptar la clase de Romanticismo (e incluso de individualismo narcisista) que discutimos en el capítulo 37. El primer cuco ha quedado sin ser molestado, y ahora da la bienvenida a sus amigos.

42

El arte

"Extenderé mi mano contra los filisteos."
(Ezequiel 25:16)

EN CAPÍTULOS ANTERIORES ESTABLECIMOS que los seres humanos, al ser "como Dios", son criaturas hermosas, capaces de apreciar la belleza, y que un aspecto de la adoración que surge como respuesta a la belleza es la creación artística[500]. Encontramos arte *literario*, por ejemplo, en la poesía de los Salmos y en el Cantar de los Cantares; y leemos sobre arte *arquitectónico* y otros tipos de arte en la construcción y el mobiliario del tabernáculo. Y siempre que los cristianos no han sido completamente seducidos por el cuco en el nido (esa falsa enseñanza) que ha menospreciado la materia en relación con el alma, proclamando un evangelio gnóstico en lugar de uno ortodoxo—, ellos también han producido arte en todas sus formas. Es parte de nuestra vocación humana no solo *responder* a la belleza de la creación de Dios, sino también *crear* objetos bellos en *imitación* de nuestro Creador: libros, música, edificios y mucho más.

San Agustín fue uno de los teólogos más influyentes de la Iglesia antigua en la formación de una comprensión cristiana del arte durante los largos siglos previos al surgimiento de la modernidad. Él creía que el verdadero arte es, en realidad, una ciencia, precisamente porque está fundamentado en la realidad de la creación divina. Por ejemplo, los principios de la buena modulación musical y de su apreciación son los mismos principios matemáticos que Dios empleó al traer orden desde el caos en el principio. Las notas en una escala musical están separadas por proporciones matemáticas (2:1 es una octava, 3:2 es una quinta, etc.), y los sonidos que obedecen estas proporciones crean armonías hermosas que reflejan la armonía cósmica suprema. Pero esto también se aplica a las artes visuales. Las proporciones matemáticas que dividen una cuerda musical aparecen también entre las distintas partes de una línea en una página o en un edificio. Así, por ejemplo, la música y la arquitectura son como hermanas. La primera refleja la armonía eterna en forma sonora, y la segunda lo hace visualmente. La belleza no puede emerger en ninguno de estos campos a menos que se respeten las reglas matemáticas, se tenga o no conciencia de ellas[501].

La perspectiva de Agustín dio forma profunda al mundo medieval, especialmente en la construcción de grandes catedrales como la de Chartres, a partir del siglo XII. Allí, las proporciones musicales utilizadas por el gran Compositor (Dios) en su sinfonía cósmica eran las mismas que empleaban los arquitectos medievales en la edificación de sus iglesias[502]. Naturalmente, los cristianos medievales pensaban que la iglesia ideal debía ser construida conforme a las leyes del universo. Esta misma convicción, que la belleza está objetivamente anclada en una realidad metafísica y física dada, ha seguido marcando todas las aproximaciones auténticamente cristianas al arte desde entonces. Esto ha sido así incluso cuando los artistas han rehusado adoptar la forma particularmente platónica y en ciertos aspectos restrictivaen que Agustín pensaba el arte.

Por ejemplo, la armonía moderna le debe mucho a Johann Sebastian Bach (1685-1750). Bach fue un innovador en este campo y en muchos otros, pero aun así creía firmemente que "el propósito y fin último de toda música no debería ser otro que la gloria de Dios y el refrigerio del alma"[503]. Muchos de los que han escuchado o interpretado su música a lo largo de los siglos, fuesen personas "religiosas" o no, han comentado cómo su música los eleva "al cielo", por así decirlo. Esto incluye a muchos compositores consumados que entienden, más que la mayoría, lo que implica escribir música sobresaliente. Ludwig van Beethoven (1770-1827), por ejemplo, dijo una vez sobre la música de Bach que su propio corazón latía "solo por el gran arte elevado de este patriarca de la armonía". Robert Schumann (1810-56) dijo, en particular sobre el famoso *Clave bien temperado* (BWV 846-893), que "sus beneficios son grandes, y parece tener un efecto moralmente fortalecedor . . . como si hubiera sido escrito para la eternidad"[504]. Este tipo de comentarios también suele escucharse entre quienes visitan, sean religiosos o no, la Catedral de Chartres. El arte, cuando está arraigado en la trascendencia, funciona como un puente hacia ella, lo crean las personas o no. En el caso de Bach, esto se ve ilustrado de manera asombrosa por el ateo convencido Richard Dawkins, quien eligió como uno de los ocho discos que llevaría consigo a una isla desierta el aria *Mache dich, mein Herze, rein*, de la *Pasión según San Mateo* (BWV 244). La letra traducida dice: "Purifícate, mi corazón, yo mismo quiero sepultar a Jesús. Porque a partir de ahora, él tendrá en mí, por siempre jamás, su dulce descanso. ¡Mundo, aléjate, deja entrar a Jesús!"[505].

Sin embargo, mientras que muchas personas en la cristiandad del siglo XVIII, como Bach, aún buscaban interpretar toda la vida personal y culturalmentea la luz de la fe cristiana, y sus herederos lo seguían intentando en el siglo XIX, una nueva forma de pensar "moderna" ya comenzaba a cobrar fuerza. Y esto ha producido cambios significativos en cómo muchas personas en la época postcristiana conciben el arte. De ello han surgido tres ideas particulares sobre el arte que pueden aparecer como cucos en el nido cristiano.

El primero es hijo del cientificismo (capítulo 36), y lo llamaremos el Cuco Filisteo. El filisteísmo es una postura resueltamente negativa hacia las artes por parte de personas "materialistas . . . que desprecian los valores intelectuales o artísticos" (*Merriam Webster*). El señor Gradgrind de Charles Dickens, obsesionado con los hechos y los cálculos y sin tiempo para la poesía, es uno de estos. También lo son todos aquellos políticos y empresarios modernos que con frecuencia atacan la educación en humanidades por considerarla "inútil" si no capacita a una persona para un puesto específico en el mercado laboral. Pero también hay *cristianos* filisteos: creyentes que no comprenden por qué otros escriben o leen poesía, o literatura en general, o por qué "pierden el tiempo" pintando paisajes; o que, al planear la construcción de una nueva iglesia, solo se interesan por lo práctico y no por lo bello. Son los cristianos cuya *entrega* a la eficiencia programática tipo empresarial en su comunidad (iglesia), en pos de metas estrechamente "espirituales", convierte al arte, en el mejor de los casos, en un toque de color que "ayuda a transmitir el mensaje".

El segundo cuco que quiero mencionar es hijo de la ideología constructivista de la "voluntad de poder" (capítulo 38), y lo llamaremos simplemente el Cuco Nietzscheano. Su plumaje distintivo no es el desprecio por el arte, sino su separación de lo trascendente. Podemos detectarlo en el nido cristiano (o en otros) cada vez que oímos opiniones como "los textos (incluida la Biblia) significan lo que las personas quieran que signifiquen". Esta es su encarnación *literaria*. Hubo un tiempo en que vivíamos en la "era del autor—que abarca la mayor parte de la historia occidental hasta bien entrado el siglo XX—, en la que la tarea del lector era descubrir la verdad que el autor quería comunicar. Luego surgió el "estructuralismo", que centró la atención en los textos más que en sus autores: la "era del texto". Y ahora vivimos en la "era del lector", poblada por posestructuralistas que exploran cómo los lectores *construyen* significado mientras leen. Así es como Nietzsche termina diciéndonos cómo debemos leer los libros.

Pero este mismo enfoque constructivista del significado se encuentra en todo el espectro del arte contemporáneo. Lo vemos en el *Teatro del Absurdo* (como en las obras de Samuel Beckett), que invitan al público a reflexionar sobre su soledad en un mundo sin sentido. Lo encontramos en la música posmoderna, que sitúa el significado y la estructura no en la partitura sino en el oyente. También está presente en el arte visual posmoderno que rechaza la verdad objetiva y prioriza, en su lugar, la experiencia individual y su interpretación. En todo esto, el arte ya no está basado en un significado objetivo, ni es una ventana hacia la belleza objetiva o su expresión. La belleza reside únicamente en el ojo del espectador. El arte, en esta clave, ciertamente no tiene nada que ver con glorificar a Dios ni con ofrecernos vislumbres de "lo Bueno". De hecho, el arte constructivista es mucho mejor retratando la oscuridad que comunicando la luz. Lo que "*construye*" es, normalmente, un mundo extremadamente sombrío y difícil de habitar—el tipo de mundo en el que el propio Nietzsche acabó (literalmente) volviéndose loco.

Incapaces de mirar por mucho tiempo al vacío constructivista sin entrar en pánico, los posmodernos prefieren pasar al menos parte del tiempo escuchando el canto de un tercer cuco, que entona una melodía algo distinta sobre el arte. Es el Cuco Romántico Mira-en-tu-interior discutido en el capítulo 37, que intenta captar la Naturaleza mediante la intuición. Lo llamaré el Cuco Caspar, en honor al artista mencionado en ese capítulo. Este cuco también separa el arte de lo trascendente, pero trata de encontrar algún terreno firme donde pisar aunque sea momentáneamenteen la pendiente resbaladiza que conduce directamente al constructivismo. Ese terreno firme es, por supuesto, el yo interior. Este es un yo que puede *sentir* cosas frente al arte, que al menos puede ser momentáneamente entretenido por él, que puede encontrarle un sentido que no es meramente "construido", sino que tiene un matiz cuasi-religioso. Sigue siendo "lo que el arte significa *para mí*" lo que importa—el significado y la belleza objetivos no existen—, pero el "mí" en esa frase es el "mí" que *siente*, no solo el que *construye*. Es el yo que no renuncia del todo a algún tipo de verdad mística o religiosa en todo ello. La presencia de este tercer cuco en el nido cristiano se puede detectar donde ya no hay una comprensión robusta del arte como vehículo de verdad y belleza trascendentes. El arte es celebrado, en cambio (como en la cultura general), solo "porque me hace sentir bien", ya sea ese "cuadro bonito" que cuelga allí o esa "divertida" comedia romántica que vi en Netflix la semana pasada.

Una comprensión verdaderamente cristiana del ser humano exige que tomemos el arte mucho más en serio que todas estas alternativas. No deberíamos ser ni filisteos, ni constructivistas, ni románticos cuando se trata del arte.

43

La inocencia

"Si afirmamos que no tenemos pecado, nos engañamos a nosotros mismos y no tenemos la verdad. Si confesamos nuestros pecados, Dios, que es fiel y justo, nos los perdonará y nos limpiará de toda maldad."
(1 Juan 1:8-9)

EN EL TRANSCURSO DE nuestra discusión sobre los fundamentos de una antropología cristiana en el capítulo 17, consideramos la importante idea de que la humanidad está *caída*[506]. De muchas maneras, y con terribles consecuencias, la humanidad ha sido corrompida por el mal—cuyo corazón es la adoración del yo. Un ejemplo bíblico temprano se relaciona con nuestro capítulo anterior, porque ilustra cómo este giro idolátrico hacia el interior afecta al arte. En Génesis 4, Lamec mata a un hombre por haberlo herido (hebreo *peṣa'*) y golpeado (hebreo *ḥabbûrâ*)[507]. Al matar de este modo, ciertamente no está respondiendo ni reflejando la justicia divina, la cual establece límites claros y equitativos en tales asuntos: "si hay daño, pagarás vida por vida... herida por herida (*peṣa'*), golpe por golpe (*ḥabbûrâ*)"[508]. Lamec se ha convertido en su propio dios, poseedor de su propia ley—¡y nótese que celebra esta idolatría en el primer poema de la Biblia! Ya, desde el principio de la historia humana, el arte ha dejado de reflejar la belleza objetiva, y ha comenzado a expresar la voluntad humana de poder. El construccionismo ha comenzado.

Sin embargo, los orígenes del problema humano están aún más atrás. Desde casi el inicio de nuestra historia (como lo cuenta Génesis 3), la humanidad en su conjunto ha sido corrompida por el mal. Y luego, cada uno de nosotros, individualmente, antes incluso de ser conscientes de esta realidad, también es corrompido por ella. Esto ocurre simplemente por el hecho de haber nacido y haber sido criados dentro de una cultura humana caída. Heredamos un "equipaje" creado por las malas decisiones de nuestros antepasados, y se nos entrega aún más de ese equipaje por parte de quienes nos rodean en nuestras familias y otros grupos. Pero luego nosotros mismos, individualmente, comenzamos a participar activamente en el caos y la oscuridad, y de varias formas también los aumentamos. Las Sagradas Escrituras enseñan que la humanidad ha estado caracterizada por la caída casi desde el principio, y que cada ser humano participa en esa condición caída. Por eso es que todos necesitamos ser salvados del pecado (capítulo 18).

Este aspecto fundamental de una comprensión verdaderamente cristiana de la condición humana no es, por supuesto, ampliamente aceptado como verdad en la cultura contemporánea. En esa cultura, la falta de autoestima se considera prácticamente el peor mal que existe en el mundo, y quienes la causan son algunas de las peores personas. Por tanto, mucho más convincente en este contexto contemporáneo es la idea de que los seres humanos son fundamental y naturalmente buenos. Las demás personas son, en general, buenas, y yo mismo soy bastante bueno. Ciertamente no necesito ser salvado—como me dijo enfáticamente una mujer que conocí recientemente en una boda, apenas segundos después de comenzar nuestra conversación y al enterarse de que soy un académico de la Biblia. No fue sorprendente, considerando que ella no se identificaba como cristiana. Sin embargo, esta idea de la bondad natural del ser humano no solo está muy extendida entre quienes no asisten a la iglesia. Como vimos en el capítulo 40, la gran mayoría de los adherentes del DMT (deísmo moralista terapéutico) también abrazan esta idea. Así que el Cuco de la Inocencia es otro pájaro que debemos considerar en esta parte del libro.

El "hábitat natural" más importante de este cuco es el movimiento Romántico que ya encontramos en capítulos anteriores, incluyendo el capítulo 42. En contraste con las ideas ilustradas del progreso, que implicaban una evaluación negativa de los "pueblos primitivos" que habían quedado atrás, los románticos desarrollaron una narrativa en la que esos pueblos pre-ilustrados eran en realidad los afortunados, quienes vivieron en una edad dorada antes de que comenzara la regresión. En "el estado de naturaleza" (es decir, antes de formar parte de la sociedad civilizada), los seres humanos no vivían como seres solitarios y brutales (como argumentó Thomas Hobbes en su importante obra *Leviathan* [*Leviatán*]). No vivían como seres "caídos". En cambio, vivían en una dicha pre-civilizacional, semejante al Edén.

Como ejemplos para ilustrar su punto, los escritores románticos solían referirse a los pueblos originarios del mundo que los europeos habían encontrado recientemente en sus viajes, especialmente en América del Norte. Con frecuencia comparaban favorablemente estas sociedades indígenas con la civilización europea, la cual describían de diversas maneras como corrupta e injusta. Ya en la obra de John Dryden de 1672, *The Conquest of Granada* [*La conquista de Granada*], el héroe Almanzor declara: "Soy tan libre como la Naturaleza creó al hombre, antes de que las viles leyes del servilismo comenzaran, cuando el noble salvaje corría libre por los bosques"[509]. Del mismo modo, el Barón de Lahontan escribió en un diario de viaje de 1703 que "el salvaje obedece la voluntad de la Naturaleza... por tanto, es feliz. Los civilizados son los verdaderos bárbaros"[510]. A un nivel más serio y filosófico, el sumamente influyente "Padre del Romanticismo", Jean-Jacques Rousseau (1712–1778), presentó el estado de naturaleza como una condición moralmente neutral y pacífica, caracterizada por la ausencia de orgullo, envidia o temor al otro, así como por la compasión.

En esta narrativa romántica, "la caída" se retrasa considerablemente en la historia humana. No ocurre sino hasta que el bendito ser humano que vivía en el estado de naturaleza es "arruinado" por la civilización. La civilización, y no el pecado, se convierte entonces en aquello de lo cual el individuo necesita ser salvado—las instituciones corruptas, especialmente de la sociedad urbana. La salvación se alcanza volviendo a conectarse con la Naturaleza—tanto interna como externamente. En particular, lo que hay *dentro* de la persona debe ser *liberado*. Si los seres humanos fueran inherentemente pecaminosos, entonces nuestros impulsos internos obviamente tendrían que ser manejados con cuidado, e incluso ignorados o reprimidos en muchas ocasiones. Pero dado que estamos caracterizados por la bondad natural (afirman los románticos), nuestros impulsos pueden ser confiables. De hecho, deberían analizarse constantemente como fuente de revelación sobre lo que es bueno. En nombre de la autenticidad frente a una sociedad represiva y falsa, esa revelación debe ser compartida con todos los demás. La auto-dramatización ya era una actividad favorita del romántico Lord Byron, mucho antes de convertirse en el modo de expresión preferido del individualismo narcisista posmoderno.

Hasta aquí la letra de la canción del Cuco de la Inocencia. No hay, por supuesto, ninguna razón válida para tomar esta canción en serio. Esto es particularmente cierto porque el relato romántico de los pueblos "pre-civilizacionales" que son tan importantes para su perspectiva no tiene ningún fundamento en evidencia. Sé que muchas personas contemporáneas, especialmente en un país como Canadá, creen en algo muy parecido a esta versión de la historia. Ciertamente la han escuchado muchas veces—repetida una y otra vez en el discurso actual sobre el estado de nuestro planeta. "Hubo una vez una edad dorada, poblada por personas que vivían en armonía con la Naturaleza. Luego vino la civilización, y todo se echó a perder". Volveremos a esta narrativa romántica en relación con el *planeta* en el capítulo 49. Por ahora, enfoquémonos más estrechamente en la cuestión de la inocencia humana, eligiendo para análisis crítico solo una de las afirmaciones de Rousseau sobre el estado de naturaleza. Esta es la afirmación de que dicho estado era una condición *pacífica*. ¿Qué evidencia existe de que haya habido alguna vez un estado general de paz en la historia humana? ¿Qué dice la ciencia sobre este tema? Y dado que la ciencia requiere datos duros para trabajar, permítame ser más preciso. Hoy en día aún existen pueblos indígenas entre nosotros, y ciertamente los ha habido en el pasado reciente, documentable y recuperable. ¿Sugieren las vidas de estos "pueblos primitivos" modernos (como algunos los llaman), con sus líneas de continuidad que se remontan al pasado, que alguna vez existió algo parecido a un "estado de naturaleza" no violento y pacífico?

La respuesta es, categóricamente, "no". En su libro *Batallas constantes*, Steven LeBlanc rastrea la inclinación humana hacia la guerra desde el período paleolítico en adelante, moviéndose cronológicamente desde grupos de cazadores-recolectores hasta sociedades humanas complejas. Su análisis de la guerra tribal en tiempos recientes en las tierras altas de Nueva Guinea es particularmente impactante: "Este último lugar en la Tierra que permaneció sin ser afectado por la sociedad moderna", afirma LeBlanc, "no fue el más pacífico, sino uno de los más belicosos jamás encontrados"[511]. Él cita esto y todas las pruebas en su libro precisamente para disipar la idea errónea de que los seres humanos son "pacíficos por naturaleza . . . y lo han sido por millones de años"[512]. En realidad, las personas en el pasado estaban "en conflicto y competencia la mayor parte del tiempo"[513]. Esta realidad fue subrayada en el simposio de 1993 significativamente titulado *El crimen en la prehistoria*. Esta conferencia "desafió, como simplificadas y distorsionadas, las visiones que retratan la prehistoria como poblada exclusivamente por miembros de comunidades felices y pacíficas, que vivían en armonía entre sí y con su entorno"[514].

En resumen, tanto la teología cristiana como la investigación científica moderna ponen en duda la narrativa romántica sobre el "estado de naturaleza". Resulta que esta narrativa está impulsada por un enfoque totalmente despreocupado hacia los hechos históricos, tal como lo describió ya en 1788 el poeta romántico Friedrich Schiller—autor de la letra de la *Oda a la Alegría* (el himno europeo moderno): "Siempre seré una pobre fuente para cualquier historiador desafortunado que se me acerque . . . La historia es solo una revista para mi imaginación, y los objetos deben aceptar lo que se conviertan en mis manos"[515]. Frente a tal enfoque imaginativo de la historia, la investigación científica sugiere un pasado humano real profundamente marcado por la caída humana, así como por la bondad "hasta el fondo". Este es el tipo de mundo que también describen las Sagradas Escrituras. Que las personas contemporáneas fuera de la iglesia no vean que *el momento presente* también está marcado por una pecaminosidad profundamente arraigada— una pecaminosidad que no es simplemente una cuestión de mala educación o instituciones defectuosas—no debería sorprender particularmente a los lectores de la Biblia. Ellos, por encima de todos, deberían entender que uno de los aspectos centrales de la caída humana es una alteración importante precisamente en nuestra capacidad humana para *pensar* con claridad sobre nuestro verdadero estado moral[516]. Volveremos a este importante asunto en el capítulo 48. Por el momento, no resulta especialmente impactante que las personas contemporáneas inclinadas al romanticismo fuera de la iglesia hayan sido seducidas por el Cuco de la Inocencia. Lo verdaderamente inconcebible es que nosotros, los cristianos, hayamos escuchado tan atentamente su canto, al punto de encontrarnos entre aquellos que "dicen que no tienen pecado", engañándonos a nosotros mismos y demostrando que "la verdad no está en nosotros"[517].

44

La información

"¡La sabiduría es lo primero! ¡Adquiere sabiduría! Por sobre todas las cosas, adquiere discernimiento." (Proverbios 4:7)

ATLANTIC CITY (1980) ES una película justamente olvidada, y no la recomiendo. Pero tiene un momento excelente de perspicacia. "Enséñame cosas", dice una mujer joven a un hombre mayor. "¿Qué quieres?", responde él, "¿información o sabiduría?" Esta respuesta revela una conciencia de la diferencia cualitativa entre estas dos realidades. Aquí se ofrece algo mucho mejor que información: es *la sabiduría* que este hombre ha acumulado a lo largo de muchos años, como fruto de reflexionar sobre la información *y* la experiencia, comprender su significado y aprender a emitir buenos juicios con miras a la virtud. ¿Qué es lo que ella quiere: información o sabiduría?

Podríamos pensar que la respuesta correcta es evidente. La sabiduría es sin duda más importante que la información. Las Sagradas Escrituras están de acuerdo, y yo también[518]. Pero lo que observo es que a muchos de nosotros nos cuesta pensar y vivir como si esto fuera realmente cierto. No nos resulta fácil detectar al Cuco de la Información que se anida en el nido cristiano y que constantemente busca usurpar el lugar central que le corresponde a la sabiduría en nuestros afectos. Y una de las consecuencias de esta incapacidad para identificar al cuco es que podemos terminar adoptando, sin querer, una visión subcristiana en lugar de verdaderamente cristiana de la educación (como describí en los capítulos 26–27). Evitar ese desenlace será más fácil si comprendemos tanto el origen del Cuco de la Información como el daño que ya ha causado en su propio entorno.

Primero, debemos entender que antes del surgimiento del mundo moderno, la gran mayoría de las personas capaces de reflexionar sobre la información y la sabiduría habrían coincidido con la fe cristiana en cuanto a la importancia inherente de ambas. La sabiduría acumulada a lo largo de los siglos, que se extiende hacia atrás en el tiempo (habrían afirmado), constituye el fundamento de nuestras vidas. Sin embargo, ya en los escritos del filósofo inglés Francis Bacon, a inicios del siglo XVII, encontramos una idea diferente comenzando a echar raíces en la imaginación europea (véase el capítulo 13)[519]. Según este nuevo modo de pensar, la razón al explorar la naturaleza sin las ataduras de cualquier forma anterior de tradiciónes el camino hacia el verdadero conocimiento. Y este conocimiento no se desea para vivir en mayor *armonía* con la naturaleza, sino para *controlarla* de manera más eficiente. En otras palabras, ha surgido un proyecto utópico que, en nombre del "progreso", busca doblegar todo lo natural a fines humanos mediante una ciencia reduccionista. Los "hechos" del señor Gradgrind—información—son los adoquines del camino que inevitablemente nos lleva allí.

Con el tiempo, esta forma de pensar ha producido un mundo dominado por la tecnología de la información, la cual está en el corazón de todo tipo de transformaciones recientes, rápidas y sorprendentes. También representa la llave que las personas poderosas de la sociedad moderna esperan usar para alcanzar sus metas *futuras*. En esta búsqueda, nuevos avances en áreas como la inteligencia artificial (según predicen) otorgarán a la humanidad (o más precisamente, a ellos) un control aún mayor sobre la naturaleza. Específicamente, como se mencionó brevemente en el capítulo 1, esto permitirá que nosotros/ellos asumamos un mayor control sobre la naturaleza *humana*, superando los "problemas" creados por nuestra corporeidad. La sociedad que está surgiendo al andar este camino ha sido bien descrita por Henry Kissinger:

> La era de internet en la que ya vivimos anticipa algunas de las preguntas y cuestiones que la inteligencia artificial [IA] solo hará más agudas . . . El propósito de internet es ratificar el conocimiento mediante la acumulación y manipulación de datos en constante expansión. La cognición humana pierde su carácter personal. Los individuos se convierten en datos, y los datos se vuelven soberanos. Los usuarios de internet privilegian la recolección y manipulación de información sobre la contextualización o conceptualización de su significado. Rara vez interrogan la historia o la filosofía; por lo general, demandan información relevante a sus necesidades prácticas inmediatas . . . La verdad se vuelve relativa. *La información amenaza con desbordar la sabiduría* [énfasis añadido][520].

Inevitablemente, una de las principales víctimas ya resultantes de estos desarrollos ha sido la educación concebida cristianamente. En el pensamiento cristiano, la educación siempre ha consistido en que personas sabias *formen* a otras personas mediante la iniciación en un cuerpo de conocimiento amplio e integrado. Todas las materias del currículo eran reclutadas en función de este objetivo. Como lo expresó un reconocido humanista alemán del siglo XVI, "debe aprenderse de la lengua latín nada menos que sabiduría, rectitud, religión, prudencia, buen gobierno y buenas costumbres"[521]. ¿*Dónde* debía tener lugar tal aprendizaje? En una serie de *encuentros personales*. Porque los cristianos coincidían con sus predecesores griegos paganos, como Sócrates, en que "la sabiduría . . . debe desarrollarse en conversación con maestros sabios y compañeros estudiantes"[522]. Los sofistas de aquella época, recordemos, recorrían el mundo antiguo transmitiendo a los estudiantes únicamente conocimientos técnicos, sin preocuparse por su formación en la verdad y la virtud. Sócrates y Platón, en cambio, sostenían que una verdadera educación requería *tiempo* en un *lugar*—una academia (colegio o universidad), como la que fundó Platón en Atenas en el año 387 a.C. La verdadera educación implicaba luchar, en un contexto *social*, con una serie de preguntas difíciles que no podían responderse de forma rápida o sencilla—preguntas mucho más importantes que "¿cuáles son las mejores técnicas para ganar discusiones?".

Por un tiempo, esta visión tradicional de la educación logró sobrevivir a las presiones de la modernidad en Occidente, incluso cuando, después de la Ilustración, los educadores adoptaron cada vez más un humanismo secular en lugar de cristiano. Por un tiempo, las universidades y colegios todavía existían "para la formación del carácter, para cultivar los hábitos intelectuales y morales que juntos constituyen la base para vivir la mejor vida posible"[523]. Pero a partir del siglo XIX, los estudios humanísticos, presionados por las ciencias duras para justificar su valor en el mundo moderno, comenzaron a redefinirse en términos cada vez más "científicos". Se volvieron especializados y centrados en los hechos, en lugar de generalistas y centrados en la sabiduría. Nació así el académico humanista investigador, cuyo propósito ya no era ayudar a los estudiantes a lidiar con el significado de la vida desde múltiples disciplinas, sino buscar nueva información en un campo estrecho y compartirla con los demás.

Así fue como la búsqueda y transmisión de información se convirtió en el centro de la educación en muchos ámbitos, pero con una advertencia importante: en las humanidades, esta labor quedó cada vez más incrustada en una cosmovisión nietzscheana en la cual (recordemos) no existen los hechos, solo las interpretaciones, y no hay verdad, sino muchas "verdades" (véase Kissinger arriba). Esto, a su vez, fomentó la idea de que no existe algo como una virtud objetiva a la que los miembros de una comunidad académica puedan aspirar en común. Así ocurre que para muchos educadores contemporáneos (si merecen ese título), la educación ya ni siquiera trata de formar ciudadanos bien preparados, de pensamiento crítico y educación integral. Por un lado, ahora se trata de inculcar ideología. Por otro, se trata de entrenar a los estudiantes en habilidades que les permitan prosperar después en determinadas formas de empleo remunerado, y así contribuir tanto al "proyecto moderno de control" como al valor neto de su empresa. Esta es una comprensión extraordinariamente degradada de la educación, en la que la información ya ha eclipsado a la sabiduría. La consecuencia es que, si uno es sabio, no acude hoy a la mayoría de las universidades o colegios para adquirir sabiduría. Porque su propósito ciertamente no es explicar el sentido de la vida.

La visión cristiana de la educación es, evidentemente, muy distinta de esta versión degradada—pero el Cuco de la Información a menudo nos distrae de ella, y también nosotros caemos bajo su hechizo. Consideremos, por ejemplo, cómo la "demanda de información relevante a las necesidades prácticas inmediatas", de la que hablaba Kissinger, caracteriza en gran medida el discurso contemporáneo en la iglesia sobre la educación de los pastores. Esta es, de hecho, con frecuencia la idea *dominante*: que lo que los pastores necesitan adquirir por encima de todo en su educación es una serie de habilidades diseñadas para hacerlos útiles en el "mercado laboral cristiano". Esto refleja directamente las actitudes "mundanas" hacia la educación que cada uno de nosotros encuentra naturalmente en su vida cotidiana. Las personas más cruciales que se topan con ella en ese contexto son precisamente aquellas que financian y gobiernan las instituciones educativas cristianas.

Esto conduce inevitablemente a exigencias de planes de estudio centrados en "formar personas para realizar las tareas de un pastor", de los cuales se van excluyendo progresivamente materias largamente valoradas, ahora consideradas "insuficientemente prácticas" y "demasiado difíciles". Reducir el currículo, junto con suavizar los requisitos de lo que permanece, permite a los seminarios y universidades tanto acortar sus títulos como permitir que los estudiantes cursen solo las materias que *consideran* más relevantes para *sus objetivos*. Así, los estudiantes pueden terminar sus estudios tan rápido y "eficientemente" como sea posible y reincorporarse al mercado laboral, al que incluso los cristianos suelen referirse (y esto es profundamente irónico) como "el mundo real". Dios no lo quiera que estos estudiantes se demoren demasiado en sus estudios y aprendan algo que no sabían previamente.

Es *evidente* que toda la empresa ya no está fundamentada en una visión de la educación teológica cuyo énfasis principal sea introducir a los estudiantes, con el tiempo, en un cuerpo de conocimiento amplio e integrado, con miras a su formación espiritual y moral. Y esto es, francamente, un desastre para la iglesia, que siempre ha necesitado—y siempre necesitará—pastores amplia y profundamente educados, capaces de hacer mucho más que cumplir con una serie de tareas profesionales. Se asumía comúnmente, por tanto, que necesitarían una educación que los llevara a enfrentar preguntas más importantes que las del tipo sofista: "¿cuáles son las mejores técnicas para ganar argumentos, o para predicar, o para dirigir una junta?". Pero eso era cuando sabíamos que necesitábamos profetas, no técnicos—líderes visionarios, no administradores.

Mi conclusión es esta: para proteger y sostener nuestra visión cristiana distintiva de la educación, el Cuco de la Información, que ya ha convertido la educación en una caricatura dentro de *nuestro* propio nido, debe ser claramente identificado como lo que es—y arrojado fuera de *nuestro* nido, antes de que cause más daño del que ya ha causado.

45

Sion

"Sión, tú que habitas en Babilonia, ¡sal de allí; escápate!"
(Zacarías 2:7)

EN LOS CAPÍTULOS 28 y 29, en el marco de la profundamente convicción cristiana de que los seres humanos fueron creados por Dios como seres *sociales*, reflexionamos sobre la idea de iglesia. Propuse que todos los cristianos, como seguidores de Cristo, estamos llamados a ser miembros activos de una comunidad cristiana local—tanto para nuestro bien como para el bien común. Vale la pena enfatizar este segundo aspecto en el presente capítulo, ya que no lo desarrollé suficientemente antes. Jesús dijo: "donde dos o tres se reúnen en mi nombre, allí estoy yo en medio de ellos"[524]. Pero no hay nada en el resto del Nuevo Testamento que sugiera que tomar café con dos amigos afines en Starbucks o en casa, de alguna manera cuenta como "iglesia". No hay razón alguna para considerar esto como una alternativa válida a la pertenencia a una comunidad cristiana más amplia y diversa, que incluye personas que probablemente no le agradan, pero que necesitan su apoyo en su caminar cristiano. No se trata solo de usted (ni de sus amigos). Si esto es así, no debemos dejar de congregarnos como iglesia, "como algunos tienen por costumbre"[525].

Una de las características de la una buena iglesia que exploramos en los capítulos (28 y 29) es su compromiso con una auténtica *educación* cristiana, tal como se describe en los capítulos 26 y 27, en contraste con su negación en el capítulo 44. Esta educación auténtica es profunda e integral, orientada a la búsqueda de sabiduría para cada área de la vida. Otra característica es que una buena iglesia se reúne en *persona*. Quienes sostienen una antropología cristiana genuina creen que el ser humano es irreductiblemente *corporal*. No somos mentes, ni almas, ni corazones que simplemente habitan en cuerpos y que podrían, con la misma facilidad, prescindir de ellos. Desde una perspectiva cristiana, como ya sugerí, es contradictorio hablar de una "comunidad virtual". Quiero ahora desarrollar más esta línea de pensamiento, profundizando en lo que en el capítulo 44 se denominó el Cuco de la Información.

Retomo aquí un hilo del capítulo 26 sobre la necesidad de integrar el "qué" y el "cómo" en nuestra reflexión cristiana sobre la educación. Enseñamos a los niños—y ahora quiero añadir "también a los adultos"—lo que realmente creemos, teológica y antropológicamente, tanto por el contenido *como* por la forma en *que* enseñamos. Así, si deseamos enseñar, en contra de toda forma de gnosticismo, la importancia absoluta de nuestra naturaleza corporal como seres sociales, pero optamos por hacerlo mediante una comunicación desencarnada a través de internet, entonces hemos tropezado en la primera valla de la carrera, y no la terminaremos bien (si es que llegamos a terminarla). Al divorciar *forma* y *contenido* de esta manera, hemos animado a nuestros estudiantes, con nuestro ejemplo, a hacer lo mismo. Esto los lleva inevitablemente a concluir que el contenido (la información) que estamos "transmitiendo" es lo verdaderamente importante, y que lo demás es solo un "forma de entrega". La enseñanza presencial, cara a cara, proclamamos con nuestra práctica, no es más que una entre muchas "formas válidas" de impartir educación.

El lenguaje mismo debería alertarnos sobre el profundo cambio que ha ocurrido en nuestra forma de pensar. Antes hablábamos como una comunidad reunida de amigos que compartían la vida en busca de sabiduría[526]. Ahora usamos el lenguaje de Amazon. Nos hemos convertido en sofistas—aunque al menos ellos se presentaban físicamente a trabajar. Hemos llegado a creer que la educación puede ser "entregada" como un producto directamente del maestro al estudiante, con los respectivos "resultados medibles". Al hacerlo, hemos abandonado a Sócrates, quien creía que "la educación era algo más misterioso [que esto], y requería el grado de paciencia y acompañamiento de una partera". La partera podía ayudar a dar a luz, pero no "predicando a las madres, trazando diagramas y entregándoles manuales de parto—el equivalente contemporáneo a dar conferencias, enviar diapositivas de PowerPoint y distribuir supuestas guías de estudio" en el aprendizaje en línea[527]. La partera debía estar *presente*, en persona, durante todo el proceso.

Así llegamos, en este abandono, a la llamada "educación a distancia" (ED), que hoy es tan ubicua en el mundo—una contradicción en los términos, si es que alguna vez hubo una. Es un paso más allá (y más abajo) de lo que describí en el capítulo anterior. En ese capítulo hablé de una época en la que los estudiantes todavía asistían físicamente a universidades o institutos para recibir una educación ya de por sí degradada, en la que la información había suplantado a la sabiduría. Pero ahora, cada vez más, ni siquiera "asisten", porque en casi todo el mundo educativo se ha llegado a creer que asistir carece de sentido. Todos los objetivos "educativos" cantados por el Cuco de la Información, en respuesta a la demanda de datos prácticos e inmediatos por parte de los estudiantes, pueden alcanzarse de forma más eficiente y barata por otros medios. Y las instituciones educativas se han apresurado a satisfacer esta demanda. Han reducido y simplificado sus planes de estudio para ofrecerlos en formas cada vez más remotas, empobrecidas y, por lo tanto, más baratas y "accesibles". No lo han hecho, por lo general, por verdadera convicción de que la educación que ahora imparten sea mejor que antes, ni siquiera igual de buena—aunque inevitablemente eso es lo que dicen al *promocionar* su producto. Más bien, han sido arrastradas a este mundo digital por lo que creen es una necesidad económica. Su carrera sin principios representa simplemente su mejor esperanza (creen) de sobrevivir en la larga carrera hacia el abismo del mercado educativo en el que ya están metidas. Y la lógica implacable de ese mercado ha apretado ya su puño.

El resultado es una forma aún más debilitada de "educación" moderna que la ya poco brillante versión anterior. Es cierto que, al igual que con la "iglesia virtual" descrita en el capítulo previo, es fácil no darse cuenta de esta degradación, si la experiencia educativa anterior fue lo suficientemente negativa. Pero la realidad es que, una vez que se acepta que "personas en comunidad encarnada" ya no son necesarias para el proyecto educativo, la destrucción de la verdadera educación es completa. El cementerio que marca su lugar de entierro está formado por universidades medio vacías o abandonadas, habitadas por profesores que—si no están ya "trabajando desde casa" en soledad—ya no tienen como tarea compartir la vida con otros en un lugar y tiempo comunes en busca de sabiduría. Su labor es sentarse frente a pantallas de computadora en contacto "virtual" con estudiantes que están en otro lugar. Y estos estudiantes, a su vez, solo están en contacto "virtual" entre ellos. Una vez que esta nueva realidad echa raíces, revertirla se vuelve muy difícil—no menos porque muchos estudiantes dicen que les gusta, y protestarán ruidosamente en nombre de sus "derechos" si lo que han llegado a apreciar se ve amenazado[528].

Lo que los estudiantes pueden realmente "aprender" en medio de todo esto es sumamente limitado. Algunos estudiantes que aún anhelan nostálgicamente algo mejor pueden "optar" por llevar su cuerpo a un espacio físico en ese cementerio—si es que se les ofrece esa "opción". Si se ofrece, se presenta como una entre varias posibilidades igualmente válidas para "acceder" a la educación. Pero incluso así, tal vez esa "opción" exista en algunas instituciones, pero el problema es que quienes la eligen suelen verse obligados a interactuar con otros estudiantes en línea, en un entorno "híbrido" supervisado por docentes que no pueden brindar la atención que merecen quienes están allí presentes. Prometida una "experiencia presencial", lo que reciben es justo lo contrario. Una de las ironías más notables de todo este drama es que la "libertad de elección" es una de las grandes líneas de marketing de la ED—pero lo único que ya no se puede elegir fácilmente es una educación genuina.

Todo en este valiente y nuevo mundo digital grita que, después de todo, *somos* sólo mentes, o almas, o corazones que se *encuentran* en cuerpos, y que *podemos* prescindir fácilmente de estos cuerpos. Y esto, por supuesto, es exactamente lo que quieren que creamos los gurús de este nuevo mundo con sus grandiosos planes para nuestro futuro inhumano. Esta "educación virtual" no es la academia de Platón. No es una educación auténtica. Y nos abre la puerta a realidades peores. Los cristianos fieles no deberíamos tener nada que ver con ella, salvo como medida temporal y muy excepcional, a la que solo se recurra cuando no haya otra posibilidad más satisfactoria (por ejemplo, durante una epidemia). Es fundamentalmente contraria a nuestras convicciones cristianas sobre la naturaleza de nuestra humanidad, que en todo momento debemos alimentar y proteger de la erosión, prestando atención no solo a *lo que creemos*, sino también a *cómo vivimos*. En todo debemos afirmar que el ser humano es un portador de la imagen de Dios, irreductiblemente *corporal y social*. Y en todo, nuestras comunidades cristianas deben esforzarse por dar cuerpo a ese mensaje. Esto hará, muchas veces, que tales comunidades sean profundamente contraculturales—y eso es, sin duda, cierto en relación con nuestra cultura actual, que en muchos aspectos es anti-humana.

Al pensar en esta realidad, a menudo me viene a la mente la película de 1999, *The Matrix*. En ella, el mundo de la superficie está dominado por máquinas con inteligencia artificial originalmente creada por humanos, pero que terminaron por dominarlos. La gran mayoría de los humanos sobrevivientes están conectados a "la Matrix". Allí son usados por las máquinas como fuente de energía—aunque no lo saben, porque su mente vive en una realidad virtual. Pero un pequeño grupo de humanos permanece libre en cuerpo *y* mente, y comprende la verdadera condición del mundo. Viven bajo tierra, en una comunidad encarnada llamada "Sion". Una de sus tareas es desconectar a otros de la Matrix y traerlos de vuelta a la realidad, mientras esperan a un Salvador que, esperan, acabará con el dominio de las máquinas.

De manera semejante, nosotros los cristianos somos llamados a ser un movimiento "subterráneo", que mantenga viva la verdadera comprensión de la persona humana, mientras esperamos al Salvador. Estamos llamados a hacerlo en un mundo que, de forma creciente y preocupante, está abandonando una antropología verdadera. Es un mundo dominado por lo digital y lo virtual, poblado por seres humanos que en general no tienen idea de lo que realmente está ocurriendo, porque están conectados a una conciencia falsa. En este contexto, estamos llamados a ser "Sion", refugio para todos los que quieran escapar de Babilonia[529].

46

Jerusalén

*"¡Aleja de mí el bullicio de tus canciones; no quiero oír
la música de tus cítaras!" (Amós 5:23)*

AL DESARROLLAR MI COMENTARIO sobre el Cuco de la Información en el capítulo anterior, le recordé dos de las tres características de una buena iglesia. Estas son su compromiso con una *educación* cristiana adecuada y su determinación de reunirse en *persona*. En el capítulo actual, la *tercera* característica que se presentó por primera vez en el capítulo 28 ocupará un lugar central. Una buena iglesia enseña que la adoración es un estilo de vida, y sus reuniones de adoración refuerzan (en lugar de socavar) esta idea bíblica fundamental por medio de sus "actividades de adoración".

Aquí es precisamente donde se rompe por completo aquella útil analogía con *The Matrix* que ofrecí en el capítulo anterior. Hollywood, al igual que el arte constructivista mencionado en el capítulo 42, es mucho mejor retratando la oscuridad que la luz, y al mal que al bien. No es de extrañar, entonces, que el punto culminante de la vida comunitaria de Sion en *The Matrix*, cuando sus miembros no están luchando contra el mal, sea una especie de discoteca banal y espantosa. Al parecer, eso es lo más cercano a una reunión de adoración que se puede encontrar dentro de esa cosmovisión; y la visión positiva de la vida que reflejan esas "actividades de adoración" es estrecha, superficial y desalentadora.

La fe cristiana, en cambio, ofrece una visión gloriosa y expansiva de una contracultura humana y disidente que se opone a la cultura antihumana. A lo largo de este libro he mostrado cómo se ve esto en nuestra vida en el hogar y en las relaciones familiares, en nuestras relaciones sociales más amplias, en nuestro trabajo, recreación, pensamiento, música, nuestro arte, y así sucesivamente. A esto es lo que ahora llamaré, para superar decisivamente la visión de Sion en *The Matrix*, la "visión de Jerusalén" de la vida como adoración. Y esta visión es la que debería dar forma a nuestras reuniones cristianas, al buscar involucrar a la persona íntegra en la adoración. En el capítulo 21 describí brevemente algunos aspectos centrales de cómo la iglesia primitiva procuraba hacer esto, refiriéndome en particular a la *Primera Apología* de Justino Mártir. Ahora quiero hablar más sobre esta realidad histórica, comparándola con nuestros enfoques contemporáneos de las "actividades de adoración". Mi propósito es presentarle a otro intruso problemático en el nido cristiano. Se trata del Cuco de la Adoración, cuyas prácticas no logran promover "actividades de adoración" que apoyen la idea de "adoración como vida".

En cuanto a la historia, sabemos por Justino, en primer lugar, que los primeros cristianos leían juntos las Escrituras "todo el tiempo que se permitiera", ubicándose a sí mismos dentro de la historia de Dios. Nuestro enfoque actual es mucho más minimalista, especialmente en iglesias fuera de las denominaciones históricas que siguen la tradición del leccionario (lecturas bíblicas establecidas cada semana). Las "lecciones" del Antiguo Testamento han prácticamente desaparecido de nuestras reuniones de adoración, y aun el Nuevo Testamento se lee públicamente sólo en fragmentos breves que están directamente relacionados con el sermón que sigue. Estas prácticas merecen una reflexión a la luz del mandato apostólico de "dedicarse a la lectura pública de las Escrituras"[530]. ¿Acaso necesitamos menos ayuda que los primeros cristianos para ubicarnos en la historia bíblica? ¿O hay alguna otra razón por la cual la lectura pública de la Escritura ya no nos parece importante?

En segundo lugar, los primeros cristianos escuchaban sermones que les explicaban las Escrituras y los exhortaban a vivir conforme a la historia cristiana. Pero, al igual que con la *lectura* bíblica, también hemos visto una disminución en tiempos recientes, en iglesias de todo tipo, en la importancia de la *predicación* de las Escrituras. Hemos visto un cambio hacia la imagen visual en lugar de la palabra hablada, y hacia sermones temáticos en lugar de sermones basados en el texto. En algunos casos, hemos presenciado un intento casi completo de romper la conexión entre las Escrituras y el sermón, cuando este último se convierte en poco más que una charla motivacional, y las primeras quedan reducidas a un recurso del cual extraer frases fuera de contexto con fines ilustrativos. ¿No es esto problemático?

En tercer lugar, los primeros cristianos oraban, en parte para recordarse a sí mismos las obras poderosas de Dios en el mundo y darle gracias por ellas y por todos sus dones, y en parte también para confesar sus pecados, pedir cosas e interceder por otros. Pero en tiempos recientes ha habido una gran reducción en la cantidad de oración que se ofrece en la adoración pública. Hay menos *oraciones* que antes, y son mucho más breves, abarcando mucho menos de la historia cristiana. ¿Por qué sucede eso? ¿Tiene importancia?

En cuarto lugar, los primeros cristianos celebraban juntos la Eucaristía cada semana. Para muchos cristianos contemporáneos, en cambio, la Eucaristía no es una de nuestras prácticas habituales y regulares—ni tampoco lo es la recitación del credo. ¿Será que los cristianos modernos necesitamos menos que nuestros antepasados recitar y representar nuestra fe? ¿Por qué sería así?

En relación con estos cuatro puntos, quiero subrayar que, en términos de impacto sobre nuestra comprensión y práctica, lo que hacemos juntos con regularidad y con énfasis es lo que realmente importa. Estas son las actividades que inevitablemente "predican" más poderosamente su teología y su antropología, diciéndonos quiénes somos y moldeando nuestra vida de adoración. El mayor impacto no proviene de aquellas realidades a las que no damos importancia, ni de las actividades que hacemos solo de vez en cuando. Esto me lleva a considerar, en quinto lugar, la "actividad de adoración" de la música y el canto. Puede que hoy en día no se lean muchas Escrituras en voz alta, ni se predique con seriedad; puede que haya pocas oraciones públicas, que no se celebre la Eucaristía ni se recite un credo. Pero casi con certeza habrá una cantidad considerable de música y canto en la reunión de adoración. La música y el canto se han convertido, así de un modo que no era cierto en la iglesia primitiva, en *el principal refuerzo* de la teología de la comunidad cristiana. Como práctica principal, regular y habitual, se ha convertido en una influencia poderosa en la formación de nuestra identidad. Y, ¿cuál es su carácter?

Recordamos del capítulo 21 que la música y el canto en la iglesia primitiva, existían para facilitar la confesión de fe del pueblo reunido de Dios. Pero lo que a menudo se observa en las reuniones de adoración actuales es cuán *pasiva* se ha vuelto la congregación respecto a la música y el canto. El modelo de lo que sucede se asemeja más a un "concierto" que a un "canto comunitario". Las personas se reúnen para observar la actuación de una "banda" en un "escenario", más que para participar en una actividad colectiva. El volumen excesivo de la música suele ser un problema importante: cuando uno no puede oír su propia voz al cantar, ¿para qué intentarlo? Si el propósito de la música y el canto es facilitar la confesión de fe del pueblo reunido, la primera pregunta que deberíamos hacernos es sobre *la participación*.

La segunda pregunta debería ser sobre la *forma y el contenido*. Es un hecho, históricamente, que la música y las canciones preferidas en las reuniones cristianas han sido compuestas y presentadas en un solo estilo musical. Pero una *forma* tan restringida no puede representar la gran y variada historia de Dios en la que estamos todos inmersos. No puede traer suficiente verdad a la mesa. Asi mismo, muchas comunidades cristianas cantan desde un repertorio sorprendentemente estrecho, y es imposible que dicho repertorio capture la plenitud del *contenido* de la historia cristiana. Muchas de nuestras reuniones están dominadas por canciones centradas, por ejemplo, en la adoración, que sin duda es un aspecto importante de la verdadera adoración cristiana. Pero cuando este se convierte en el único tema, otros elementos igualmente fundamentales (como el lamento) se pierden. Ya no se le permite a la persona entera presentarse ante Dios con toda su realidad interior. Este problema no sería tan grave si las canciones modernas abordaran más aspectos de la historia bíblica, incluso mientras se concentran en un tema (como la adoración). Pero en realidad, muchas de ellas son increíblemente breves y en realidad no "dicen" mucho. Esto generalmente implica que uno se sienta obligado, casi por cortesía, a cantarlas más de una vez—de hecho, varias veces. El resultado es que uno termina cantando, varias veces, una composición que no tenía mucho que decir desde un principio.

Esto es algo extraño de hacer, y solo el hecho de que nuestra mente esté desconectada del acto de cantar podría impedirnos *verlo* como algo extraño. Y esto nos lleva justo al borde de algo que no es adoración cristiana en absoluto—algo que se parece mucho más a la espiritualidad oriental. En este modo, nos entregamos al canto repetitivo con la intención de *escapar* de nuestra mente y nuestro cuerpo. Cantamos mantras para entrar en un estado de trance en el que flotamos un rato hacia un "otro" reino espiritual distinto al mundo en el que vivimos. Y al hacerlo, reforzamos la falsa teología que hemos visto a lo largo de este libro, la cual encuentra su forma más tóxica en Occidente en el gnosticismo.

El Cuco de la Adoración es real, y es peligroso. Necesitamos insistir en hacernos las preguntas necesarias para sacarlo a la luz desde donde se oculta en nuestras prácticas no examinadas. ¿Por qué ya no participamos mucho en muchas de las "actividades de adoración" de nuestros antepasados en la fe? Y en cuanto a lo que hacemos en su lugar (o más frecuentemente), ¿puede eso llamarse adoración cristiana, o es otra cosa? ¿Cómo saberlo? ¿Podríamos hacer ciertas cosas de forma diferente y mejor? Por ejemplo, ¿no sería mejor leer más la Escritura y orar más, y cantar menos? Y cuando cantamos, ¿no sería mejor cantar una mayor variedad de canciones, que aborden un abanico más amplio de doctrinas, en lugar de repetir una misma canción con un solo tema, una y otra vez? Porque la adoración *cristiana* consiste, entre otras cosas, en que la persona entera cante la fe entera—pensándola y recordándola mientras lo hace. Una buena *iglesia* es aquella que se reúne en persona, y que en *el mismo acto de hacerlo*—incluyendo sus "actividades de adoración"—refuerza en la mente y el corazón de las personas *una antropología específicamente cristiana*, y no una ajena.

47

La justicia

"¡Ya se te ha declarado lo que es bueno! Ya se te ha dicho lo que de ti espera el Señor: Practicar la justicia, amar la misericordia, y humillarte ante tu Dios." (Miqueas 6:8)

DETECTAR CUCOS EN NUESTRO nido cristiano es una tarea importante, aunque también puede ser complicada. De hecho, cuanto más se parece y suena un cuco particular a un ave genuinamente cristiana, más difícil resulta identificarlo. Y, sin embargo, es especialmente importante saber distinguirlos en estos casos complejos, particularmente cuando queremos aliarnos con personas fuera de la iglesia en cuestiones sociales y políticas de interés común (véase el capítulo 34). Volviendo brevemente a mi metáfora del "puente" del capítulo 41: construir un puente hacia la cultura en tales casos requiere designar centinelas con visión aguda de nuestro lado del puente, que puedan impedir el paso inadvertido de mercancía peligrosa desde el otro lado hacia el corazón de nuestra propia ciudad. Todos recordamos la historia del caballo de Troya y lo mal que terminó para la ciudad de Troya. Con esto en mente, quiero dedicar los próximos tres capítulos a reflexionar sobre la justicia y el medio ambiente[531].

Vivimos en una época en la que el tema de la "justicia" ocupa el primer lugar en la agenda de muchas personas. Todos hablan de ella, y de hecho la exigen. Pero, ¿cómo sabemos cómo es realmente la justicia? Los verdaderos cristianos, por supuesto, deben tomar como referencia la Sagrada Escritura para responder esta pregunta. Así que comencemos allí. La justicia se fundamenta en el carácter mismo de Dios—está enraizada trascendentalmente. Dios es justo, y por eso quienes están en una relación correcta con Él son llamados a "hacer justicia" a sus prójimos que son portadores de la imagen de Dios, y a "amar la misericordia y a caminar humildemente con su Dios"[532]. Entendemos lo que es la justicia, y somos motivados a *practicarla*, al vivir en relación con Dios. También comprendemos *la falta* de justicia en el mundo dentro de ese mismo marco. El mundo es injusto porque las criaturas humanas han rechazado al único Dios verdadero, y al hacerlo se han vuelto inevitablemente injustas en diversos grados. Con frecuencia, luego han construido sistemas y estructuras injustas—relativa o totalmente—en todo el planeta (en áreas como la justicia penal, el comercio o el empleo). El mal que así se ha infiltrado en el mundo es ahora profundo, complejo y difícil de erradicar. Solo Dios puede salvarnos de ello y finalmente lo hará.

Pero esto no justifica la pasividad de nuestra parte. En la Biblia encontramos la constante identificación de Dios, en el presente, con quienes sufren injusticia, y el llamado a su pueblo a hacer lo mismo. Vivir como portadores de su imagen implica defender los derechos humanos de todos nuestros valiosos prójimos, también portadores de esa imagen. Esto incluye, por ejemplo, su derecho a ser tratados con igualdad ante la ley (es decir, con justicia), independientemente de su riqueza, clase, raza o sexo (véase el capítulo 22). Nuestro llamado como pueblo de Dios implica, especialmente, alzar la voz "por los mudos" (aquellos que no pueden hablar por sí mismos) y defender "los derechos de los pobres y necesitados". Porque si no abogamos por quienes carecen de poder, no habrá, por ejemplo, igualdad ante la ley[533]. Estos prójimos, en particular, requieren nuestra atención.

Esto es, en pocas palabras y desde una perspectiva bíblica, lo que es la justicia. No es lo mismo que lo que nuestros contemporáneos secularizados entienden por justicia—y no *podría* serlo, entre otras razones porque estos no creen que existan absolutos morales trascendentes en los cuales se pueda fundamentar la justicia. Esto genera inmediatamente dificultades, especialmente en cuanto a qué derechos humanos debemos proteger y qué sistemas de justicia debemos diseñar. Por supuesto, hay muchas personas en el mundo que comparten con los cristianos un fuerte compromiso con los derechos humanos individuales. Pero, ¿cuántos derechos existen realmente, y cómo lo sabemos?

Los "libertarios" abogan por un número reducido de derechos de "libertad" (por ejemplo, libertad de expresión, de propiedad y de religión), mientras que los "liberales" tienden a agregar numerosos derechos sociales y económicos (como el derecho a la educación o a la atención médica). Ambos grupos también discrepan sobre el papel del Estado en la promoción y protección de estos derechos. Los libertarios son altamente individualistas, y suelen entender la "libertad" en términos puramente negativos (por ejemplo, libertad *frente* a los impuestos). Los liberales piensan de manera más colectiva. Coinciden con los libertarios en que un mercado libre es el mejor mecanismo para generar riqueza que pueda ser compartida, pero creen que el Estado debe supervisar esa distribución precisamente en aras de la equidad.

En ambas posturas, la justicia termina reducida a una fuerte defensa de los derechos individuales—pero, ¿cuáles derechos?

Y, en cualquier caso, ¿por qué deberíamos considerar que esos derechos lo son realmente, y por qué deberíamos protegerlos? Ninguna de estas filosofías ofrece una respuesta satisfactoria. Y esto es previsible, ya que ambas han abandonado el nido cristiano donde nacieron, y ahora no logran encontrar un hogar satisfactorio en ningún otro lugar. Lo entiendan o no sus defensores actuales, ambas filosofías de la "libertad" (como las llamaré ahora para simplificar) dependen de la idea bíblica de los derechos y libertades humanos, *contextualizados dentro de la narrativa bíblica*. Y cuando estos derechos y libertades se desconectan de ese contexto, se vuelve imposible fundamentarlos de manera verdadera y objetiva. Ciertamente no pueden fundamentarse en la "Naturaleza", ya que lo que es "natural" no es, por eso mismo, evidentemente bueno (cf. capítulo 36).

Al carecer de ese fundamento, estos derechos y libertades tienden a evolucionar hacia entidades que ya no se parecen mucho a sus antepasados bíblicos. Tal vez por eso se olvida su origen. En particular, la idea bíblica de la importancia del individuo degenera en un mero *individualismo*, con su compromiso *idólatra* con libertades económicas, sociales y otras. La libertad, en la Sagrada Escritura, es *para* algo: para amar a Dios, al prójimo y a las demás criaturas. Pero divorciada de la idea bíblica complementaria de la obligación hacia la familia y la comunidad, la libertad pronto se convierte en autonomía. Por eso, las "sociedades de libertad" post-cristianas terminan experimentando la fragmentación de las familias, vecindarios e instituciones. La verdad es que estas filosofías de la libertad solo han "funcionado" en sociedades donde la fe cristiana se ha mantenido lo suficientemente fuerte como para compensar el egoísmo que el individualismo produce. Arrancar esa fe despeja el terreno para que crezcan las semillas de la propia destrucción de la libertad. Pues, tarde o temprano, surgen personas idealistas que se dan cuenta de que los filósofos de la libertad no pueden fundamentar objetivamente sus ideas fundamentales. También se sienten asqueadas por el egoísmo y la codicia que dichas ideas han generado, junto con la dureza de corazón hacia quienes más han sufrido a causa de ellas. Y entonces surge un espíritu revolucionario del tipo que exploraremos en el capítulo 48.

Antes de eso, y para tener una visión completa: una tercera forma contemporánea de pensar la justicia intenta evitar los problemas de fundamentarla en la "Naturaleza" al admitir que los derechos no son "naturales", pero argumenta que, aun así, deberíamos defenderlos por interés racional propio. Estos son los derechos (se argumenta) que desearíamos que se nos reconocieran si estuviéramos en desventaja (por ejemplo, si no pudiéramos pagar atención médica). Pero si el interés racional propio es lo que realmente nos motiva, ¿por qué no organizar una sociedad que explote deliberadamente a los pobres para beneficiar al resto, asegurándonos de tener suficiente riqueza y poder para nunca convertirnos en uno de ellos? Y si la respuesta es que oprimir a los pobres está mal, entonces volvemos al punto de partida: ¿*Por qué* está mal? ¿Por qué la justicia no es, simplemente, poder? El capítulo 48 vuelve a llamarnos.

Una cuarta (y por el momento última) forma contemporánea de entender la justicia también trata de evitar los problemas de fundamentarla en la "Naturaleza", pero de otra manera. Sus defensores argumentan que la justicia consiste en la mayor *felicidad para el mayor número de personas* (el "utilitarismo"). Si algo hace feliz a la mayoría, entonces es justo, dentro de los límites del llamado "principio del daño": que nuestra conducta no debe dañar a otros. Esto, por supuesto, es problemático. El hecho de que algo haga feliz a una persona no significa que sea correcto. Y el acuerdo de una mayoría sobre lo que *les* hace felices no equivale a justicia. Por ejemplo, la esclavitud hacía muy felices a los ciudadanos de la antigua Atenas, pero la sociedad ateniense era profundamente injusta en ese aspecto. Y como demuestra este ejemplo, el "principio del daño" es, en realidad, inútil como límite para las opiniones mayoritarias, porque lo que uno considera "daño" depende de su visión de la naturaleza humana, y de una comprensión del bien y del mal que necesariamente debe "tomarse prestada" de otra parte. Para los atenienses, los esclavos eran esclavos *por naturaleza*, por lo tanto, la esclavitud no era perjudicial para ellos. En definitiva, el utilitarismo es una forma de pensar la justicia totalmente inaceptable desde el punto de vista cristiano, ya que erosiona los derechos de los individuos portadores de la imagen de Dios en favor del grupo o "el pueblo". ¿Tienen, por ejemplo, los ancianos todavía derechos a la vida bajo esta visión, si la mayoría se ha cansado de tener tantos de ellos alrededor? ¿Por qué sí, o por qué no?

Así que, como exhorta el libro de Amós: "corra el juicio como las aguas, y la justicia como impetuoso arroyo". ¿Quién podría oponerse a la justicia? Pero debemos tener muy claro lo que queremos decir con esa palabra. Muchas personas quieren reclutar a los cristianos para que apoyen *sus* nociones de justicia—y quizá en este o aquel asunto debamos, en efecto, apoyarlos. Pero no apaguemos nuestras mentes al hacerlo, ni comencemos a firmar "cheques en blanco" a favor de cualquier "justicia" que otros aprueben en un momento determinado. Existe algo que podríamos llamar el Cuco de la Justicia, y tiene la capacidad de causar serios problemas. En el peor de los casos, podríamos descubrir tras una reflexión crítica, que la "justicia" por la cual otros nos piden luchar no es justicia en absoluto—al menos, no según la Biblia.

48

La revolución

*"Pero ustedes han convertido el derecho en veneno,
y en amargura el fruto de la justicia." (Amós 6:12)*

LA ADVERTENCIA FINAL DEL capítulo anterior se aplica tanto a las ideas *postmodernas* sobre la justicia como a cualquier otra. Este es un modo de pensar que surge de la teoría crítica postmoderna. Es bastante diferente del pensamiento centrado en la "libertad" y, de hecho, normalmente se establece de forma agresiva en oposición a las filosofías de la libertad, punto por punto, así como a las realidades sociales construidas sobre esa base. Sin embargo, al estar atentos a detectar el "Cuco de la Justicia", nuestra pregunta debe seguir siendo la misma: ¿hasta qué punto son coherentes estas ideas postmodernas sobre la justicia con la enseñanza bíblica? No obstante, al explorar esta cuestión en el presente capítulo, descubriremos que ya no estamos tratando con el Cuco de la Justicia, sino más bien con un Cuco Revolucionario.

Los elementos clave del pensamiento postmoderno sobre la justicia son los siguientes. En primer lugar, este pensamiento está aún más enfocado que el pensamiento liberal (en contraste con el libertario) en la cuestión de los "resultados" sociales, negándose a aceptar desigualdades de poder, riqueza y bienestar en la sociedad. Pero, a diferencia del liberalismo, explica estos resultados negativos como producto de estructuras y sistemas sociales injustos, en lugar de atribuirlos a otras fuentes (por ejemplo, el esfuerzo o la pereza individual; diferencias en la capacidad individual). Dado que los problemas de raíz son estructurales y sistémicos, es lógico pensar que la única manera de resolverlos en favor de los desfavorecidos es mediante políticas sociales. La solución nunca es, por ejemplo, pedir a los individuos que cambien su comportamiento. Logramos la "justicia social"—y la adición de este adjetivo a nuestro sustantivo es característica de esta forma de abordar la realidad—cambiando estructuras y sistemas.

Profundizando más (en segundo lugar): ¿cuál es la naturaleza de la sociedad que debe ser transformada? Se caracteriza, fundamentalmente, por la desigualdad de poder. Por tanto, alcanzar la justicia consiste, ante todo, en resolver este problema. Las relaciones de poder en nuestra sociedad injusta deben describirse primero mediante el análisis de la "interseccionalidad". "El concepto de interseccionalidad describe las formas en que los sistemas de desigualdad basados en el género, la raza, la etnicidad, la orientación sexual, la identidad de género, la discapacidad, la clase social . . . 'se cruzan' para crear dinámicas y efectos únicos"[534]. Las personas en estas categorías ya carecen de poder individualmente, y su pertenencia simultánea a otras categorías aumenta su impotencia. El mapa interseccional deja al descubierto la verdad de todas estas dinámicas de poder, revelándonos así a las personas que poseen menos poder en la sociedad contemporánea—es decir, aquellas que más necesitan justicia social.

Este mapa interseccional, en tercer lugar, revela la verdad de maneras que los "discursos dominantes" no pueden. Los "discursos dominantes" son las afirmaciones de verdad de los grupos actualmente poderosos, típicamente basadas en la razón y la ciencia, o en la religión. La cuestión del lenguaje es que no *describe* simplemente la realidad, sino que la *construye* o crea con el fin de enmascarar estructuras de poder (cf. capítulos 38 y 42). Por ejemplo, los académicos y científicos ocultan las estructuras injustas hablando de "libertad académica" y "objetividad empírica", respectivamente. Por tanto, la reconstrucción justa de la sociedad requiere la subversión de estos discursos dominantes. Esto, a su vez, exige controlar el discurso en lugar de permitir la libertad de expresión. Ni siquiera se puede permitir el debate razonado sobre ideas "equivocadas", porque eso solo brinda espacio para que los discursos injustos se fortalezcan. Los poderosos (los "privilegiados"), cegados por su propia ubicación social, deben simplemente guardar silencio, creando así un espacio en el que los impotentes puedan hablar—especialmente aquellos que están en el extremo más marginado del espectro interseccional. Estas personas extremadamente marginadas son, por encima de todo, quienes pueden ver cómo son realmente las cosas en el mundo y hablar con autoridad moral sobre ello.

Sin embargo, el problema va más allá del lenguaje. En cuarto lugar, "todo el arte, la religión, la filosofía, la moral, el derecho, los medios de comunicación, la política, la educación y las formas familiares" están también "determinados, no por la razón o la verdad, sino por fuerzas sociales . . . Todo está determinado por su conciencia de clase y su ubicación social"[535]. Todo debe ser "desenmascarado" y deconstruido en la búsqueda de la justicia.

En Occidente, especialmente en su fase post-cristiana, esta forma de pensar sobre la justicia se ha vuelto cada vez más influyente en las últimas décadas. La revolución "woke" que exige—la destrucción de la sociedad occidental y su reconstrucción desde cero—parece, en muchos aspectos, estar ya en marcha[536]. A veces parece que cada día avanza un paso más, apropiándose de otra institución u organización. Su éxito para conquistar corazones y mentes tiene mucho que ver con las debilidades de las sociedades "de libertad" descritas en el capítulo 47. Tampoco ha ayudado el hecho de que, desde hace tiempo, hemos permitido a los defensores del construccionismo nietzscheano (así como del marxismo), tal como se describe en los capítulos 38 y 42, el acceso sin restricciones ni oposición a enormes cantidades de jóvenes impresionables a través del sistema educativo. La política que estamos describiendo representa simplemente el resultado previsible de ese tipo de adoctrinamiento asimilado sin crítica. Así es como muchos Millennials y sus herederos, tanto fuera como dentro de la iglesia, consideran el "pensamiento de justicia social" como la forma evidentemente *correcta* de abordar los temas de justicia.

Es importante, entonces, tener claridad sobre la profunda incoherencia intelectual y moral de esta forma de pensar la realidad, a la que volveré en el capítulo final. Dejando esa cuestión de lado por el momento, es especialmente importante comprender la marcada incompatibilidad entre las ideas discutidas en este capítulo y las ideas bíblicas de justicia. Permítanme hacer solo dos observaciones principales en este sentido.

En primer lugar, es imposible para una visión verdaderamente cristiana aceptar la desesperadamente romántica descripción postmoderna del bien y el mal que está en el corazón de esta perspectiva. Muchos de sus defensores suponen exactamente lo que Rousseau (y también Marx) supusieron primero: que el mal es inculcado en seres humanos naturalmente buenos por la "civilización". Por tanto, basta con cambiar las estructuras actuales y se resolverá el problema de la injusticia. Pero la fe bíblica insiste en que el mal reside tanto *fuera* como *dentro* de cada uno de nosotros. Siempre ha sido así—y la ciencia está de acuerdo (véase el capítulo 43). Nada en la Sagrada Escritura ni en la historia sugiere que podemos erradicar la injusticia simplemente cambiando las estructuras sociales. Al contrario, hay bastante evidencia histórica que respalda la afirmación de que, en realidad, al cambiar incluso estructuras sociales muy insatisfactorias podemos generar más injusticia de la que había antes. La verdad es que nuestra salvación requiere necesariamente afrontar de forma integral la realidad problemática que *realmente* sí es "sistémica" en la creación: el problema del pecado. Este problema afecta a *todas* las personas y *a todas las cosas*, incluyendo incluso nuestra capacidad para analizar correctamente nuestra propia situación. Al creer esto, los cristianos están también obligados a rechazar la idea postmoderna de que las personas con menos poder que otras tienen, por ese mismo hecho, una mayor capacidad para ver la realidad con claridad. No existe una razón válida, ni bíblica ni empírica, para apoyar tal generalización.

Derivado de esto, en segundo lugar, la Sagrada Escritura enfatiza que cada persona caída es, ante todo, un individuo hecho a imagen de Dios, ontológicamente igual a cualquier otro ser humano. No es de importancia *primaria* que cada uno de nosotros sea también miembro de un sexo, una raza o una nacionalidad (etc.). Esto es lo que me obliga a amar a cada ser humano como a mi prójimo, sin importar qué lo diferencia de mí. Es lo que me obliga a tratar a todo individuo con justicia sin discriminación. La visión postmoderna, en cambio, hace que la identidad racial o de grupo sea lo principal, por encima de la mera identidad humana. En este modo de pensar, por tanto, cuando se abordan asuntos de justicia e injusticia, los individuos son tratados siempre como miembros de una clase. La cuestión no es, por ejemplo, si tú, como individuo, eres culpable, de manera demostrable y objetiva, de haberte comportado injustamente con otros. De hecho, *eres* culpable de injusticia simplemente por pertenecer a una clase poderosa en lugar de a una clase oprimida, según lo revela el mapa interseccional. Una de las implicaciones de esto es que no tienes derecho, como miembro de un grupo privilegiado, a quejarte de ser discriminado. A los defensores de la justicia social no les molesta (por ejemplo) la discriminación racial, siempre que esté dirigida contra los "enemigos de clase". La justicia no significa, en esta filosofía, "tratar justamente a las personas individuales" sin importar su sexo o raza, etc. En realidad, suele significar exactamente lo contrario. Y así volvemos a lo que escribí al principio de este capítulo: en realidad no estamos tratando aquí con un Cuco de la Justicia, sino con otra cosa. Verdaderamente, la justicia ha sido convertida "en veneno" (Amós 6:12).

Se podría decir mucho más sobre este tema, incluyendo el punto importante de que, en esta manera postmoderna de pensar, evidentemente no puede haber expiación individual para el culpable, seguida de restitución dentro de una comunidad más amplia de pecadores perdonados. No hay "salida" posible de tu caja tribal. De hecho, el perdón, la paz y la reconciliación entre "grupos" dentro de sus cajas *también* son imposibles. Como ha escrito con agudeza Miroslav Volf sobre esta clase de mentalidad tribal: "El perdón fracasa porque excluyo al enemigo de la comunidad de los humanos, mientras me excluyo a mí mismo de la comunidad de los pecadores"[537]. Y, por supuesto, esta exclusión del yo de la comunidad de los pecadores es muy visible entre los defensores de la teoría postmoderna de la justicia. Muchos de ellos destilan una desagradable e irreflexiva actitud de justicia propia, como cruzados en guerra contra el mal (externo), decididos a continuar la batalla hasta que el enemigo sea destruido—mediante el escarnio, la deshumanización, la denuncia o cualquier otra arma a su alcance. Su "evangelio" es muy distinto al evangelio cristiano, punto por punto—aunque algunos de ellos frecuenten iglesias.

En resumen, el pueblo bíblico *debe* estar profundamente comprometido con la justicia. Pero la iglesia debe ser, ante todo, la iglesia, y no simplemente el ala religiosa de algún otro movimiento ideológico, sea liberal o antiliberal. Evitar este destino implica necesariamente, entre otras cosas, la capacidad de detectar y resistir al Cuco Revolucionario. Una señal clara de que una comunidad cristiana está fracasando en esta tarea es cuando el lenguaje de la "justicia social" se ha vuelto endémico en ella. Otra señal es cuando comparte con la cultura circundante prácticas vergonzosas, como discriminar a ciertos grupos desfavorecidos en el mercado laboral, o en la admisión de estudiantes a una universidad o colegio[538] La injusticia es injusticia, por mucho que se intente disfrazarla con el uso ingenioso de adjetivos. La injusticia es injusticia, sin importar el sexo, el color de piel, o cualquier otra característica de la persona que la sufre.

49

El medio ambiente

"La creación misma ha de ser liberada de la corrupción que la esclaviza, para así alcanzar la gloriosa libertad de los hijos de Dios." (Romanos 8:21)

JUNTO CON LA JUSTICIA, "el medio ambiente" es uno de los temas que actualmente captan la atención de las personas en todo el mundo[539]. Como vimos en los capítulos 12 y 13, una antropología cristiana exige que también nosotros nos preocupemos profundamente por lo que *llamamos creación* humana y no humana. Sin duda, esto implica que en ocasiones hagamos causa común con todo tipo de "ambientalistas" que tienen sus propias preocupaciones legítimas. Pero, una vez más, debemos ser sabios respecto a estas alianzas, y mantenernos siempre conscientes de que el "ambientalismo" no es, en realidad, el cuidado bíblico de la creación, sino un cuco cuyo canto puede desviarnos hacia rumbos muy equivocados.

El romanticismo vuelve a ser uno de los grandes peligros en esta área de nuestra vida cristiana—y probablemente ya habrá notado a estas alturas del libro mi firme convicción de que esta es una de las ideologías contemporáneas clave sobre las que los cristianos *deben* estar bien informados. El romanticismo es especialmente relevante en cuestiones medioambientales, precisamente porque *deberíamos* estar de acuerdo con nuestros contemporáneos secularizados en sentirnos horrorizados por el pragmatismo cientificista de alguien como Francis Bacon (véase capítulo 13). El problema es que la reacción dominante contra el cientificismo, en este ámbito como en otros, ha estado profundamente influenciada por ideas románticas. La mente cristiana acrítica, por tanto, puede verse excesivamente convencida por *este tipo* de respuesta al cientificismo, sin llegar a ofrecer una respuesta genuinamente *cristiana*. En particular, podemos acabar coincidiendo con la acusación repetida por el Cuco Ambientalista—de que no fue el "secuestro" que Bacon hizo de Génesis lo que nos llevó a la actual "crisis ecológica", sino el propio Génesis[540]. Y, como consecuencia, podemos acabar actuando desde una especie de "contra relato" romántico sobre el planeta, en lugar de hacerlo desde nuestra verdadera historia bíblica al abordar temas medioambientales.

La acusación en cuestión tomó forma de manera especialmente influyente en un ensayo de Lynn White, escrito en 1967,[541] que sigue teniendo impacto hasta el día de hoy. Según White, Génesis 1-2 presenta a Dios diseñando la creación "explícitamente para el beneficio y dominio del hombre: ningún elemento de la creación física tenía propósito alguno, excepto el de servir a los propósitos del hombre". De acuerdo a White, el cristianismo—especialmente en su forma occidental—"es la religión más antropocéntrica que ha existido"[542]. Esta descripción de Génesis 1-2 es, por decirlo amablemente, problemática. Pero como ya hemos descrito en capítulos anteriores lo que *realmente* enseña Génesis, no lo repetiré aquí. Lo más importante del ensayo de White es esto: aunque su afirmación sobre el carácter radicalmente antropocéntrico del cristianismo no es cierta, muchas personas sí lo han *creído*. Esta perspectiva ha reaparecido una y otra vez en publicaciones "verdes" desde entonces. James Lovelock, por ejemplo, propuso que "nuestras religiones aún no nos han proporcionado las reglas y la orientación" necesarias para establecer una relación viable con las demás criaturas. Lovelock creía específicamente que "el concepto cristiano de mayordomía" es problemático porque está "viciado por una arrogancia inconsciente"[543]. Según esta visión bíblica (en su opinión), los seres humanos están conceptualmente demasiado arriba en la jerarquía del ser—y quienes comparten esa visión basada en las Escrituras serán los últimos en cuidar de la creación no humana. Necesitamos, propone, una historia diferente.

Aquí es donde entra el romanticismo, proporcionando el contra relato al que aludí brevemente en el capítulo 43—lo que yo llamo "el mito oscuro de la era dorada verde". Hace mucho tiempo, antes del surgimiento de la agricultura (según este relato), los seres humanos vivían en armonía con los ritmos y ciclos de la Naturaleza. Era una época anterior a la jerarquía y el patriarcado, donde vivíamos en comunión con la Naturaleza y en igualdad unos con otros. Poseíamos una profunda sabiduría sobre cómo vivir bien en el mundo, así como una inclinación natural hacia la compasión y la simpatía por todas las criaturas. Luego surgió la "civilización", acompañada por "las religiones del mundo", que redujeron la importancia del "lugar" (salvo cuando se trataba de una vida espiritual en el más allá). Buena parte de lo que hoy está mal en la vida humana se debe a haber abrazado la civilización. Ahora debemos desandar ese camino, reconectarnos con nuestros ancestros cazadores-recolectores en su estado natural. Es ahí donde encontraremos la espiritualidad-natural que necesitamos para orientarnos en el mundo. Esta reconexión sólo podrá lograrse mediante la mediación de los pueblos indígenas que han sobrevivido sin integrarse completamente a la realidad de la civilización. Incluso hoy, ellos han vivido vidas más afirmadoras del mundo, plenas, equitativas, prósperas y pacíficas que el resto de nosotros, informadas por una espiritualidad más auténtica y orgánica que la nuestra. En particular, han demostrado poseer un impresionante conocimiento ecológico. Será escuchando su sabiduría y así reconectando con nuestro pasado más profundocomo podremos salvarnos a nosotros mismos y al planeta.

Este relato ha sido extraordinariamente influyente en tiempos recientes, y no sólo al generar condiciones para el resurgimiento moderno (o, más bien, reinvención) de religiones antiguas y paganas, sino también al moldear nuestro discurso social sobre el medio ambiente. Por ejemplo, cuando los promotores de la "justicia social" identifican a la "civilización" como la realidad que ha distorsionado un orden "natural" caracterizado por el igualitarismo, la riqueza compartida, la paz y la satisfacción general, y nos instan a derrocar "ya mismo" esa civilización para que ese orden natural pueda resurgir—lo sepan o no, están usando el relato de fondo "verde" descrito anteriormente.

El problema, por supuesto, es que no hay ninguna razón para considerar ese relato de fondo como verdadero. Si la vida de los pueblos indígenas modernos tiene algo que enseñarnos sobre nuestro pasado paleolítico de cazadores-recolectores, ciertamente *no* es que alguna vez hayamos habitado una *"oscura era dorada verde"*. No es cierto, por ejemplo—como vimos en el capítulo 43—, que las sociedades cazadoras-recolectoras hayan sido menos violentas que sus sucesoras. Tampoco lo es que hayan sido más igualitarias y menos jerárquicas. Y, específicamente en relación con el tema de este capítulo, tampoco es verdad que hayan sido más sensibles ecológicamente que quienes vinieron después. Todas estas afirmaciones son el resultado de actos de imaginación a lo Schiller. En mi libro *Convenient Myths [Mitos Convenientes]* encontrará una gran cantidad de ejemplos específicos que dejan esto claro, contradiciendo con frecuencia lo que hoy se considera "sabiduría común"[544].

Por ejemplo, suele afirmarse que los pueblos indígenas de América del Norte practicaban "conservación" en su caza. Se dice que mataban sólo para satisfacer sus necesidades inmediatas de alimento y abrigo, y que procuraban no desperdiciar nada. Sin embargo, la verdad es que cuando se abría la "ventana del búfalo" en las planicies cada año, los indígenas de las llanuras cazaban búfalos en grandes cantidades en poco tiempo, comiendo a menudo sólo las mejores partes y dejando el resto a que se descompusiera en el suelo. Todo dependía de factores como la distancia al campamento o los medios disponibles de transporte. En zonas donde la geografía lo permitía, incluso hacían que manadas enteras de búfalos cayeran por precipicios para poder acceder a algunos de los animales muertos como alimento.

Esto es completamente comprensible. Su principal preocupación era comer partes de búfalo mientras pudieran, sin ser matados por esos animales enormes y agresivos. Viviendo en un entorno hostil con escasa vegetación comestible, su preocupación no era el desperdicio generado por una caza exitosa, sino el hambre que resultaría de una caza fallida. La "Naturaleza" es algo que sólo los románticos modernos, desde la comodidad de sus hogares, proyectan de forma idealizada sobre los pueblos antiguos. Estos *verdaderos* cazadores-recolectores no podían permitirse ese tipo de romanticismo. Ellos *luchaban* contra la Naturaleza, como casi siempre lo ha tenido que hacer la humanidad. La supervivencia, más que la simpatía o la compasión por todas las criaturas, era su principal preocupación. Una vez más descubrimos que el romanticismo no representa necesariamente las cosas como realmente son (o fueron). Esta fue, por cierto, la crítica que Johann Wolfgang von Goethe hizo a las pinturas de Caspar David Friedrich (capítulo 37), de las cuales dijo en una ocasión (no sin cierta injusticia) que bien podían verse al revés[545].

Lo que hoy llamamos "sabiduría ecológica" no estuvo presente—ni en estas ni en otras sociedades "tradicionales". Un estudio moderno exhaustivo ha demostrado de hecho que las personas en tales sociedades "no expresan una ética de conservación ampliamente compartida"[546]. Su bajo impacto ecológico se debe "no a esfuerzos conscientes de conservación, sino a combinaciones diversas de baja densidad poblacional, tecnología de extracción ineficiente y falta de mercados rentables para los recursos extraídos"[547]. Por lo tanto—como escribe Thomas Neumann—"es importante abandonar la imagen de los pueblos aborígenes viviendo en armonía idílica con sus sistemas ecológicos anfitriones"[548].

Es particularmente importante que nuestra comprensión esté "del lado correcto" en esta cuestión del antepasado ecológicamente noble, debido a las consecuencias que inevitablemente derivan de nuestras creencias fundamentales sobre la realidad. Como ha dicho un estudioso en este campo, "los errores románticos podrían no importar, salvo que la sabiduría convencional que de ellos se deriva genera prescripciones normativas"[549]. En particular, "las estrategias actuales de educación ambiental y de conservación reflejan nuestra fe en tales ideales"[550]. Cuando malinterpretamos el pasado, es muy fácil que terminemos causando daño en el presente, aun cuando creamos estar haciendo el bien. En el capítulo final de *Convenient Myths [Mitos Convenientes]* ilustro esta realidad con dos ejemplos sobre el mito del ancestro ecológico noble: cómo ha sido perjudicial tanto para los derechos humanos de las poblaciones indígenas de América Latina como para una gestión sensata de las zonas silvestres en los Estados Unidos[551]. Realmente importa que nuestras lecturas del pasado sean verdaderas, y no simples proyecciones románticas. No contribuimos ni al florecimiento humano ni a "salvar el planeta" idealizando el pasado.

En resumen, al pensar en el cuidado de la creación necesitamos ignorar al Cuco Ambientalista, y ocuparnos de la tarea sobre la base de nuestra verdadera historia bíblica sobre el mundo y su Creador. A pesar de lo que Lynn White y otros digan sobre este relato bíblico, la realidad es que nos enseña que "el medio ambiente" es en realidad un espacio sagrado creado, por cuya salud nuestro Creador nos hace responsables. Y pese a lo que afirmen sobre los *efectos* de dicho relato, lo cierto es que quienes creen en su verdad no serán los *últimos* en tomar las medidas necesarias para cuidar de *todas* las criaturas del "medio ambiente", sino muy probablemente de los *primeros*.

50

Conclusión

"El fin de este asunto es que ya se ha escuchado todo. Teme, pues, a Dios y cumple sus mandamientos, porque esto es todo para el hombre."
(Eclesiastés 12:13)

LAS IDEAS SON PODEROSAS. John Maynard Keynes dijo una vez lo siguiente sobre algunas de ellas:

> Las ideas de los economistas y filósofos políticos, tanto cuando tienen razón como cuando están equivocados, son más poderosas de lo que comúnmente se cree. De hecho, el mundo está gobernado por poco más que eso. Los hombres prácticos, que se creen bastante exentos de cualquier influencia intelectual, suelen ser esclavos de algún economista difunto. Los locos en el poder . . . destilan su frenesí a partir de algún escribiente académico de hace unos pocos años. Estoy seguro de que el poder de los intereses creados está enormemente exagerado en comparación con el avance gradual de las ideas . . . tarde o temprano, son las ideas, no los intereses creados, las que resultan peligrosas, para bien o para mal[552].

Keynes está hablando aquí de cómo muchas personas no son conscientes de la naturaleza disputada para entender la realidad—en este caso, en el ámbito de la economía. Éstas no comprenden cómo todos nosotros estamos inevitablemente atrapados en la "guerra de mitos" que comencé a abordar en el capítulo 1. Keynes se refiere a estas personas inconscientes como "hombres (y mujeres) prácticos"—aquellos que simplemente "toman el mundo tal como lo encuentran" (como dice la expresión) y siguen adelante con sus vidas sin reflexionar demasiado sobre ellas. Esta gente tiende a asumir, simplemente, que es obvio lo que es verdadero sobre la realidad, y sobre el bien y el mal. De hecho, suelen ser desconfiados e incluso hostiles hacia quienes sugieren lo contrario—esas personas "imprácticas" con la cabeza en las nubes, como los filósofos o los maestros religiosos, que hacen que las cosas parezcan más complicadas de lo necesario. La consecuencia es que estas "personas prácticas" nunca cuestionan su propia historia, porque no la ven como una historia. La ven simplemente como "la manera en que son las cosas".

Sin embargo, el hecho es este—y espero que este libro haya subrayado esa verdad: cada una de estas "personas prácticas" vive en un mundo que ha sido profundamente moldeado por las ideas de otros sobre lo que es verdadero y correcto. Nadie está "exento de . . . influencia intelectual", ni tampoco de influencia moral. Esto es cierto tanto para la gente común como para quienes poseen un gran poder ("los locos en el poder"). No hay nadie que no viva dentro de una historia (inevitablemente debatible), narrada en primera instancia por otras personas (véase el capítulo 3). Los seres humanos siempre están "relatados" de esta manera, reflexionen o no sobre ello, del mismo modo los humanos siempre son "políticos", voten o no. "El mundo está gobernado, en efecto, por poco más que eso": ideas poderosas, "tanto cuando tienen razón como cuando están equivocadas". Usted y yo no podemos evitar encontrarnos dentro de una historia moldeada por ideas. La única pregunta es: ¿haremos algún esfuerzo para asegurarnos de que habitamos una historia verdadera y buena, moldeada por buenas ideas, en lugar de una falsa y potencialmente peligrosa?

Si este es realmente nuestro compromiso—y ciertamente debería ser el compromiso de toda *persona cristiana*—entonces, por supuesto, necesitaremos entender cuáles *son* las historias dominantes de nuestro tiempo y lugar, y cómo desafían y buscan socavar la nuestra. Esto es tan cierto respecto al tema de "ser humano" como respecto a cualquier otro asunto. Necesitamos comprender cómo es una antropología cristiana adecuada— y también necesitamos entender las ideas competidoras sobre la naturaleza humana y de dónde provienen.

Este libro ha sido un intento de ayudar a los cristianos en ambos aspectos, en un momento de la historia en que la iglesia se encuentra en crisis con respecto a "la cuestión del ser humano". Al desarrollar mi argumento, primero he explorado lo que enseña la Sagrada Escritura sobre los fundamentos de una antropología cristiana, y cuáles son algunas de las implicaciones principales de esos fundamentos. En segundo lugar, le he presentado una serie de cucos en el nido cristiano, explicando por qué, como seguidores de Cristo, no debemos (ni podemos) escuchar el canto de estos cuerpos extraños en medio de nosotros. Ha habido dos aspectos en esta segunda parte del argumento. En *todos* los casos he procurado mostrar la incompatibilidad entre lo que canta un cuco particular y la enseñanza bíblica. Y en *muchos* casos también he comentado sobre la incoherencia interna de esas ideas foráneas—cómo las ideas, en sí mismas, no tienen sentido. Aunque no he tenido espacio para desarrollar esto ampliamente, y en algunos casos no he podido hacerlo en absoluto, recomiendo esta segunda tarea como una importante labor que usted mismo debe continuar. Uno de los desafíos de quien sostiene una visión minoritaria en una cultura dominada por una mayoría es que las ideas centrales de esta última pueden sentirse intimidantemente poderosas. Obviamente (tendemos a pensar), deben ser verdaderas—de lo contrario, ¿cómo podría tanta gente *creer* en ellas? Pero cuando comenzamos, a través de la investigación crítica, a entender sus debilidades, también comenzamos a ver que no somos nosotros los insensatos al *rechazarlas*. Son *otros* quienes son insensatos al *aceptarlas* sin reflexión.

Por ejemplo—y como dije en el capítulo 48, volvería a este asunto—una cosa es darse cuenta de que la visión posmoderna de la justicia entra en fuerte tensión con las ideas bíblicas. Eso ya es una razón suficiente para rechazarla. Sin embargo, ciertamente fortalece nuestra decisión el darnos cuenta de que además es intrínseca, intelectual y moralmente *incoherente*. Los teóricos posmodernos quieren hacernos creer, al mismo tiempo, que todas las afirmaciones sobre la verdad y todas las agendas de justicia son meras construcciones sociales diseñadas para legitimar el poder, *y* sin embargo que sus propias afirmaciones y agendas no lo son. Defienden con vehemencia—casi con fervor religioso—lo que consideran moralmente *correcto*: la liberación de los oprimidos, mientras afirman que todas las demás afirmaciones morales son simplemente construcciones sociales. Pero si *todos* están cegados por la conciencia de clase y por su ubicación social, ¿por qué *ellos* no lo estarían?

Del mismo modo, la interseccionalidad afirma que las personas oprimidas ven las cosas con más claridad que nadie—pero ¿cómo puede ser eso cierto si las fuerzas sociales determinan y controlan por completo cómo entendemos la realidad? Además, si todas las personas en posesión de poder inevitablemente lo utilizan para dominar, entonces eso es exactamente lo que harían los teóricos posmodernos si lograran reemplazar a los actuales "opresores" en la cima de la sociedad, como tan claramente desean hacerlo. Esto es, de hecho, lo que ha sucedido en los estados marxistas de todo el mundo durante el último siglo, cuando los revolucionarios de izquierda han puesto en práctica una filosofía construccionista muy similar. La novela *Rebelión en la granja*, de George Orwell, es solo una de muchas obras literarias que han arrojado luz sobre las dinámicas implicadas en ese proceso[553]. Es ingenuo suponer que no surgirán élites poderosas inmediatamente después de los escombros de una revolución civilizatoria. Siempre están con nosotros. La única pregunta es: ¿Qué tipo de personas deberían preocuparnos más cuando llegan a la cima? ¿Deben ser personas liberales que al menos creen en la ley y la justicia objetivas, por ejemplo, o deben ser aquellas que han expresado abiertamente su desprecio por tales ideas?

Y así llegamos al "fin de todo discurso" (Eclesiastés 12). Con respecto a todo "asunto personal", este es el final: "teme a Dios y obedece sus mandamientos"[554]. Porque si usted desea seguir haciendo ambas cosas, asegúrese de identificar y tratar con firmeza a los cucos en su nido cristiano. Porque cada uno de ellos es una de las artimañas del diablo, quien desea desestabilizar la fe cristiana verdadera de cualquier manera que pueda. Él desea esto precisamente porque odia el "asunto personal"—por eso "la desencarnación" está en el corazón de su agenda.

Hemos visto surgir este tema una y otra vez a lo largo del libro, y no solo de formas explícitamente religiosas o espirituales (como en el gnosticismo u otros sistemas similares). De hecho, comencé en nuestro *primer* capítulo presentando a una persona influyente entre muchas en todo el mundo que actualmente están decididas a crear un nuevo mundo valiente en el que "el problema humano" se resuelve mediante la tecnología avanzada, especialmente la inteligencia artificial. Al acercarnos al *final* de este último capítulo, permítame mencionar una organización—el sumamente influyente Foro Económico Mundial—cuyos planes (totalitarios) para nuestras vidas están basados precisamente en la emergencia de ese nuevo mundo, con su fusión de "los mundos físico, digital y biológico, impactando todas las disciplinas, economías e industrias, e incluso desafiando las ideas sobre lo que significa ser humano"[555]. El WEF fue fundado por Klaus Schwab, cuyas reflexiones no son las de "algún economista *difunto*", sino las de uno muy activo que tiene el oído de las élites globales en todo el mundo. Y sus ideas no son simplemente económicas. Son, entre otras cosas, claramente "antropológicas".

La desencarnación está en el corazón del ataque del diablo contra la humanidad. La encarnación, en cambio, debe estar en el corazón de nuestra respuesta cristiana—en todo el espectro de nuestras vidas. Esto incluye cómo adoramos, cómo educamos, y (sí) cómo comemos—insistiendo con Capon (capítulo 8) en la ruptura de "pan real" con la cual también "rompemos el dominio sin amor del infierno sobre el mundo, y ... liberamos lo secular". Con todo esto en mente, quiero concluir con una cita en la misma línea de Eugene Peterson que llega al corazón de muchas de mis preocupaciones en este libro:

> No es posible tener un evangelio cristiano separado del lugar y de la persona. El evangelio no es una idea, ni un plan, ni una visión. Opera exclusivamente en la creación y en la encarnación, en cosas y personas. La desencarnación es obra del diablo ...

Necesitamos meter nuestras narices en las cosas de este mundo, inhalar su fragancia, presionar nuestras manos en el barro, escuchar las canciones y las historias. Dios está reclutando a cada escritor, artista, músico, pastor, niño y padre que pueda encontrar para ayudarnos a hacer justamente eso, para que podamos adorar al Señor en la hermosura de la santidad[556].

Notas finales

Introducción

1. *Amsterdam*, directed by David O. Russell, featuring Christian Bale, Margot Robbie, and John David Washington. 20th Century Studios, 2022.
2. Arthur Conan Doyle, "A Scandal in Bohemia," in *The Adventures of Sherlock Holmes* (1892), https://etc.usf.edu/lit2go/32/the-adventures-of-sherlock-holmes/345/adventure-1-a-scandal-in-bohemia/, accessed February 26, 2023.
3. Vea también Iain Provan, *1 & 2 Kings*, 136–42.
4. Discover Wildlife, "Cuckoo Guide."
5. Woodland Trust, "Cuckoo."

Capitulo 1

6. Sobre el contenido de este capítulo, puedes consultar más en mi libro *Seriously Dangerous Religion*, 1–20, donde se reflexiona sobre la naturaleza controvertida de la realidad y las "historias" que las personas cuentan sobre ella
7. Klein, "Screen New Deal."
8. Bilek, "The Billionaire Family."
9. Bilek, "The Billionaire Family."
10. Myers, *Binding the Strong Man*, 14–20.

Capitulo 2

11. Sobre el contenido de este capítulo, puedes consultar más en mi libro *Seriously Dangerous Religion*, 347–377, donde se reflexiona sobre la cuestión de la verdad.
12. Juan 18:38.
13. Goldman, "The Comet Ping Pong Gunman."

Capítulo 3

14 Sobre el contenido de este capítulo, puedes consultar más en nuestro libro *A Biblical History of Israel*, 38–58, donde se desarrolla el papel de la confianza en la adquisición del conocimiento.

15 Coady, *Testimony*.

16 Coady, *Testimony*, vii.

17 Coady, *Testimony*, 176.

Capítulo 4

18 Como en el capítulo 3, puedes consultar más sobre el contenido del presente capítulo en nuestro libro *A Biblical History of Israel*, 38–58, donde se profundiza en el papel de la confianza en la adquisición del conocimiento.

19 Estoy citando palabras de mi amigo Brett Landry.

Capítulo 5

20 Sobre el contenido de este capítulo, puedes ver más en mi libro *Seriously Dangerous Religion*. A lo largo de ese volumen, dialogo con varios filósofos y maestros religiosos que han afirmado hablar con veracidad sobre el ámbito metafísico.

21 Dawkins, *El Espejismo de Dios*.

22 Weber, "Science as a Vocation", 17–18.

Capítulo 6

23 Sobre el contenido de este capítulo, véanse además mi libro *Seeking What Is Right*, 3–45, donde expongo con más detalle los fundamentos de un enfoque específicamente cristiano de la ética, y *The Reformation and the Right Reading of Scripture*, 27–53, que se refiere a la naturaleza de la Sagrada Escritura como "regla de fe" cristiana.

24 Juan 14:6.

25 Juan 8:58.

26 Juan 8:12.

27 Juan 8:39, 41–42.

28 Juan 8:51.

29 Éxodo 3:14.

30 Juan 8:59.

31 Mateo 28:20.

32 Juan 20:28.

33 E.g., Provan, *Seeking What Is Right*, 17–28.

34 Apóstol Pablo en 2 Timoteo 3:16–17.

35 Adams, *Hitchhiker's Guide to the Galaxy*. Es una parodia épica que satiriza la sociedad moderna con humor mordaz y pesimismo.

Capítulo 7

36 Sobre el contenido de este capítulo, véase más adelante mi libro *Seriously Dangerous Religion*, 21–46 y parte del 309-46, que tratan de la creación.

37 Deuteronomio 4:28.

38 Salmo 104:14–15.

39 La ocasión fue el programa *In Our Time* de Melvyn Bragg emitido el 6 de mayo de 2010.

40 Goff, "Our Improbable Existence."

41 Leman, "Aliens Created Our Universe."

42 Me refiero concretamente a los dominios de la tierra y no de los cielos, pues los «ángeles» y similares no son objeto de este libro, como tampoco lo son los extraterrestres.

43 Kass, *Wisdom*, 47–48.

44 Éxodo 20:8–11.

45 Génesis 2:7, 19.

46 Juan 1:1–5.

47 Juan 1:14.

48 Colosenses 1:16.

Capítulo 8

49 Sobre el contenido de este capítulo, véase más adelante mi libro *Seriously Dangerous Religion*, 77–103 y parte del 309-46, que tratan de la creación humana.

50 Génesis 2:19.

51 Lamentablemente, la ESV (y la NVI) oscurece esta estrecha conexión entre los versículos 29 y 30 al traducir el mismo hebreo *rûaḥ* primero como "aliento" y luego como "Espíritu". Véase más adelante mi próximo capítulo.

52 Lo decimos en voz alta como "*nefesh*", con las vocales y el énfasis igual que "néctar".

53 U2, "Yahweh," de su álbum en el 2004, *How to Dismantle an Atomic Bomb*.

54 1 Timoteo 4:3–4.

55 Capon, *Supper of the Lamb*, 114–15.

56 Chaze, "A Mayday Call."

57 Salmo 103:1–5.

58 Proverbios 10:3; 25:25.

59 Wolff, *Anthropology*, 24-25.

Capítulo 9

60 Sobre el contenido de este capítulo, véase además mi libro *Seriously Dangerous Religion*, 279-307 y también 309-46, que tratan de la esperanza bíblica respecto a nuestra encarnación física. Véase también mi libro *The Reformation and the Right Reading of Scripture*, 178-83, 210-13.

61 Lo decimos en voz alta como «*bah-saar*» (con énfasis en la segunda sílaba).

62 E.g., Levítico 26:29; Isaías 22:13.

63 Salmo 56:4-11.

64 Wolff, *Anthropology*, 26-31.

65 Jeremías 17:5-7.

66 Génesis 6:12.

67 Salmo 65:2-3.

68 Génesis 2:24.

69 Génesis 2:23.

70 Wolff, *Anthropology*, 8.

71 Génesis 41:8. En la transliteración en español, lo decimos en voz alta como «*roo-acj*» (con el énfasis en la primera sílaba y la "ch" pronunciada como «*loch*» en inglés).

72 Isaías 42:5. Decimos *nəšāmâ* en voz alta como «*ne-shah-maa*» (con el acento en la tercera sílaba).

73 Salmo 104:29-30.

74 E.g., Jueces 3:10; 1 Samuel 10:6; Jeremías 51:11; Ezequiel 11:5.

75 1 Reyes 10:5; 21:4-5.

76 Wolff, *Anthropology*, 44.

77 Proverbios 17:22.

78 Proverbios 15:14; cf. Deuteronomio 29:4.

79 1 Reyes 4:29, 32-33. Ver mi libro, *1 & 2 Kings*, 58-61.

80 Proverbios 24:30.

81 Wolff, *Anthropology*, 51.

82 Salmo 22:26.

83 H. Vorländer, "*Anthropos*," *NIDNTT* 2:564-7.

84 J. Stafford Wright, "The New Testament and Modern Psychology," *NIDNTT* 2:567-69 (567).

85 1 Corintios 15:18; 2 Corintios 5:8.

86 Romanos 8:11, 22-23.

Capitulo 10

87 Sobre el contenido de este capítulo, véa más adelante mi libro *Seriously Dangerous Religion*, 77–103, y parte del 309–46, que trata de la creación humana, junto con *Discovering Genesis*, 59–78.

88 Walton, *Ancient Near Eastern Thought*, 113–8.

89 Deuteronomio 4:28.

90 Éxodo 20:4–5.

91 El hebreo utilizado para las "luces" celestiales en Génesis 1:14-16 es *mā' ôr* ("*mah-oar*", con el énfasis en la segunda sílaba), como en descripciones posteriores del tabernáculo (e.g., Éxodo 35:14, 28; 39:37; Números 4:9).

92 Génesis 3:24; Éxodo 25:18–22; 1 Reyes 6:23–28.

93 Génesis 2:9; Éxodo 25:31–40.

94 "Adam," *DBI*, 9.

95 Salmo 8:4.

96 Salmo 8:5—mi propia traducción. La ESV traduce la primera parte de la línea de esta manera: "*lo has hecho un poco inferior a los seres celestiales*".

97 E.g., Éxodo 33:18; Salmo 96:6; Salmo 145:5.

98 2 Corintios 4:4; Colosenses 1:15.

99 Romanos 8:29; 1 Corintios15:49.

100 Colosenses 3:10; cf. 2 Corintios 3:18.

Capitulo 11

101 Sobre el contenido de este capítulo, véa más adelante mi libro *Seriously Dangerous Religion*, 47–75 (sobre la idea bíblica de Dios), y *Ecclesiastes and Song of Songs*, 290–96 (sobre la belleza).

102 Números 23:19.

103 1 Reyes 8:23.

104 Génesis 1:4, 10, 12, 18, 21, 25, 31.

105 Mateo 4:4.

106 E.g., Génesis 12:11–14; 24:16; 29:17; 1 Samuel 25:3; 2 Samuel 11:2; 14:25, 27.

107 Vea también mi libro *Ecclesiastes and Song of Songs*, 282–89.

108 Isaías 28:1; 40:6–8.

109 Proverbios 11:22; cf. También Mateo 23:27.

110 1 Pedro 3:1–6; Proverbios 31:30, observando los énfasis más generales a lo largo de Proverbios 31:10–31.

111 Lewis, "Sobre el ser humano."

112 Apocalipsis 21–22.

113 1 Corintios 15:35–49.

Capítulo 12

114 Sobre el contenido de este capítulo, véase además mis comentarios acerca de *Convenient Myths*, 107-19, *Seriously Dangerous Religion*, 221-49, y *Seeking What Is Right*, 265-83, los cuales tratan del «dominio» bíblico.

115 E.g., 1 Reyes 4:24; Isaías 14:2; Jeremías 5:31; Salmo 49:14.

116 E.g., Números 32:22, 29; Josué 18:1; 2 Samuel 8:11.

117 Un ejemplo bíblico notable se encuentra en 1 Reyes 3:16-28. Véase más adelante mi comentario *1 & 2 Kings*, 50-52.

118 Salmo 72:2-4.

119 Salmo 24:1.

120 Lo decimos como "*hah-daar*" (con énfasis en la segunda silaba).

121 Salmo 104:1-4.

122 Salmo 8:5.

123 Salmo 104:19.

124 Salmo 104:20-22.

125 Salmo 104:25-35.

126 Salmo 147:7-9.

127 Salmo 147:16-17.

128 Salmo 19:1.

129 Salmo 148:7-13, en especial verso 11.

130 Salmo 148:13.

131 Filipenses 2:5-11.

132 Romanos 8:17.

133 Mateo 20:25-28.

Capítulo 13

134 Sobre el contenido de este capítulo, véanse además en mi libro acerca del tema *Convenient Myths*, 107-19, *Seriously Dangerous Religion*, 221-49, y *Seeking What Is Right*, 265-83, que tratan del «dominio» bíblico".

135 Números 6:24-26.

136 Números 3:7-8.

137 Decimos estas palabras en voz alta como «*ah-vaad*» y «*shah-maar*» (haciendo hincapié en ambos casos en la segunda sílaba).

138 E.g., Jueces 9:28; Éxodo 3:12.

139 Génesis 6:19-20.

140 Romanos 11:36; 1 Corintios 10:26; cf. Apocalipsis 4:11.

141 Colosenses 1:15-20.
142 Colosenses 1:19.
143 Romanos 8:19, 22.
144 Génesis 1:28.
145 Génesis 8:22.
146 Génesis 9:20-21.
147 Lo decimos en voz alta como «*shah-loam*» (con énfasis en la segunda sílaba).
148 Bauckham, *Bible and Ecology*, 6.
149 E.g., Calvin, *Genesis*, 57, 125-6; y *Institutes*, 3.10.1, donde señala en referencia a 1 Corintios 7:31 que «Pablo... nos amonesta a usar este mundo sin abusar de él».

Capitulo 14

150 Sobre el contenido de este capítulo, véase más adelante mi libro *Seriously Dangerous Religion*, 163-90, y parte de 309-46, que tratan de nuestra relación humana con Dios.
151 Salmo 86:5; 100:5.
152 Lamentaciones 3:22; cf. Salmo 106:1.
153 Salmo 36:5; cf. Éxodo 34:6.
154 Miqueas 7:18.
155 Salmo 94:1-3.
156 Éxodo 34:5-7.
157 Génesis 15:6.
158 E.g., en Hebreos 11:8-10.
159 Romanos 8:31.
160 Jeremías 31:3; Deuteronomio 6:4-5.
161 Deuteronomio 6:6-9.
162 Gálatas 6:2.
163 Salmo 1:2.
164 Salmo 19:7-9.
165 Salmo 119:44-47.
166 Salmo 105:1-2.
167 Salmo 30:2-3.
168 Salmo 88:16-18.
169 Salmo 22:1-2.
170 Consideremos, por ejemplo, los Salmos 120-134, que desarrollan la idea de peregrinación por una tierra extraña (cf. Salmo 23).

171 En la primera categoría, por ejemplo, Lucas 1:68; Hechos 4:24-30; 2 Corintios 1:3; Efesios 1:3; 1 Pedro 1:3; en la segunda, Lucas 2:38; Hebreos 13:15; Apocalipsis 11:17-18, y después Romanos 1:8; Filipenses 4:6; Colosenses 4:2; 1 Tesalonicenses 5:16-18.

172 Efesios 3:18.

173 1 Corintios 1:9.

174 Efesios 2:4; 2 Juan 3.

175 Mateo 22:34–40.

176 Juan 14:20–21.

177 Juan 14:23–24; Hebreos 5:9; 1 Juan 2:3–6.

Capitulo 15

178 Sobre el contenido de este capítulo, véase más adelante mi libro *Seriously Dangerous Religion*, 191–219, y parte del 309–46, que trata de la comunidad humana.

179 Génesis 1:31.

180 Génesis 1:27.

181 Génesis 2:7. Decimos ʼādām en voz alta como «ah-daam» (con el énfasis en la segunda sílaba), y ʼădāmâ como «ah-dam-aah» (con el énfasis en la tercera sílaba).

182 Génesis 2:7–17.

183 Génesis 2:18-20. La ESV traduce el versículo 19 como «el Señor Dios había formado todas las bestias del campo y todas las aves del cielo», lo que implica que esto ya había sucedido en algún momento anterior. Es mucho más probable, sin embargo, que la idea sea que Dios anuncia primero la búsqueda de un compañero en el versículo 18 y luego la lanza en el versículo 19.

184 Génesis 2:19–20.

185 Walton, *Ancient Near Eastern Thought*, 87–92, 188–90.

186 Génesis 4:3–9.

187 Salmo 121:7.

188 Génesis 38:12; Cantar de los Cantares 5:16; Jeremías 3:20; 1 Samuel 15:28. Decimos *rēaʻ* en voz alta como «ray-ah» (con énfasis en la primera sílaba).

189 Proverbios 25:21.

190 Véase, por ejemplo, 1 Samuel 24:11-13.

191 Job 31:29–30.

192 Génesis 9:6.

193 Filipenses 2:4.

194 Mateo 22:36–40.

195 Lucas 10:25–37.

196 Mateo 5:43–48.

Capitulo 16

197 Sobre el contenido de este capítulo, véanse más adelante mi libro *Seriously Dangerous Religion*, 77–103, 309–46, y *Seeking What Is Right*, 223–43, que tratan de lo masculino y lo femenino con mayor profundidad.

198 Génesis 2:19, cf. 2:7.

199 Genesis 2:20–24.

200 La palabra hebrea ṣēlāʿ («tsay-lah», con el énfasis en la primera sílaba) suele referirse en otras partes del Antiguo Testamento a un lado de algo frente al otro. Curiosamente, las primeras traducciones del AT en arameo, griego y latín eligen palabras para traducirlo que permiten esta interpretación (al mismo tiempo que permiten "costilla").

201 Génesis 2:23; 29:14.

202 Génesis 2:24.

203 Génesis 2:18; cf, e.g., Oseas 13:9.

204 Decimos el hebreo en voz alta como «ke-negg-doe» (con énfasis en la tercera sílaba).

205 Kass, *Wisdom*, 73.

206 Génesis 1:28.

207 Efesios 5:31–33, citando Génesis 2:24.

208 1 Corintios 6:16–18.

209 Mateo 5:28.

210 1 Corintios 6:9–10; cf. Romanos 1:26–27.

211 1 Timoteo 1:9–11.

212 Véase también Hill, *Washed and Waiting*; Yarhouse and Zaporozhets, *Costly Obedience*.

Capitulo 17

213 Sobre el contenido de este capítulo, véanse además mi libro *Seriously Dangerous Religion*, 105–61, y *Discovering Genesis*, 79–94, que reflexionan más a fondo sobre la naturaleza de «la caída».

214 Génesis 3:2–5.

215 Génesis 2:16.

216 Deuteronomio 1:39; cf. 1 Reyes 3:7–9.

217 Obsérvese, por ejemplo, Isaías 31:1-3, donde la confianza militar de Israel en Egipto equivale a abandonar al Dios verdadero y tratar a los egipcios como si fueran divinos. En realidad, sin embargo, «los egipcios son hombres y no Dios» (versículo 3).

218 Éxodo 20:4–5.

219 1 Reyes 8:10–12, 27.

220 Romanos 1:19-23.

221 Génesis 3:9-13.

222 Génesis 3:16-17.

223 Génesis 1:27-28, 2:20-23.

224 Génesis 3:16; Salmo 8:6. Decimos esta palabra en voz alta como «*mah-shaal*» (con el énfasis en la segunda sílaba)

225 Cuando Génesis 3:16 habla del «deseo» de la mujer, debemos interpretarlo con la ayuda de la misma palabra en Génesis 4:7, donde se usa del deseo del pecado de devorar a Caín.

226 Hebreos 3:12.

227 Juan 14:30; 2 Corintios 4:4.

228 1 Juan 5:19.

229 Mateo 15:19.

230 Romanos 1:29-31.

231 Santiago 4:1-2.

232 Gálatas 5:14-15.

Capitulo 18

233 Sobre el contenido de este capítulo, véanse además mi libro *Seriously Dangerous Religion*, 279-307, y algunos de 309-46, que reflexionan sobre la esperanza bíblica.

234 Génesis 9:6.

235 Génesis 9 también describe una de las consecuencias de esta verdad: el asalto humano a «lo salvaje» (versículos 2-3). Véase además mi libro *Discovering Genesis*, 120-24.

236 Génesis 9:9-11.

237 Decimos esta palabra en voz alta como «*bih-reeth*» (con énfasis en la segunda sílaba).

238 Génesis 11:8.

239 Génesis 11:8.

240 Génesis 12:1-3.

241 Éxodo 2:23-25.

242 Éxodo 19:4-6.

243 Éxodo 12:1-14.

244 Éxodo 12:12-13.

245 2 Samuel 7:12-16.

246 2 Samuel 7:16.

247 Mateo 1:1; 2:2; 21:9; 27:11; 27:29, 37.

248 Apocalipsis 5:5.

249 Apocalipsis 11:15.

250 Hechos 3:25-26.

251 Gálatas 3:14.

252 Hebreos 5:9.

253 1 Corintios 15:3.

254 Lucas 22:20.

255 Mateo 9:2.

256 Romanos 8:19.

257 Romanos 8:21, 23.

258 1 Pedro 2:9.

Capitulo 19

259 Sobre el contenido de este capítulo, véase más adelante mi libro *Seriously Dangerous Religion*, 279-307, y parte del 309-46, que reflexionan sobre la esperanza bíblica.

260 Romanos 8:31-39.

261 Salmo 22:6.

262 Salmo 22:1-2, 7-8, 11-18.

263 Salmo 22:22-31.

264 Isaías 66:22; 2 Peter 3:13; Apocalipsis 21:1.

265 Ezequiel 36:26-27.

266 Jeremías aborda la misma realidad en términos de un nuevo pacto (alianza) escrita en el corazón (Jeremías 31:31-34), por la que la ley de Dios pasa a formar parte del tejido de la persona humana y la obediencia se produce de forma natural.

267 Isaías 19:23-25.

268 Colosenses 2:13.

269 Ezequiel 34:22-24; cf. Jeremías 33:15; Zacarías 9:9-10.

270 Isaías 11:1-5; cf. Zacarías 12:1-9.

271 Zacarías 8:20-23; cf. Isaías 2:2-4; 66:18-23.

272 Efesios 2:13-16.

273 Ezequiel 36:8-9, 11, 29-30, 34-35; Óseas 2:18.

274 Isaías 11:1-9.

275 Colosenses 1:19-20.

276 Daniel 12:2.

277 Isaías 26:19.

278 Romanos 2:7.

279 2 Timoteo 1:10.

280 Juan 20:1-9, 24-31.

281 Juan 6:40.

282 Romanos 8:37.

Capitulo 20

283 Deuteronomio 6:5.

284 Efesios 4:15.

285 Romanos 12:1-2.

286 Romanos 1:21, 24, 26, 28.

287 Barrett, *Romans*, 215.

288 Barrett, *Romans*, 215.

Capitulo 21

289 Jeremías 31:3; Deuteronomio 6:5.

290 Hebreos 12:28.

291 Véase el capítulo 40 para una breve descripción de la cosmovisión estoica.

292 Bratt, *Centennial Reader*, 488.

293 Génesis 2:15; Números 3:7-8.

294 Hebreos 13:16.

295 Varios textos del NT sugieren que el canto o la entonación de himnos de alabanza fue una parte importante del culto cristiano desde el principio (1 Corintios 14:15, 26; Colosenses 3:16; Efesios 5:19; cf. Hechos 16:25).

296 Augustine, *Confessions*, 9.7.15.

297 1 Timoteo 4:13.

298 Justin Martyr, *First Apology*, 67.

Capitulo 22

299 Sobre el contenido de este capítulo, véase mi libro *Seeking What Is Right*, que ofrece un amplio debate sobre la ética cristiana en el que la cuestión de los «derechos» tiene un lugar destacado.

300 Deuteronomio 20:19-20.

301 Génesis 9:3; véase más en mi libro *Discovering Genesis*, 120-24.

302 Esto se garantiza extrayendo la sangre del cadáver: «No comerás carne con su vida, es decir, con su sangre» (Génesis 9:4).
303 Levítico 17:3-4; cf. Levítico 17:11; Deuteronomio 12:23.
304 1 Samuel 8:13-18.
305 Éxodo 21:1-6; Deuteronomio 15:12-18.
306 Éxodo 20:10; Deuteronomio 12:12, 18.
307 Éxodo 21:26-27; Deuteronomio 23:15-16.
308 Génesis 9:5-6.
309 Génesis 4:10.
310 Mateo 23:31-35.
311 2 Reyes 16:3; 17:17, 31.
312 1 Reyes 21:3; vea más adelante mi comentario *1 & 2 Kings*, 157-60.
313 1 Reyes 21:21.
314 Deuteronomio 14:28-29.
315 Job 22:7-11.
316 Vea McLaughlin, *Secular Creed*.
317 Las palabras citadas proceden del Preámbulo de la Declaración.
318 Entre las ideas bíblicas están la referencia del Preámbulo a «la dignidad intrínseca y de los derechos iguales e inalienables de todos los miembros de la familia humana»; y las declaraciones de que «toda persona tiene derecho a la vida» (artículo 3), que «toda persona tiene derecho, en todas partes, al reconocimiento de su personalidad jurídica» (artículo 6), que «el hombre y la mujer, mayores de edad, tienen derecho, sin limitación alguna por motivos de raza, nacionalidad o religión, a contraer matrimonio y a fundar una familia», que «la familia es el elemento natural y fundamental de la sociedad y tiene derecho a la protección de la sociedad y del Estado» (artículo 16), y que «nadie podrá ser privado arbitrariamente de su propiedad» (artículo 17).
319 Féron, "Human Rights and Faith."

Capitulo 23

320 Sobre el contenido de este capítulo, véase mi libro *Seeking What Is Right*, 301-23, que trata del aborto.
321 Salmo 100:3.
322 Isaías 64:8.
323 Job 10:10-11.
324 Jeremías 1:5.
325 Salmo 139:1-16. Decimos el hebreo *sākak* en voz alta como *"sah-kaak"*.
326 Eclesiastés 11:5.

327 Greasley and Kaczor, *Abortion Rights*, 27, 40–41.

328 Giubilini and Minerva, "After-Birth Abortion."

329 Lévesque, "Quebec College of Physicians Slammed."

330 Greasley and Kaczor, *Abortion Rights*, 141, quoting Steven Pinker.

331 Westermarck, *Origin*, 1:415.

332 Seneca, *De Ira*, 1.15, en *Seneca: Moral Essays*, 145 que traduce del latín de esta manera: "Ahogamos incluso a los niños que al nacer son débiles y anormales. Sin embargo, no es la ira, sino la razón la que separa lo dañino de lo sano".

333 *Didache* 2.2.

334 *Epistle of Barnabas*, 19.5.

335 Véase más en Greasley and Kaczor, *Abortion Rights*, 155–57.

Capitulo 24

336 Sobre el contenido de este capítulo, véase además mi libro *Seeking What Is Right*, 301–23, que trata del suicidio.

337 Eclesiastés 12:7.

338 "Suicide," in the *Catechism of the Catholic Church*, §2280. See further Pope John Paul II, *Evangelium Vitae*.

339 Jueces 9:52–54.

340 1 Samuel 31:4–5.

341 2 Samuel 17:23.

342 1 Reyes 16:15–20. Véase mi libro "*1 & 2 Kings*", 128–31.

343 Mateo 27:3–5.

344 Platón, *Fedón: Las últimas horas de Sócrates*.

345 Hechos 16:27–29.

346 Romanos 14:7–8.

347 1 Corintios 6:19–20.

348 Romanos 5:3–5.

349 Tertullian, *De Fuga in Persecutione*, 13.2.

350 *Catechism of the Catholic Church*, §2282.

351 Kass, "No Deadly Drug," 32.

352 Kass, "No Deadly Drug," 35.

353 Foley, «Compassionate Care, Not Assisted Suicide», 297. Véase además Canadian Society of Palliative Care Physicians, http://www.cspcp.ca/cspcp-key-messages-re-hastened-death/, y Christian Medical and Dental Society of Canada, www.cmdscanada.org., para muchos recursos, incluido un vídeo (*El Regalo*).

354 Van Maren, "Canada's Killing Regime."

NOTAS FINALES   241

355 Callahan, "Physician-Assisted Suicide," 63–4.
356 Somerville, *Death Talk*, 23.

Capítulo 25

357 Sobre el contenido de este capítulo, véase además mi libro *Seeking What Is Right*, 325–65, que trata extensamente la cuestión de la identidad humana.
358 Byrne, "Is Sex Binary?"
359 Byrne, "Is Sex Binary?"
360 Wright, "The New Evolution Deniers."
361 *Merriam-Webster*, s.v. "Gender Identity."
362 *Merriam-Webster*, s.v. "Transgender."
363 "La mayoría de los niños con sospecha de disforia de género no la padecen una vez alcanzada la pubertad" https://www.nhs.uk/conditions/gender-dysphoria/treatment/, consultado el 8 de julio de 2019.
364 A Path, "63 Genders."
365 Véase además Roberts, *Transgender*, and Evangelical Alliance, *Trans Formed*.
366 E.g., The Gender Dysphoria Alliance at https://www.genderdysphoriaalliance.com/, que respalda «las realidades del sexo biológico» y cree que «las prácticas clínicas deben basarse en pruebas revisadas por expertos, no en el activismo o la ideología».
367 Se pueden citar muchos ejemplos históricos de ese «contagio», por ejemplo, la «oleada de suicidios» que recorrió Europa a finales del siglo XVIII a raíz de la novela de Goethe El joven Werther, «como si el propio acto del suicidio fuera de algún modo infeccioso». Marsden, "Social Contagion".
368 Estas citas proceden de una exposición en el Museo Bauhaus de Weimar, Alemania, que visité en octubre de 2022.
369 Véase, por ejemplo, la entrevista de Jordan Peterson con el valiente Chloe Cole at https://youtu.be/6O3MzPeomqs.
370 Shepherd, "The People Who Think They Are Made of Glass."

Capítulo 26

371 Salmo 113:9.
372 Salmo 127:3; Proverbios 17:6.
373 Salmo 128:3.
374 Mateo 19:14.
375 Efesios 6:4; Colosenses 3:21; 1 Tesalonicenses 2:7.
376 Tito 2:4; 1 Timoteo 3:4.
377 Efesios 6:4.

378 Proverbios 22:6.

379 Proverbios 1:8.

380 Deuteronomio 4:9.

381 Éxodo 12:26.

382 Deuteronomio 6:7 habla de hacerlo «cuando te sientes en tu casa, cuando andes por el camino, cuando te acuestes y cuando te levantes».

383 Por ejemplo, 1 Samuel 16:11; 2 Reyes 4:18; Marcos 6:3. "En el judaísmo posterior, la responsabilidad de los padres de enseñar un oficio a sus hijos se subrayaba con el dicho: 'Quien no le enseña un oficio a su hijo, le enseña a robar' (b. Qidd. 29a)." Lemaire, "Education", 307.

384 Por ejemplo, investigaciones recientes han sugerido que el nacimiento de un hijo influye en el tamaño del cerebro del padre. Véase "Dads' Brains Change Size."

385 Proverbios 22:6.

Capítulo 27

386 Sobre el contenido de este capítulo, véase más adelante mi libro *Seeking What Is Right*, 349–65, que describe la cultura educativa en la que muchos de nosotros estamos inmersos actualmente.

387 Efesios 6:4.

388 Article 16.

389 Article 16.

390 Article 12.

391 Article 26.

392 1 Reyes 4:33; cf. 1 Reyes 11.

393 Véase Gobierno de Columbia Británica "More Students Supported by SOGI-Inclusive Education."

394 De la página «For Parents» del sitio web SOGI 123 en https://www.sogieducation.org/parents.

395 Véase, por ejemplo, Blackwell, "How Canadian Schools Aid Students' Gender Transition".

Capítulo 28

396 On Hannah Arendt see further my essay "On Refusing to Be Persons."

397 Cherry, "Asch Conformity Experiments."

398 Arendt, *Los orígenes del totalitarismo*.

399 Passerin d'Entreves, "Arendt."

400 McGowan, *Arendt*, 60.

401 Lessing, *Prisons We Choose*, 13.

402 Romanos 12:2.
403 McGowan, *Arendt*, 37.
404 Hebreos 10:24-25.
405 Romanos 12:1.

Capitulo 29

406 Gálatas 3:28.
407 Gálatas 3:28; Colosenses 3:11; Santiago 2:1-4.
408 1 Corintios 12:13; Gálatas 3:27.
409 Filemón 16.
410 Mateo 28:19-20.
411 Apocalipsis 7:9.
412 Gálatas 3:27; Mateo 28:20.
413 1 Timoteo 1:10.
414 Colosenses 3:5-9.
415 Colosenses 3:10-11.
416 E.g., Romanos 12:13; 1 Timoteo 3:2; 5:10; Tito 1:8; Hebreos 13:2; 1 Pedro 4:9.
417 Filipenses 2:15-16.
418 1 Corintios 5:1-13.
419 Romanos 16:3-23.

Capitulo 30

420 Génesis 3:16-19. La traducción común «procrear» en Génesis 3:16 es engañosa y debería evitarse. Véase mi libro *Seriously Dangerous Religion*, 117-19.
421 Éxodo 19:6.
422 Deuteronomio 17:14-20.
423 Éxodo 35:31-33.
424 Éxodo 36:1.
425 Efesios 5:11.
426 Romanos 15:17.

Capitulo 31

427 Efesios 4:12-13; cf. Hebreos 6:10.
428 Romanos 11:13; 1 Corintios 16:15; 2 Corintios 3:8, 9; 4:1; 5:18; 6:3; Colosenses 4:17.
429 2 Corintios 6:4-5.

430 Colosenses 1:10; 2 Tesalonicenses 2:16–17.
431 1 Tesalonicenses 1:3.
432 2 Tesalonicenses 3:7–8.
433 Cf. También 1 Tesalonicenses 2:9.
434 Hechos 18:3; 19:12; 20:33–35; 1 Corintios 4:12.
435 Efesios 4:2; cf. 1 Tesalonicenses 4:11.
436 1 Tesalonicenses 3:11–12.
437 2 Tesalonicenses 3:10.
438 2 Tesalonicenses 3:8; 1 Timoteo 5:6–18.
439 Efesios 4:2; cf. 1 Timoteo 5:10; 6:18; Tito 3:14.
440 *Didache* 12.2–5.
441 Colosenses 3:22–24.
442 Ver Marcos 6:8–9 para uno de los textos clave.
443 Proverbios 28:19.
444 Deuteronomio 7:13.
445 Smiley, "American Agriculture."
446 1 Timoteo 6:10.

Capitulo 32

447 Sobre el contenido de este capítulo, Vea mis libros *Convenient Myths*. 107–19, *Seriously Dangerous Religion*, 221–49, and *Seeking What Is Right*, 265–83, que tratan del cuidado de la creación. Para más información, véase también Moo and Moo, *Creation Care*.
448 Benzoni, "Thomas Aquinas and Environmental Ethics," 446.
449 Calvin, *Genesis*, 64–65, 96.
450 El texto completo puede consultarse en https://genius.com/U2-yahweh-lyrics, accessed April 24, 2019.
451 2 Pedro 3:10–11.
452 Wolf, "God, James Watt, and the Public Land," 65.
453 Romanos 8:19–23.
454 Dunn, *Romans 1–8*, 471.
455 Hebreos 1:10–12; 12:26–29.
456 2 Pedro 3:13.
457 Apocalipsis 5:10.
458 Proverbios 12:10; cf. Deuteronomio 22:1–6.
459 So, e.g., Kumar and Yashiro, "The Marginal Poor."

460   Véase NASA, "Climate Change", con referencias a la literatura académica. Muchas personas que antes no estaban convencidas han cambiado de opinión. Esto incluye, por ejemplo, al parlamentario británico Lord Lilley, «uno de los cinco únicos diputados que se opusieron a la Ley de Cambio Climático en 2008 y que en su día fue vicepresidente de una empresa de petróleo y gas, que recientemente ha aceptado que "la ciencia que demuestra el calentamiento global es "sólida". Gatten, "Use Covid-Style Messaging"."

461   Natter, "Republicans Who Couldn't Beat Climate Debate." Véase también Hanchett, "Polls suggest less environmentalism."

Capitulo 33

462   1 Corintios 5:5. Véase más sobre la exclusión por el bien de todos 2 Tesalonicenses 3:6-15; 1 Timoteo 1:20; Tito 3:10. El ideal es, por supuesto, que la confrontación con el pecado produzca «una pena piadosa [que] produzca un arrepentimiento» (2 Corintios 7:10; 2 Timoteo 2:25).

463   Lucas 10:27.

464   Mateo 10:16.

465   *Convenient Myths*, 29-39.

Capitulo 34

466   Sobre el contenido de este capítulo, véase mi compromiso con la política en mi libro *Seriously Dangerous Religion*, 251-78, y *Seeking What Is Right*, especialmente 125-201.

467   Filipenses 2:4.

468   Jeremías 29:7.

469   1 Pedro 2:9-12.

470   Génesis 50:20.

471   Levítico 11:44; Mateo 5:48.

472   Eliot, *Middlemarch*, 896.

473   McTaggart, "Greta Thunberg."

Capitulo 35

474   Watson, "Television in Canada."

475   Solon, "Sean Parker."

476   Entrevista en *Consume This Movie*, dirigida por Gene Brockhoff. Well Crafted Films, 2008.

477   Santiago 1:6-8.

478   Deuteronomio 6:7.

479   Deuteronomio 6:7; Romanos 12:2.

Capitulo 36

480 Adams, *Hitchhiker's Guide to the Galaxy*.

481 Sobre el contenido de este capítulo, véase además mi libro *The Reformation and the Right Reading of Scripture*, 313-413, que describe el desplazamiento de la fe cristiana del centro de la cristiandad en el curso del auge de la modernidad y la ciencia moderna.

482 Zagorin, *Religious Toleration*, 290.

483 Agradezco a mi amigo Eddie Larkman que me mencionara esta frase.

Capitulo 37

484 Dickens, *Hard Times*, 13.

485 Van Liere, "On the Brink," 264.

486 Reventlow, "Towards the End of the 'Century of Enlightenment,'" 1045.

487 Wordsworth, "The Tables Turned."

488 Mayo Clinic, "Narcissistic Personality Disorder."

Capitulo 38

489 Consulte el texto del Manifiesto en: https://www.marxists.org/archive/marx/works/1848/communist-manifesto/ch02.htm#:~:text=Your%20very%20ideas%20are%20but,of%20existence%20of%20your%20class, accessed November 1, 2022.

Capitulo 39

490 Para ver un sitio web dedicado a mantener la ciencia real a la vista del público, consulte Reality's Last Stand, dirigido por el biólogo evolutivo Colin Wright (https://drcolinwright.com/) y que publica "noticias semanales, artículos y otros contenidos sobre la ideología de género y la ciencia de las diferencias sexuales".

491 Dixon, "Most Children."

492 Gobierno de Canada, "Canada's New Medical Assistance in Dying (MAID) Law."

493 Lilley, "Intolerant Trudeau."

Capitulo 40

494 Arizona Christian University, "Counterfeit Christianity."

495 O'Keefe, *Epicureanism*, 117.

496 O'Keefe, *Epicureanism*, 130.

Capítulo 41

497   Sobre el contenido de este capítulo, véase más adelante mi libro *Seriously Dangerous Religion*, que discute a lo largo de su extensión diversas alternativas no bíblicas para pensar sobre los cuerpos y las almas, y sobre otras cuestiones antropológicas.

498   Hechos 17:16-34.

499   Hechos 17:32.

Capítulo 42

500   Sobre el contenido de este capítulo, véase además mi libro *The Reformation and the Right Reading of Scripture*, 517-47, que trata del «construccionismo» posmoderno en literatura.

501   Un libro bastante reciente y de fácil lectura que profundiza en la conexión entre las matemáticas y la belleza es Livio, *Golden Ratio*. El autor es un astrofísico que dirige la división científica del Instituto Científico del Telescopio Espacial Hubble, en Estados Unidos.

502   Van Simson, *Gothic Cathedrals*, 20-39.

503   Se trata de una frase muy citada, que parece haber llegado hasta nosotros a través de la biografía de Johann Nikolaus Forkel, Sobre la vida, el genio y la obra de Johann Sebastian Bach (1802). Las fuentes de Forkel fueron la necrológica de Bach y materiales obtenidos de los hijos de Bach, Carl Philipp Emanuel y Wilhelm Friedemann.

504   Ambas citas proceden de una exposición en la Casa Bach de Eisenach (Alemania), que visité el 28 de octubre de 2022.

505   Friedmann, "Beauty before Content."

Capítulo 43

506   Sobre el contenido de este capítulo, véase además mi libro *Convenient Myths*, 41-127, que se ocupa extensamente de los mitos románticos sobre el pasado.

507   Génesis 4:23.

508   Éxodo 21:23-25.

509   Ellingson, *Myth*, 36.

510   Hazard, *European Mind*, 14. See further Ellingson, *Myth*, 64-76.

511   LeBlanc, *Battles*, 150-51.

512   LeBlanc, *Battles*, 6.

513   LeBlanc, *Battles*, 8.

514   Headland, "Revisionism," 607.

515   Carta a su cuñada, Caroline von Beulwitz, el 10 de diciembre de 1788. Archivo Friedrich Schiller, consultado el 26 de noviembre de 2022, https://www.friedrich-schiller-archiv.de/briefe-schillers/an-caroline-von-beulwitz/schiller-an-caroline-von-beulwitz-10-dezember-1788/.

516 Romanos 1:21.

517 1 Juan 1:8-9.

Capitulo 44

518 Proverbios 4:7.

519 Briggs, "Bacon's Science and Religion."

520 Kissinger, "How the Enlightenment Ends."

521 Brecht, *Martin Luther*, 33.

522 Mitchell, *American Awakening*, 162-64.

523 Kronman, *Education's End*, 49.

Capitulo 45

524 Mateo 18:20.

525 Hebreos 10:24-25.

526 Bonhoeffer, *Life Together*. Para una excelente obra que desarrolla las implicaciones contemporáneas del pensamiento de Bonhoeffer (y que es especialmente perspicaz respecto a la amenaza de la "educación en línea"), véase House, *Bonhoeffer's Seminary Vision*.

527 Mitchell, *American Awakening*, 162-64.

528 Mientras revisaba este párrafo por última vez, me encontré con un artículo sobre algunos acontecimientos recientes en mi *alma mater*: Clarence-Smith, "Cambridge Scholars Face Student Backlash". Al parecer, algunos profesores de la Universidad de Cambridge han hecho algo que muchos consideran inadmisible. Preocupados por la disminución de la asistencia presencial de los estudiantes a las clases, decidieron eliminar las grabaciones de las conferencias. Numerosos estudiantes respondieron alegando que este intento de "obligarlos" a asistir refleja "una visión paternalista del estudiante, en la que no se le concede la capacidad de tomar decisiones sobre su propio aprendizaje", e incluso afirman que esta medida podría "afectar negativamente su bienestar". Este es, precisamente, el tipo de problema que se genera cuando se convierte el ámbito de la educación en un mercado de consumo.

529 Zacarías 2:7.

Capitulo 46

530 1 Timoteo 4:13.

Capitulo 47

531 La base de mi tratamiento de la justicia en este capítulo y en el siguiente es el útil paradigma proporcionado por Timothy Keller, *"A Biblical Critique of Secular Justice and Critical Theory"*.

532 Miqueas 6:8.

533 Proverbios 31:8-9.

Capitulo 48

534 Center for Intersectional Justice, "What Is Intersectionality?"

535 Keller, "A Biblical Critique."

536 Recientemente, e.g., Leí esto: Pollard, "Amnesty International Has Become a Woke Joke." Otra organización originalmente apolítica, conocida por defender la libertad de pensamiento y expresión, ha capitulado ante el partidismo de Woke.

537 Volf, *Exclusion and Embrace*, 124.

538 Las admisiones son actualmente un tema candente en varios países, con numerosas instituciones educativas argumentando que en realidad no están discriminando al favorecer, por ejemplo, a los solicitantes de raza negra, hispanos y nativos americanos frente a los blancos y asiáticos. Es evidente que sí lo hacen. Véase, por ejemplo, Liptak, "Race-Based College Admissions". Del mismo modo, los empresarios suelen argumentar hoy en día que no discriminan al favorecer a personas de determinados grupos, porque la discriminación no es discriminación en tales casos, porque... bueno, porque las víctimas de la misma son de hecho miembros de *otros* grupos, que se merecen lo que les está ocurriendo.

Capitulo 49

539 Sobre el contenido de este capítulo, véanse más adelante mis libros *Convenient Myths*, 107-19, *Seriously Dangerous Religion*, 221-49, y *Seeking What Is Right*, 265-83, que tratan de cuestiones medioambientales.

540 Bauckham, *Bible and Ecology*, 6.

541 White, "Ecologic Crisis."

542 White, "Ecologic Crisis," 25.

543 Citado en Taylor, *Dark Green Religion*, 36.

544 Vea mi libro *"Convenient Myths"*, 41-82.

545 Doyle, "A Friedrich for the National Gallery," 109.

546 Low, "Ecology," 356.

547 Low, "Ecology," 368.

548 Neumann, "Prehistoric Peoples," 143.

549 Low, "Ecology," 355.

550 Low, "Ecology," 355.

551 Vea mi libro *"Convenient Myths"*, 121-27.

Capítulo 50

552 Keynes, *General Theory of Employment*, 383–84.
553 Orwell, *Rebelión en la Granja*.
554 Eclesiastés 12:13.
555 World Economic Forum, "The Fourth Industrial Revolution, by Klaus Schwab."
556 Peterson, *As Kingfishers Catch Fire*, 81.

Bibliografía

A Path. "63 genders . . . now 81 genders." Marzo 20, 2000, acceso en Julio 9, 2019. https://apath.org/63-genders/.

Adams, Douglas. *The Hitchhiker's Guide to the Galaxy*. London: Pan, 1979.

Arendt, Hannah. *Los orígenes del totalitarismo*. [Traducción al español]. Madrid: Alianza Editorial, 2006.

Arizona Christian University. "Counterfeit Christianity: 'Moralistic Therapeutic Deism' Most Popular Worldview in U.S. Culture." Abril 27, 2021, acceso en Octubre 22, 2022. https://www.arizonachristian.edu/2021/04/27/counterfeit-christianity-moralistic-therapeutic-deism-most-popular-worldview-in-u-s-culture/.

Augustine, *Confessions*. NPNF 1.

Barrett, C. K. *The Epistle to the Romans*. Rev. ed. Peabody, MA: Hendrickson, 1991.

Bauckham, Richard. *Bible and Ecology: Rediscovering the Community of Creation*. London: Darton, Longman and Todd, 2010.

Benzoni, Francisco. "Thomas Aquinas and Environmental Ethics: A Reconsideration of Providence and Salvation." *JR* 85 (2005) 446–76.

Bilek, Jennifer. "The Billionaire Family Pushing Synthetic Sex Identities SSI." *Tablet*, Junio 15, 2022, acceso en Septiembre 16, 2022. https://www.tabletmag.com/sections/news/articles/billionaire-family-pushing-synthetic-sex-identities-ssi-pritzkers.

Blackwell, Tom. "How Canadian Schools Aid Students' Gender Transition without Family Consent." *National Post*, Enero 5, 2023, acceso en Enero 5, 2023. https://nationalpost.com/news/schools-consent-transgender-gender-transition.

Bonhoeffer, Dietrich. *Life Together: The Classic Exploration of Christian Community*. New York: HarperOne, 1978.

Bratt, James D., ed. *A Centennial Reader*. Grand Rapids: Eerdmans, 1998.

Brecht, Martin. *Martin Luther: His Road to Reformation 1483–1521*. Traducido por James L. Schaaf. Philadelphia: Fortress, 1985.

Briggs, John C. "Bacon's Science and Religion." In *The Cambridge Companion to Bacon*, editado por Markku Peltonen, 172–99. Cambridge: Cambridge University Press, 1996.

Byrne, Alex. "Is Sex Binary?" ARC Digital, Noviembre 1, 2018, acceso en Julio 8, 2019. https://arcdigital.media/is-sex-binary-16bec97d161e.

Callahan, Daniel. "Reason, Self-Determination, and Physician-Assisted Suicide." In *The Case against Assisted Suicide*, editado por K. Foley and H. Hendin, 52–68. Baltimore: Johns Hopkins University Press, 2002.

Calvin, John. *Commentaries on the First Book of Moses Called Genesis*, editado y traducido por John King. CalC 1. 1847. Reprint, Grand Rapids: Baker, 1981.

———. *Institutes of the Christian Religion*. 2 vols. Traducido por Henry Beveridge. Grand Rapids: Eerdmans, 1989.

Capon, Robert Farrar. *The Supper of the Lamb: A Culinary Reflection*. New York: The Modern Library, 2002.

Chaze, Emmanuelle. "A Mayday Call, a Dash across the Mediterranean . . . and 130 Souls Lost at Sea." *The Guardian*, Abril 25, 2021, acceso en Septiembre16, 2022. https://www.theguardian.com/global-development/2021/apr/25/a-mayday-call-a-dash-across-the-ocean-and-130-souls-lost-at-sea.

Center for Intersectional Justice. "What Is Intersectionality?" Acceso en Noviembre 1, 2022. https://www.intersectionaljustice.org/what-is-intersectionality.

Cherry, Kendra. "The Asch Conformity Experiments." Verywellmind, Mayo 10, 2022, acceso en Octubre 5, 2022. https://www.verywellmind.com/the-asch-conformity-experiments-2794996.

Clarence-Smith, Louisa. "Cambridge Scholars Face Student Backlash over Scrapping Recorded Lectures." *The Telegraph*, Enero 3, 2023, acceso en Enero 3, 2023. https://www.telegraph.co.uk/news/2023/01/03/cambridge-scholars-face-student-backlash-scrapping-recorded/.

Coady, C. A. J. *Testimony: A Philosophical Study*. Oxford: Clarendon, 1992.

Dawkins, Richard. El Espejismo de Dios. [Traducido al Español]. Barcelona: Ediciones Paidós, 2010.

Dickens, Charles. *Hard Times*. Norton Critical Editions. New York: Norton, 1966.

Discover Wildlife. "Cuckoo Guide." Acceso en Noviembre 4, 2022 https://www.discoverwildlife.com/animal-facts/birds/facts-about-cuckoos/.

Dixon, Hayley. "Most Children Who Think They're Transgender Are Just Going through a 'Phase', says NHS." *The Telegraph*, Octubre 23, 2022, acceso en Octubre 23, 2022. https://www.telegraph.co.uk/news/2022/10/23/children-who-think-transgender-just-going-phase-says-nhs/.

Doyle, Margaret M. "A Friedrich for the National Gallery of Art, Washington." *BurM* 148 (2006) 109–12.

Dunn, James D. G. *Romans 1–8*. Word Biblical Commentary 38A. Dallas: Word, 1988.

Eliot, George. *Middlemarch*. Editado por W. J. Harvey. Harmondsworth, UK: Penguin, 1965.

Ellingson, Ter. *The Myth of the Noble Savage*. Berkeley: University of California Press, 2001.

Epistle of Barnabas. ANF 1.

Evangelical Alliance. *Trans Formed*. London: Evangelical Alliance, 2018.

Féron, Henri. "Human Rights and Faith: A 'World-Wide Secular Religion'?" *EGP* 7.4 (2014) 181–200. DOI: 10.3402/egp.v7.26262.

Foley, Kathleen. "Compassionate Care, Not Assisted Suicide." In *The Case against Assisted Suicide*, edited by K. Foley and H. Hendin, 293–309. Baltimore: Johns Hopkins University Press, 2002.

Foley, Kathleen M., and Herbert Hendin, eds. *The Case against Assisted Suicide: For the Right to End-of-Life Care*. Baltimore: Johns Hopkins University Press, 2002.

Friedmann, Jonathan L. "Beauty before Content." Thinking on Music, acceso en Noviembre 5, 2022. https://thinkingonmusic.wordpress.com/tag/richard-dawkins/.

Gatten, Emma. "Use Covid-Style Messaging to Get People Onboard with Net Zero, Says 'Bossy' Lords Report." *The Telegraph*, Octubre 12, 2022, acceso en Octubre 12, 2022. https://www.telegraph.co.uk/environment/2022/10/12/use-covid-style-mess aging-get-people-onboard-net-zero-says-bossy/.
Giubilini, Alberto, and Francesca Minerva. "After-Birth Abortion: Why Should the Baby Live?" *JME* 39 (2013) 261–63.
Goff, Philip. "Our Improbable Existence Is No Evidence for a Multiverse." *Scientific American*, Enero 10, 2021, acceso en Noviembre 3, 2022. https://www.scientificamerican.com/article/our-improbable-existence-is-no-evidence-for-a-multiverse/.
Goldman, Adam. "The Comet Ping Pong Gunman Answers Our Reporter's Questions." *New York Times*, Diciembre 7, 2016, acceso en Septiembre 16, 2022. https://www.nytimes.com/2016/12/07/us/edgar-welch-comet-pizza-fake-news.html.
Government of British Columbia. "More Students Supported by SOGI-Inclusive Education." Mayo 17, 2019, acceso en Julio 11, 2019. https://archive.news.gov.bc.ca/releases/news_releases_2017–2021/2019EDUC0040–000975.htm.
Government of Canada. "Canada's New Medical Assistance in Dying MAID Law." Acceso en Octubre 20, 2022. https://www.justice.gc.ca/eng/cj-jp/ad-am/bk-di.html.
Greasley, Kate, and Christopher Kaczor. *Abortion Rights: For and Against*. Cambridge: Cambridge University Press, 2017.
Hanchett, Jim. "Polls Suggest Less Environmentalism among U.S. Christians." *Futurity*, Febrero 1, 2018, acceso en Febrero 18, 2020. https://www.futurity.org/christians-environment-opinion-1670122./.
Hazard, Paul. *The European Mind 1680–1715*. London: Hollis and Carter, 1953.
Headland, Thomas. "Revisionism in Ecological Anthropology." *CAnth* 38 (1997) 605–9.
Hill, Wesley. *Washed and Waiting: Reflections on Christian Faithfulness and Homosexuality*. Grand Rapids: Zondervan, 2010.
House, Paul R. *Bonhoeffer's Seminary Vision: A Case for Costly Discipleship and Life Together*. Wheaton, IL: Crossway, 2015.
Justin Martyr. *First Apology*. ANF 1.
Kass, Leon R. *The Beginning of Wisdom: Reading Genesis*. New York: Free, 2003.
———. "I Will Give No Deadly Drug: Why Doctors Must Not Kill." In *The Case against Assisted Suicide*, editado por K. Foley and H. Hendin, 17–40. Baltimore: Johns Hopkins University Press, 2002.
Keller, Timothy. "A Biblical Critique of Secular Justice and Critical Theory." Acceso en Noviembre 1, 2022. https://quarterly.gospelinlife.com/a-biblical-critique-of-secular-justice-and-critical-theory/.
Keynes, John Maynard. *The General Theory of Employment, Interest, and Money*. New York: Harcourt, Brace, 1936.
Kissinger, Henry A. "How the Enlightenment Ends." *The Atlantic*, Junio 2018, acceso en Octubre 27, 2022. https://www.theatlantic.com/magazine/archive/2018/06/henry-kissinger-ai-could-mean-the-end-of-human-history/559124/.
Klein, Naomi. "Screen New Deal." *The Intercept*, Mayo 8, 2020, acceso en September 16, 2022. https://theintercept.com/2020/05/08/andrew-cuomo-eric-schmidt-coronavirus-tech-shock-doctrine/.
Kronman, Anthony T. *Education's End: Why Our Colleges and Universities Have Given Up on the Meaning of Life*. New Haven, CT: Yale University Press, 2008.

Kumar, Pushpam, and Makiko Yashiro. "The Marginal Poor and Their Dependence on Ecosystem Services: Evidence from South Asia and Sub-Saharan Africa." In *Marginality: Addressing the Nexus of Poverty, Exclusion and Ecology*, editado por Joachim von Braun and Franz W. Gatzweiler, 169–80. Dordrecht: Springer, 2014.

LeBlanc, Steven. *Constant Battles: The Myth of the Peaceful, Noble Savage*. New York: St. Martin's Press, 2003.

Lemaire, André. "Education: Ancient Israel." *AYBD* 2:305–312.

Leman, Jennifer. "Aliens Created Our Universe in a Lab, Scientist Suggests." Popular Mechanics, Abril 25, 2022, acceso en Noviembre 3, 2022. https://www.popularmechanics.com/space/deep-space/a39797483/aliens-created-our-universe-in-a-lab/.

Liptak, Adam. "Supreme Court Seems Ready to Throw Out Race-Based College Admissions." *New York Times*, Octubre 31, 2022, acceso en Noviembre 2, 2022. https://www.nytimes.com/2022/10/31/us/supreme-court-harvard-unc-affirmative-action.html.

Lessing, Doris. *Prisons We Choose to Live Inside*. 1986. Reimpreso, Toronto: Anansi, 2006.

Lévesque, Catherine. "Quebec College of Physicians Slammed for Suggesting MAID for Severely Ill Newborns." *National Post*, Octubre 11, 2022, acceso en Noviembre 4, 2022. https://nationalpost.com/news/quebec-college-of-physicians-slammed-for-suggesting-maid-for-severely-ill-newborns.

Lewis, C. S. "On Being Human." http://famouspoetsandpoems.com/poets/c__s__lewis/poems/2362.

Lilley, Brian. "Intolerant Trudeau Divides Canadians While O'Toole Shows Understanding." *Toronto Sun*, Enero 27, 2022, acceso en Octubre 20, 2022. https://torontosun.com/opinion/columnists/lilley-intolerant-trudeau-divides-canadians-while-otoole-shows-understanding.

Livio, Mario. *The Golden Ratio: The Story of Phi, the World's Most Astonishing Number*. New York: Crown, 2003.

Low, Bobbi S. "Behavioral Ecology of Conservation in Traditional Societies." *HN* 7 (1996) 353–79.

Marsden, Paul. "Memetics and Social Contagion: Two Sides of the Same Coin?" *JMem* 2 (1998) 171–85.

Mayo Clinic. "Narcissistic Personality Disorder." Acceso en Octubre 19, 2022. https://www.mayoclinic.org/diseases-conditions/narcissistic-personality-disorder/symptoms-causes/syc-20366662#:~:text=Overview,lack%20of%20empathy%20for%20others.

McGowan, John. *Hannah Arendt: An Introduction*. Minneapolis: University of Minnesota Press, 1998.

McLaughlin, Rebecca. *The Secular Creed: Engaging Five Contemporary Claims*. Austin, TX: Gospel Coalition, 2021.

McTaggart, India. "Greta Thunberg: It's Time to Overthrow the West's Oppressive and Racist Capitalist System." *The Telegraph*, Noviembre 2, 2022, acceso en Noviembre 2, 2022. https://www.telegraph.co.uk/news/2022/11/02/greta-thunberg-time-overthrow-wests-oppressive-racist-capitalist/.

Merriam-Webster Online. "Gender Identity." Acceso en Julio 4, 2019. https://www.merriam-webster.com/dictionary/gender%20identity.

———. "Transgender." Acceso en Julio 4, 2019. https://www.merriam-webster.com/dictionary/transgender.

Mitchell, Joshua. *American Awakening: Identity Politics and Other Afflictions of Our Time*. New York: Encounter, 2020.

Moo, Douglas J., and Jonathan A. Moo. *Creation Care: A Biblical Theology of the Natural World*. Biblical Theology for Life. Grand Rapids: Zondervan, 2018.

Myers, Ched. *Binding the Strong Man: A Political Reading of Mark's Story of Jesus*. Maryknoll, NY: Orbis, 1988.

NASA. "Climate Change: How Do We Know?" Acceso en Febrero 18, 2020. https://climate.nasa.gov/evidence/.

Natter, Ari. "Republicans Who Couldn't Beat Climate Debate Now Seek to Join It." *Bloomberg*, Marzo 5, 2019, acceso en Febrero 18, 2020. https://www.bloomberg.com/news/articles/2019-03-05/republicans-who-couldn-t-beat-climate-debate-now-seek-to-join-it.

Neumann, Thomas W. "The Role of Prehistoric Peoples in Shaping Ecosystems in the Eastern United States: Implications for Restoration Ecology and Wilderness Management." In *Wilderness and Political Ecology: Aboriginal Influences and the Original State of Nature*, editado por Charles E. Kay and Randy T. Simmons, 141–78. Salt Lake City: University of Utah Press, 2002.

O'Keefe, Tim. *Epicureanism*. Berkeley: University of California Press, 2010.

Orwell, George. *Rebelión en la Granja*. [Traducción al español]. Barcelona: Editorial Alma, 2025.

Passerin d'Entreves, Maurizio. "Hannah Arendt." *The Stanford Encyclopedia of Philosophy*, editado por Edward N. Zalta, Fall 2019. Acceso en Octubre 5, 2022. https://plato.stanford.edu/archives/fall2019/entries/arendt/.

Plato, *Phaedo: The Last Hours of Socrates*. Traducido por Benjamin Jowett. Project Gutenberg, Enero 15, 2013, acceso en Noviembre 4, 2022. https://www.gutenberg.org/files/1658/1658-h/1658-h.htm.

Pollard, Stephen. "Amnesty International Has Become a Woke Joke." *The Telegraph*, Octubre 30, 2022, acceso en Noviembre 2, 2022. https://www.telegraph.co.uk/news/2022/10/30/amnesty-international-has-become-woke-joke/.

Pope John Paul II. *Evangelium Vitae*. Acceso en Noviembre 30, 2019. http://www.vatican.va/content/john-paul-ii/en/encyclicals/documents/hf_jp-ii_enc_25031995_evangelium-vitae.html.

Peterson, Eugene H. *As Kingfishers Catch Fire: A Conversation on the Ways of God Formed by the Words of God*. Colorado Springs: Waterbrook, 2017.

Provan, Iain. *1 & 2 Kings*. Understanding the Bible. Grand Rapids: Baker, 1995.

———. *Convenient Myths: The Axial Age, Dark Green Religion, and the World That Never Was*. Waco, TX: Baylor University Press, 2013.

———. *Discovering Genesis: Content, Interpretation, Reception*. Grand Rapids: Eerdmans, 2016.

———. *Ecclesiastes and Song of Songs*. NIV Application Commentary. Grand Rapids: Zondervan, 2001.

———. "On Refusing to Be Persons: Hannah Arendt in Christian Perspective." In *Offering the Light: Essays in Honour of Philip E. Satterthwaite on the Occasion of his Retirement*, editado por Tze-Ming Quek, Kiem-Kiok Kwa, y Wen-Pin Leow, 120–37. Singapore: Graceworks, 2022.

———. *The Reformation and the Right Reading of Scripture*. Waco, TX: Baylor University Press, 2017.
———. *Seeking What Is Right: The Old Testament and the Good Life*. Waco, TX: Baylor University Press, 2020.
———. *Seriously Dangerous Religion: What the Old Testament Really Says, and Why It Matters*. Waco, TX: Baylor University Press, 2014.
Provan, Iain, V. Philips Long, and Tremper Longman III. *A Biblical History of Israel*. 2nd ed. Louisville, KY: Westminster John Knox, 2015.
Reventlow, Henning G. "Towards the End of the 'Century of Enlightenment': Established Shift from *Sacra Scriptura* to Literary Documents and Religion of the People of Israel." *HBOT* 2:1024–63, 1045.
Roberts, Vaughan. *Transgender*. Epsom, UK: Good Book Company, Kindle edition, 2016.
Roman Catholic Church. *Catechism of the Catholic Church*. 2nd ed. Vatican: Libreria Editrice Vaticana, 2012.
Shepherd, Victoria. "The People Who Think They Are Made of Glass." BBC, acceso en Septiembre 29, 2022. https://www.bbc.com/news/magazine-32625632.
Seneca. *De Ira*. In *Seneca: Moral Essays*. Traducido por John W. Basor. Cambridge: Harvard University Press, 1923.
Smiley, Jane. "What's Wrong with American Agriculture?", acceso en Octubre 22, 2007. http://www.organicconsumers.org/articles/article_1784.cfm.
Solon, Olivia. "Ex-Facebook President Sean Parker: Site Made to Exploit Human 'Vulnerability.'" *The Guardian*, November 9, 2017, acceso en Agosto 3, 2019. https://www.theguardian.com/technology/2017/nov/09/facebook-sean-parker-vulnerability-brain-psychology.
Somerville, Margaret A. *Death Talk: The Case against Euthanasia and Physician-Assisted Suicide*. 2nd ed. Montreal: McGill-Queen's University Press, 2014.
Taylor, Bron. *Dark Green Religion: Nature Spirituality and the Planetary Future*. Berkeley: University of California, 2010.
The Teaching of the Twelve Apostles, Commonly Called the Didache. In *Early Christian Fathers*, editado por Cyril Charles Richardson, 177–78. LCC 1. New York: Macmillan, 1970.
The Telegraph. "Dads' Brains Change Size When Their Babies Are Born." Octubre 9, 2022, acceso en Octubre 10, 2022. https://www.telegraph.co.uk/news/2022/10/09/dads-brains-change-size-when-babies-born/.
Tertullian. *De Fuga in Persecutione* [Flight in Time of Persecution]. *ANF* 4.
Van Liere, Eldon N. "On the Brink: The Artist and the Sea." In *Poetics of the Elements in the Human Condition: The Sea*. Editado por Anna-Teresa Tymieniecka, 269–86. Analecta Husserliana 19. Dordrecht: Reidel, 1985.
Van Maren, Jonathon. "Canada's Killing Regime." *First Things*, Octubre 18, 2022, accessed Noviembre 4, 2022. https://www.firstthings.com/web-exclusives/2022/10/canadas-killing-regime.
Van Simson, Otto Georg. *The Gothic Cathedrals: Origins of Gothic Architecture and the Medieval Concept of Order*. New York: Harper & Row, 1964.
Volf, Miroslav. *Exclusion and Embrace: A Theological Exploration of Identity, Otherness, and Reconciliation*. Nashville: Abingdon, 1996.
Walton, John. *Ancient Near Eastern Thought and the Old Testament: Introducing the Conceptual World of the Hebrew Bible*. Grand Rapids: Baker Academic, 2006.

Watson, Amy. "Television in Canada—Statistics & facts." Statista, Mayo 17, 2019, acceso en Agosto 2, 2019. https://www.statista.com/topics/2730/television-in-canada/.

Weber, Max. "Science as a Vocation." In *Science as a Vocation*, traducido por M. John, editado por Peter Lassman and Irving Velody, 3–31. London: Unwin Hyman, 1989.

Westermarck, Edward. *The Origin and Development of the Moral Ideas*. 2 vols. 2nd ed. London: Macmillan,1924.

White, Lynn. "The Historical Roots of Our Ecologic Crisis." Reproduced in *Western Man and Environmental Ethics*, editado por Ian G. Barbour, 18–30. Reading, UK: Addison-Wesley, 1973.

Woodland Trust. "Cuckoo." Acceso en Noviembre 4, 2022. https://www.woodlandtrust.org.uk/trees-woods-and-wildlife/animals/birds/cuckoo/#:~:text=A%20cunning%20master%20of%20misdirection,brought%20up%20by%20the%20host.&text=Other%20birds%20are%20tricked%20into%20caring%20for%20the%20cuckoo's%20young.&text=Cuckoos%20leave%20the%20nest%20after%20around%2020%20days.

Wolf, Ron. "God, James Watt, and the Public Land." *Audubon* 83 (1981) 58–65.

Wolff, Hans Walter. *Anthropology of the Old Testament*. Traducido por Margaret Kohl. London: SCM, 1974.

Wordsworth, William. "The Tables Turned." In *Selected Poetry*, editado por Mark Van Doren, 82–83. New York: Modern Library, 1950.

World Economic Forum. "The Fourth Industrial Revolution, by Klaus Schwab." Acceso en Noviembre 24, 2022. https://www.weforum.org/about/the-fourth-industrial-revolution-by-klaus-schwab#:~:text=This%20Fourth%20Industrial%20Revolution%20is,it%20means%20to%20be%20human.

Wright, Colin "The New Evolution Deniers." *Quillette*, Noviembre 30, 2018, acceso en Julio 18, 2019. https://quillette.com/2018/11/30/the-new-evolution-deniers/.

Yarhouse, Mark, and Olya Zaporozhets. *Costly Obedience: What We Can Learn from the Celibate Gay Christian Community*. Grand Rapids: Zondervan, 2019.

Zagorin, Perez. *How the Idea of Religious Toleration Came to the West*. Princeton: Princeton University Press, 2003.

www.ingramcontent.com/pod-product-compliance
Lightning Source LLC
Chambersburg PA
CBHW030822230426
43667CB00008B/1340